KB058716

타인에 대한 연민

THE MONARCHY OF FEAR
: A Philosopher Looks at Our Political Crisis

by Martha C. Nussbaum

This Korean edition was published by RH Korea Co., Ltd.
in 2020 by arrangement with the original publisher, Simon & Schuster, Inc.
through KCC(Korea Copyright Center Inc.), Seoul.

혐오의
시대를
우아하게
건너는
방법

타인에 대한 연민

The Monarchy of Fear

마사 누스바움 지음
임현경 옮김

추천의 글

세상을 바꾸는 단초

이 책은 세계적인 철학자 마사 누스바움이 자신의 철학적 입장을 바탕으로 현대 사회의 여러 문제를 진단하고 나름의 대안을 제시하고 있는 책이다. 누스바움의 책은 국내에 상당수가 번역 출간되었지만 이 책, 『타인에 대한 연민』의 출간은 더욱 특별한 의미가 있다. 그간 『혐오와 수치심』, 『역량의 창조』, 『분노와 용서』, 『혐오에서 인류애로』 등의 역작을 통해 제시해온 저자의 핵심 사상이 요약되어 있다고 해도 과언이 아니다.

기존의 저서들이 인문사회과학의 여러 학문적 성과들을 넘나들며 풍부한 이론적 성찰을 제공하는 반면, 이 책은 대중의 눈높이에 맞춰서 다양한 사례를 곁들여 자신의 사상을 간명하게 요약하고 있다. 그의 평생의 학문적 성취를 대중들의 시선에 맞춰 집대성한 책이나 다름없다. 누스바움의 철학적 입장에 관심이 있는 사람이라면 이 책부터 시작해보는 것도 좋을 것 같다. 거꾸로 이미 그의 다른 저작들을 읽어본 독자들이라면 이 책을 통해 그가 그동안 고전부터 현대까지의 다양한 인문사회과학의 성취들을 섭렵해가며 결국 추구했던 것이 무엇인지를 가늠해볼 수 있을 것이다.

이 책의 원제는 '두려움의 군주제: 우리의 정치 위기에 대한 철학적 고찰The Monarchy of Fear: A Philosopher Looks at Our Political Crisis'이며, 책 전체를 관통하는 키워드 역시 단연 '두려움fear'이다. 현대인들은 다양한 이유에서 두려움을 갖게 된다. 개인의 사회경제적 지위가 불안해지고, 계급과 계층 간의 갈등이 곳곳에서 터져 나오고, 기후 변화로 인한 자연 재난이 속출하고 있으며, 올해 초에는 코로나19로 전 세계적인 팬데믹에 직면하게 되었다.

사회가 두려움에 직면하는 것은 어제 오늘의 일은 아니며, 그 자체로 이상한 일은 아니다. 하지만 두려움의 근본 원인을 해결하기 위해 정면으로 맞서 싸우는 것이 아니라, 두려움을 엉뚱한 방향으로 해소하려고 할 때 문제가 생긴다. 누스바움은 두려움이 증오, 혐오, 분노로 나아가는 경향이 있음을 지적한다. 한 치 앞을 내다볼 수 없는 두려운 상황에서 사람들은 강력한 절대 군주를 원한다. 군주의 강력한 통치에 복종한다면 작금의 문제가 해결될 수 있을 것이라는 착각과 유혹에 빠지기 때문이다. 안 그래도 취약한 지위에 놓여 있던 소수자 집단이 지목되고 사람들의 두려움은 그들에게 투사된다. '여러분들의 두려움은 저들을 공격하고 저들을 제거함으로써 해소될 수 있을 것이다'라는 선동이 사람들의 마음을 움직인다.

이 대목에서 그의 전작 『혐오와 수치심』에서 제시되었던 '혐오'의 동학이 다시 한 번 거론된다. 그는 혐오가 인간의 삶에 영향을 미치는 주요 감정 중 하나라고 하면서 배설물, 혈액, 정액, 콧물, 시체, 썩은 고기 등에 대한 즉각적인 거부감에서 혐오가 시작된다는 점을 지적한다. 문제는 이러한 혐오가 특정한 집단에 투사된다는 점이다. 특권을 가진 다수자들이 자신의 우월한 지위를 공고히 하기 위해, 한 사회의 가장 취약한 존재들에게 혐오의 감정을 덮어씌우는 방식이다. 역사적으로 유대인, 여성, 동성애자, 불가촉천민, 하층 계급 사람들이 바로 '육신의 오물로 더렵혀진 존재'로 상상되었고, 혐오는 이들을 배척하기 위한 사회적 무기로 활용되어왔다.

이러한 혐오의 동학이 극단으로 치닫는 때는 정치와 만나게 되는 순간이다. 혐오가 정치인들에 의해 정치적으로 이용되는 것이다. 이 책에서는 인종 차별, 여성 혐오, 동성애 혐오, 무슬림 혐오 등의 미국 사례들이 수시로 언급된다. 특히 트럼프 대통령이 두려움이라는 기제를 정치적으로 활용하여 자신의 통제력을 확보해나가고 있다는 사실을 분노와 우려가 가득 담긴 어조로 강력히 비판한다. 대중들의 두려움을 이용하여 혐오를 선동하는 포퓰리즘 정치가 미국 사회를 좀먹고 있음을 고발하는 것이다.

누스바움은 미국의 사례들을 통해 자신의 주장을 펼치고 있지만 사실 이와 같은 분석은 다른 많은 나라에도 그대로 적용될 수 있다. 유럽의 이주자, 난민, 무슬림 혐오에 기반한 극우 정치, 동유럽과 몇몇 아시아 아프리카 국가들에서 벌어지고 있는 동성애 혐오나 여성 혐오 현상 등이 대표적이다. 당연히 한국 사회도 예외가 아니다. 한국은 1997년 경제 위기 이후 본격적인 저성장 시대를 맞이하게 되었고 이때부터 개인의 사회경제적 지위가 더욱 취약해지기 시작했다. 개인의 사회적 불안과 두려움이 누스바움이 얘기하는 것처럼 증오, 혐오, 분노로 연결되는 사례들이 무수히 많이 목격되고 있다. 이주 노동자 때문에 취업이 되지 않는다, 무슬림 난민이 유입되면 사회가 불안해진다, 동성애 때문에 나라가 무너지고 있다, 5·18 유공자와 세월호 유족들이 국고를 축내고 있다 등등.

앙상한 공정성 담론에 힘입어 자신들보다 취약한 지위에 있는 사람들을 차별당해도 되는 존재로 만들어버리고, 여성, 이주자, 성소수자 등의 소수자 집단에게 책임을 전가하는 일들은 어느덧 한국 사회의 일상이 되어버렸다. 2010년 이후 '혐오'를 키워드로 한 기사들이 줄을 잇고 관련 연구 논문과 단행본들이 쏟아져 나오고 있는 것은 결코 우연이 아니다. 누스바움의 철학적 고찰이 이러한 전 세계적인 사회 현상을 설명하는 데 중요한 논거가 되었음은 주지의 사실이며 그 핵심적 논리들이 이 책에 일목요연하게 요약되어 있다.

이 책에서 누스바움은 암울한 현실을 넘어설 수 있는 '희망'과 '대안'을 이야기하는 데에도 상당한 비중을 할애하고 있다. 작심하고 시민들에게 호소하고자 쓰인 책이니 자연스러운 것이기도 하다. 그는 왜 희망과 대안을 이야기해야 하는지를 여러 근거들을 통해 논증하기도 하지만, 우리가 발 딛고 있는 현실을 어디서부터 어떻게 바꿔나갈지 끊임없이 고민하며 화두를 던지고 있다.

누스바움은 인종 차별에 맞서 마틴 루터 킹이나 넬슨 만델라가 보여준 희망과 긍정의 정치를 언급하며, 그들의 품위 있는 직접 행동이 현대 사회에서도 재현되어야 함을 주장한다. 두려움과 혐오에 맞서는 대중 행동은 보복과 증오가 아니라 희망, 화해, 사랑을 지향해야 하다고 말한다. 민주주의가 어렵게 성취해온 민주적 호혜의 정치가 두려움과 혐오에 무너지지 않게 하기 위해 시민들이 직접 나서야 한다고 간곡히 호소하고 있는 것이다. 그는 희망의 원천을 찾을 수 있는 영역으로 시와 음악 등의 예술, 교육 기관이나 여러 토론 집단의 비판적 사고, 사랑과 존중을 실천하는 종교 단체, 폭력이 아니라 대화로 정의를 추구하는 연대 단체, 그리고 정의에 대한 이론 등의 영역을 제시한다. 어찌 보면 현대 사회의 위기는 이들 영역이 제 역할을 하지 못하면서부터 발생한 것이라 할 수 있겠다.

누스바움은 이미 『시적 정의』, 『인간성 수업』, 『학교는 시장이 아니다』의 저작들을 통해 인문 교육의 중요성을 강조한 바 있다. 이 책에서 역시 혐오와 맞서 싸우는 일은 가정과 학교에서 아주 어린 시절부터 시작되어야 한다는 점을 힘주어 말하고 있다. 인터넷과 소셜 미디어에서 혐오 메시지가 확산되고 있음을 우려하면서도 방송과 영화계에서는 혐오에 반대하는 흐름이 있음에 주목한다. 낙인에 맞설 수 있는 힘을 '친밀한 접촉'에서 찾으면서 '공공업무 의무복무제도'를 통해 청년들이 인종과 계급의 차이를 넘어 다양한 사람들과 만날 수 있는 기회를 제공해야 한다는 제안도 인상적이다. 마지막 대목에서는 노벨상을 수상한 경제학자 아마르티아 센과 함께 발전시켜온 '역량 접근법'을 소개한다. 전작인 『역량의 창조』에서 자세히 설명했던 개념으로, 모든 시민은 최소한의 기본적 권리를 누릴 수 있는 기회를 보장받아야 하며, 이를 위해 자신이 제시한 열 가지 역량을 법적·제도적으로 보장하는 일이 공동체와 국가의 과제가 되어야 한다고 말하고 있다.

어느 한 문장 허투루 쓰인 것이 없는 이 책을 읽는 내내 누스바움의 간절함이 느껴졌다. 다른 저작들에서의 누스바움은 학문적 호기심이 가득한 진중한 철학자였지만, 이 책에서의 그는 어느 시민 광장의 발언대에서 마이크를 들고 대중들에게 "여기서 멈춰 서면 안 된다"고 호소하고 있는 실천적 지식인이었다. 한편으로 현대 사회의 암울한 현실을 날카롭게 고발하고 분노하면서도, 다른 한편 희망의 끈을 놓지 않으려고 조금이라도 가능성이 있는 단초들을 애써 찾아내고 있었다. 어떻게든 미래의 희망을 찾아보려는 노학자의 간절한 마음이 너무나도 생생히 전달되고 있었다.

누스바움은 자신이 살고 있는 미국의 역사에서 부끄러운 장면들이 숱하게 많았음을 애써 상기해낸다. 정의롭고 포용적인 미국은 예나 지금이나 존재하지 않았고, 심지어 후퇴의 조짐까지 보이고 있는 현실임을 냉정하게 지적한다. 그러면서 끝까지 희망의 끈을 놓지 않는다. 책 말미에는 두려움과 혐오가 지배하는 현실이 사랑과 포용적 연대로 극복될 수 있음을 반복해서 말한다. 정교한 논리에 기반하고 있다기보다는 희망 섞인 기대의 소산일 것이다. 그래서 더 좋았다. 세상을 분석하는 건 이론과 논리의 힘이겠지만, 세상을 바꾸는 일은 이렇게 간절한 호소가 서로의 마음이 동하게 만들 때 가능할 테다.

이 미국의 노철학자의 간절한 호소가 한국 사회에도 큰 울림을 주었으면 좋겠다. 어제도 오늘도 뉴스는 늘 암울한 소식뿐이지만 이대로 좌절하기에는 아직 희망의 가능성이 모두 소진되지 않았다고 믿는다. 누스바움이 미국 사회를 두고 그렇게 얘기했듯이, 한국 사회도 짧게 보면 전진과 후퇴가 반복되었지만 길게 보면 늘 한 단계 더 앞으로 나아가지 않았던가. 두려움, 증오, 혐오, 분노로 점철된 이 시대에도 희망, 화해, 사랑의 단초들은 어디엔가 분명히 존재할 것이라고 믿어 의심치 않는다.

홍성수

『말이 칼이 될 때』 저자, 숙명여자대학교 법학부 교수

서문

2016년 11월, 그날 밤

2016년 미국 대통령 선거 날 밤은 내게 환한 대낮이었다. 나는 시상식에 참여하기 위해 동료들의 환송을 받으며 미국을 떠나 교토에 막 도착해 있었다. 칼같이 나뉜 유권자들이 매우 불안했지만 혐오와 분노에 기반한 정치적 호소는 먹히지 않을 거라고 낙관하고 있었다. 물론 선거 이후 분열된 미국인들을 하나로 모으기 위한 어려운 일들이 많이 남아 있을 테지만 말이다.

주최측에서 내 호텔 방을 드나들며 행사 일정에 대해 설명해주었다. 그 와중에도 내 정신은 온통 선거 뉴스에 쏠려 있었다. 개표 결과를 듣는 동안 가장 먼저 깜짝 놀랐고, 이는 곧 미국이라는 나라와 국민, 여러 단체들에 대한 깊은 비탄과 두려움으로 이어졌다. 이 두려움이 이성적이지도 타당하지도 않다는 사실을 인지하고 있었기 때문에 나 역시 내가 우려하는 문제 상황의 일부나 마찬가지였다.

내가 교토에 간 이유는 일본의 과학자, 사업가, 자선가이자 선불교 스님이기도 한 이나모리 박사가 '인류의 과학적·문화적·정신적 진보에 크게 기여한 사람들'에게 수여하는 상을 받기 위해서였다. 철학이 인류에 중대한 기여를 할 수 있는 과목이라고 보는 박사의 관점은 감사했으나 나는 그 상이 칭찬이라기보다 숙제와 같다고 느꼈으며, 미국 역사에 남을 이 우려스러운 순간 그 월계수에 합당한 삶의 모습은 어때야 하는지 고민하고 있었다!

선거 결과가 확실해질 즈음 나는 과학자인 다른 두 명의 수상자와 함께할 첫 번째 공식 일정을 위해 방을 나서야 했다. 나는 머리카락을 손질하고 밝은 옷을 차려입고 행복과 감사의 마음을 표현하려고 노력했지만 만찬 내내 몹시 힘들었다. 통역을 거쳐야 하는 낯선 사람들과의 사교적 대화에 전혀 흥미를 느낄 수 없었다. 친구들과 포옹을 나누고 싶었지만 그들은 멀리에 있었다. 이메일 속 문구도 도움이 될 수 있었지만 따뜻한 위로를 주는 포옹과는 견줄 수 없었다.

그날 밤은 걱정과 불안, 시차로 쉽사리 잠들지 못했다. 곰곰이 생각하다 자정 즈음 이런 감정들에 대해서 그간 충분히 깊게 고민하지 않았다는 결론에 다다랐다. 내 마음을 살펴보니 두려움이야말로 문제의 핵심이며, 모호하고 다양한 형태의 두려움이 미국 사회에 만연해 있다는 사실이 점차 분명해지기 시작했다. 그리고 두려움이 더 심각한 감정인 분노, 혐오, 시기와 같은 감정과 어떻게 연결되는지 또 어떻게 그런 감정을 생산하는지에 대해, 확신하긴 이르지만 곧 정리할 수 있을 몇 가지 생각이 떠올랐다. 나는 밤에는 일을 하지 않고 충분한 수면을 취하는 편이다. 좋은 아이디어들도 컴퓨터 앞에 바로 앉아 있을 때 차근차근 떠오른다. 하지만 국가적인 위기와 시차가 내 습관을 흔들었고 덕분에 행복한 발견을 누릴 수 있었다. 이 격변의 열매로 어떤 통찰을 얻을 수 있겠다는 느낌이 들었다. 나는 차분한 희망을 품고 잠자리에 들었다.

다음 날, 아침 운동으로 마음을 정화한 후 공식 행사에 참여했다. 이브닝드레스를 입고 최대한 활짝 웃으며 기념사진을 촬영했다. 무대 행사는 미학적으로 아름다워서 마음을 빼앗길 수밖에 없었다. 동료 수상자들의 약력과 자신의 작업에 대한 그들의 짧은 연설을 듣는 일 역시 흥미로웠다. 그들이 자율 주행 차량이나 암 연구와 같이 내가 거의 모르는 분야에 대해 작업하고 있었기 때문에 그들의 성취에 감탄을 금치 못했다. 내 차례에는 나의 관심 분야에 대한 의견을 제시하고 지금껏 나를 도와준 사람들에게 감사의 마음을 전했다. 가족과 친구들을 향한 애정 표현도 잊지 않았다. 발언 전문은 통역을 위해 미리 작성했고 즉석에서 내용을 수정하는 일은 불가능했지만 사랑을 표현할 수 있다는 것 자체가 커다란 위안이 되어주었다.

교토 시상식과 연회는 정해진 시간에 정확히 마무리되었기 때문에 저녁 여덟 시 삼십 분, 나는 방으로 돌아와 책상에 앉아 글을 쓰기 시작했다. 지난밤에 했던 생각이 어느덧 형태를 갖추었고, 글을 쓰면서 사고는 점차 발전했고 설득력도 높아졌다. 나는 이틀 밤 동안 작업하여 블로그에 올릴 장문의 글을 마무리했고 호주에 있는 기자 친구가 이를 게시했으며 이 글은 곧 출간 제안이라는 다른 형태로 발전했다.

독자들은 내가 누구인지, 정치적 통합과 분열을 두고 인간의 감정에 왜 그토록 흥미를 갖게 되었는지 궁금할 것이다. 나는 학자로서 훌륭한 동료 및 학생들과 교류하고, 연구 지원도 아낌없이 받는 과분한 삶을 살고 있다. 인류에게 중대한 위협이 닥친 지금 이 시기에도 내가 몸담고 있는 대학은 인간애를 굳건히 지지하고 있다. 나는 법학 학위가 없는 철학자지만 법학 대학원에 소속되어 이 나라의 정치적·법적 사안에 대해 매일 새롭게 배우고 다양한 정치 사조에 대해 강의하는 기쁨을 누리고 있다. 대부분의 미국인이 느끼는 불안에 공감하기에는 동떨어진 위치에 있는 것처럼 보일지도 모른다.

어린 시절의 삶도 과분했지만 들여다보면 그 양상은 복잡했다. 필라델피아의 상류층 거주 지역에서 살던 우리 가족은 상위 중산층으로 부유한 편에 속했다. 나는 부모님의 큰 사랑을 받았고 영양과 건강 면에 있어서도 세심한 보살핌을 받았다. 훌륭한 사립 여학교에서 최고의 교육을 받았을 뿐만 아니라, 공립 학교였다면 여학생들에게만 부당하게 가해졌을 성차별적인 압력에서도 자유로웠다. (엄마는 종종 이렇게 말씀하셨다. "말을 너무 많이 하지 마라. 남자들이 싫어한다." 시대에 맞는 조언이었지만 내가 다녔던 학교에서는 전혀 따를 필요가 없는 조언이었다!)

나는 읽기와 쓰기, 논쟁을 즐겼다. 아버지 역시 내 열망을 존중하고 지원해주셨다. 조지아주 메이컨 출신의 노동자였던 아버지는 오직 자신의 능력과 성실함만으로 필라델피아의 저명한 로펌 파트너 자리까지 올랐다. 이 아메리칸 드림이야말로 누구에게나 가능하다고 생각하셨고 또 말씀하셨다. 그 신조는 내게 의혹의 씨앗을 뿌렸다. 아버지는 아프리카계 미국인들이 성공하지 못하는 이유가 충분히 노력하지 않기 때문이라고 늘 말씀하셨다. 집안일을 도와주는 아프리카계 미국인들과 별개의 화장실을 사용하게 했고 내가 아프리카계 미국인이 한 명이라도 섞인 무리와 공공장소에서 함께 있다 발각되기라도 하면 상속권을 박탈하겠다고 협박하셨다.

나는 아버지의 뿌리 깊은 인종 차별주의를 목격하며 그의 신조가 짐 크로우 법Jim Crow Law으로 억압받는 아프리카계 미국인들에게 부당하다고 느꼈다. 다양한 소수 집단에 대한 그의 혐오는 사회적 장애에도 불구하고 순수한 노력으로 성공을 이룬 많은 이들, 특히 중산층 지위에 오른 아프리카계 미국인들과 유대인들에게까지 확장되었다.

아버지는 여성들도 능력을 발휘할 수 있다고 생각했다. 나의 성공에 기뻐했고 독립성과 반항 정신까지도 격려했다. 하지만 그 부분에 있어서도 나는 문제의식을 느꼈다. 아버지는 인테리어 디자인 일을 하던 어머니와 결혼했는데, 어머니는 결혼과 동시에 일을 그만두어야 했으며 그로 인해 오랜 시간 불행했고 외로움을 견뎌야 했다. 아버지의 태도는 모순적이었다. 내가 열여섯 살 때 청소년들의 해외 경험을 주선하는 단체를 통한 홈스테이와 사교계 데뷔 파티 중 하나를 선택할 기회를 주셨고, 내가 전자를 선택하자 무척 기뻐하셨지만, 당신은 후자를 선택하지 않는 여성과는 결코 결혼하지 않을 분이었다.

그는 상류층답게 차려입는 일이 남성과 여성 모두에게 지적인 열망과 성공에 견줄 만큼 중요하다고 생각했고, 내가 밝은 분홍색의 짧은 원피스를 입고 변호사 협회에서 주관하는 아버지의 강연장에 모습을 드러내길 바랐다. 아버지가 원했던 결론은 과연 무엇이었을까? 좀 더 구체적으로 말하자면, 어떤 가정생활이었을까? 아버지는 자신과 비슷한 유형의 전도유망한 사립 학교 졸업생이자 일하는 아내를 결코 원하지 않을 남자와 내가 사귀길 바라셨다.

한편, 그 해외 홈스테이 경험은 아버지의 신조에 대한 나의 회의론에 불을 붙였다. 나는 사우스 웨일즈 스완지에 위치한 공장 노동자의 집에서 생활했다. 그곳에서 가난과 영양 부족, 열악한 위생 시설(실내에 배수 시설이 없었다)과 건강을 해치는 조건(특히 가족 구성원 여럿의 건강을 해친 채탄 작업)이 어떻게 사람들의 삶뿐만 아니라 삶을 향한 열망과 노력까지 앗아가는지 목격했다. 내 또래의 십 대 아이는 학교에 가고 싶어 하지도, 열심히 노력해서 성공하고 싶어 하지도 않았다. 그들은 부모 세대보다 더 밝아질 미래를 그리지 않았고, 가장 즐거움을 느끼는 곳은 집 근처의 카지노나 술집이었다.

나는 별채의 침대에 누워 어려운 영국 소설을 읽으면서, 나와 동갑인 그 집의 자녀가 왜 읽고 쓰기에 최소한의 관심조차 없는지, 웨일스어를 배우려고도 하지 않는지 생각했다. 가난으로 인한 장벽은 영혼의 깊은 곳에 자리 잡기 때문에 궁핍한 환경의 많은 이들은 내 아버지와 같은 길을 밟기 어렵다. (아버지는 당신 말씀에 따르면 충분한 사랑과 격려뿐만 아니라 적절한 영양과 건강 관리도 제공받았으며 최고의 교육까지 받았다. 아버지는 백인이라는 태생 자체가 굉장한 이점이었다는 사실을 인지하지 못했다. 그는 1901년 출생으로 심지어 가난한 백인들조차 계급 상승이 무척 수월했던 시대를 살았다.) 새로운 관점으로 바라본 나는 아주 영민한 아이이기도 했지만 불공평하게 분배된 사회적 영향력의 산물이기도 했다. 오랜 시간이 지난 후 내가 국제 개발 기구에서 인도 여성들의 교육과 법적 권리를 주장하는 그룹과 끈끈한 연대를 맺으며 이에 대해 더 깊이 이해하게 된 것은 자연스러운 과정이었다.

필라델피아의 브린 모어에서 알고 지낸 대부분의 사람들처럼, 당시 나는 공화당 지지자였고 배리 골드워터Barry Morris Goldwater의 자유주의 개념을 숭상했다. 나는 여전히, 골드워터는 훌륭한 인물이었고 인종 분리 정책을 근절하기 위해 진심으로 헌신했다고 믿는다. 그는 실제로 대담한 통합을 보여주기도 했다. 그는 정부의 강제 없이도 사람들이 정의를 선택하고 서로 존중하고 도와야 한다고 진심으로 믿었을 것이다. 하지만 고등학교 재학 중 그의 선거 운동에 합류했을 때 대부분의 골드워터 지지자들이 고결하지 않을 뿐만 아니라 분리주의를 옹호하는 도구로 자유주의를 외치는 뿌리 깊은 인종 차별주의자들이라는 사실을 발견했다. 나는 백인 지상주의 정치인들의 추한 모습에 역겨움을 느꼈고 골드워터의 고지식함은 물론, 오직 법적 효력만이 결국 짐 크로우 법을 무찌를 수 있음을 확인했다.

스완지에서의 홈스테이 이후 나는 진정한 평등을 이루려면 영양과 건강 관리가 균등하게 제공되어야 한다는 사실 또한 이해하고 있었다. 뉴딜 정책의 정치적 이상을 포용하기 시작했고, 이에 아버지는 역사 교사들이 나를 '세뇌'시켰다고 학교에 항의하셨다. 당신이 자랑스럽게 키워준 내 독립성에 대한 과소평가는 그때뿐만이 아니었다.

내 초기 삶에서 예술, 특히 연극과 음악은 더 넓은 세상을 볼 수 있는 창이 되어주었다. 무엇보다도, 브린 모어의 와스프WASP 문화와는 달리 강력한 감정을 표현하라고 북돋워주었다. 많은 교사들이 내 정신을 일깨웠지만 특히 연극 교사는 나의 인격을 통째로 각성시켰다. 나는 배우의 길을 걷기로 결심했다. 여름 방학 중 공연에 두 번 참여했고, 웰슬리 칼리지 3학기를 마친 후 배우가 되기 위해 극단에 들어갔다. 지금 뉴욕대학교 티쉬 스쿨이 된 곳에서 배우의 꿈을 키웠으나 내가 썩 훌륭한 배우는 아니라는 사실과 배우의 삶이 너무 불안정하다는 사실, 그리고 내 진실한 열망은 연극에 대해 생각하고 글을 쓰는 일임을 깨달았다. 하지만 여전히 아마추어 배우로 연기하고 노래하며 (생생한 삶의 경험 덕분에 지금은 더 발전했다) 즐거움을 느낀다. 나는 동료들에게도 연기를 경험해보라고 강력하게 추천한다. 동료들과 감정을 공유하는 일은 로스쿨을 인간다운 곳으로 만들고, 지성인들의 우정을 풍부하게 해준다.

동성애자임을 솔직하게 드러내는 사람들을 처음 만난 곳도 극단이었다. 사실 열일곱 살 때 그중 한 명에게 반해 있었고 어긋난 열병의 감정을 안고 그의 삶을 관찰하면서, 그가 인생의 동반자를 찾은 과정과 두 사람이 고등학생 시절부터 반지를 교환했다는 사실 등을 알게 되었다. 하지만 두 사람은 극단이라는 세상 안에서만 연인임을 드러내되 더 큰 세상에서는 그럴 수 없었다. 이는 내게 지극히 불합리하고 비이성적인 일로 다가왔다. 그는 내가 알던 대부분의 남학생들보다 훨씬 멋졌고 이해심도 넓고 공손했다. 그즈음 나는 인종 차별주의와 성차별주의 뒤에 자리한 추악한 욕망은 이해하고 있었지만, 그전까지 유사한 현상으로 보지 않았던 성적 지향을 근거로 한 차별이 미국인들의 또 다른 역겨운 악습임을 알게 되었다.

배우의 꿈을 접은 후 나는 뉴욕대학교라는 학문의 장으로 돌아왔고 착실히 내실을 다졌다. 얼마 지나지 않아 미래의 남편을 만나 약혼했고 유대교로 개종했다. 나는 사회 정의를 으뜸으로 삼는 유대교에 예나 지금이나 매혹을 느낀다. 와스프 문화보다 감정 표현과 토론이 자유로운 유대교의 문화가 마음에 들었다. 성공한 유대인 동료 중 한 명이 와스프 중심의 유서 깊은 로펌에서 겪었던 일화에 따르면, 와스프 변호사들은 절대 상대를 비판하지 않다가 오 년 만에 갑자기 해고해버리지만, 유대인 변호사들은 소리를 지르고 길길이 날뛰어도 끝까지 상대를 공정하게 대한다. 결혼 생활은 이미 마무리했지만 나는 여전히 유대교 이름을 고수하며 당시보다 더 열심히 신앙생활을 한다. (나의 미들 네임 C는 원래 성 크레이븐Craven을 기념하는 것이다.) 이는 곧 내가 아버지가 혐오하던 집단의 일원이 되었다는 뜻으로 아버지는 끝내 결혼식 참석을 거부하셨지만 어머니는 결혼식 준비를 도와주셨다. (당시 두 분은 이혼한 상태였다.)

나는 행복한 삶을 살았지만, 일찍부터 그것이 특권이었음을 깨달았고 특권의 배타성에 대해 곰곰이 생각하게 되었다. 내가 회피하지 못했던 유일한 차별은 여성에 대한 차별이었다. 이는 내 초기 경력에 상당한 영향을 끼쳤으며 아마 하버드 종신 재직권tenure을 받지 못한 이유이기도 했을 것이다. 물론 근소한 표결 차이긴 했고 내가 두 과에서 강의하고 있었기 때문이기도 했겠으나 무엇이든 그 결과의 이유가 될 수 있었을 것이다.

뿐만 아니라, 같은 세대 대부분의 직장 여성들과 마찬가지로 나 역시 새로이 등장했으나 아직 완전히 받아들여지지 않은 기대들의 틈바구니 속에서 가정생활을 재구성하는 문제도 겪어야 했다. 양측 모두 최선의 의도를 가지고 있다 해도 이전 시대 남성들의 심장에 박힌 여성에 대한 기대치는 쉽사리 줄어들지 않았는데, 자녀 양육 문제에 있어서 특히 그랬다. 하지만 나는 결혼에 뛰어들었던 것을 후회하지 않는다. 덴버의 프렌즈 오브 애니멀스Friends of Animals에서 야생동물 권익 보호를 위해 변호사로 일하고 있는 딸은 내 삶의 가장 큰 기쁨 중 하나다. (열여덟 살의 나이에 공산주의를 비판하는 정치 선전문 한 장을 붙였다는 이유로 동독에서 삼 년 동안 수감 생활을 했던 그녀의 듬직하고 멋진 남편은 미국이란 나라의 자유를 사랑하는 바람직한 이민자의 본보기다.)

현실 세계와 동떨어진 일상을 누리는 학자들은 인류의 조화로운 삶을 위한 좋은 대안을 제시하기 힘들 수 있다. 이는 앞선 시대의 철학자들은 제공받지 못했던, 학문의 자유와 평생 직장이라는 훌륭한 제도 가운데 내재하는 위험이다. 나는 혼란 속에서도 삶을 꽃피우려는 노력, 사랑과 우정 같은 감정들, 공정한 세상에 대한 희망 등 모든 것을 아우르는 그리스 로마 시대 철학의 본모습을 회복하기 위해 오랜 시간 헌신하고 노력했다. 그 과정에는 좀 더 인간적인 철학을 탐구하고자 하는 많은 동료들이 함께했다. 과분했던 특권과 불평등에 대한 자각으로 쌓아 올린 나 자신의 역사 역시 탐구에 도움이 되었길 희망한다.

2016년 11월의 그날 밤, 내가 친구들과 포옹을 나눌 수 있었다면 이 책의 작업은 시작되지 않았을지도 모른다. 적어도 곧바로 시작하지는 않았을 것이다. 하지만 일단 작업에 돌입하자 친구들의 든든

한 지원과 유용한 제안이 뒤따랐다. 맹종은 지적 탐구의 독이지만 다행히 나의 동료들은 결코 거짓 존중만 일삼는 이들이 아니었다. 그 누구보다 비판적 조언과 도발적 통찰을, 나의 날뛰는 기분에는 냉소적 조롱을 보냈지만, 확고한 지지와 우정으로 내가 삶을 즐기고, 일에 정진하고, 발전된 결과물을 내놓을 수 있게 만들어준 한 사람이 있다. 솔 레브모어Saul Levmore, 그에게 이 책을 바친다.

차례

1장

오해 아닌 이해를 위하여

The Monarchy of Fear

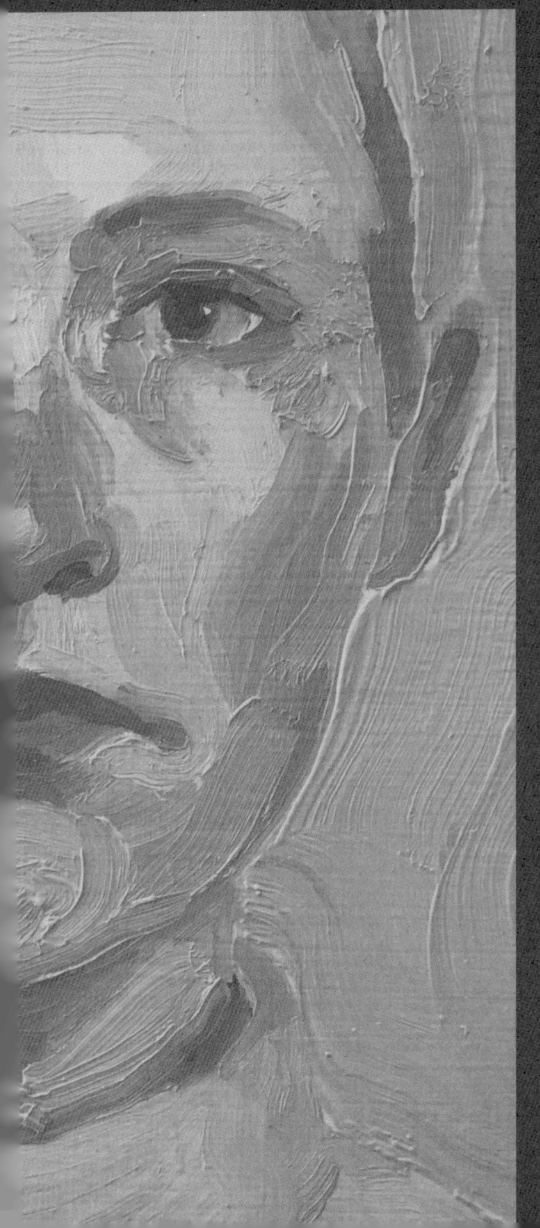

아메리칸 드림에서 깨어난 미국

오늘날 미국 사회에 만연해 있는 두려움은 분노, 비난, 시기와 곧잘 뒤섞인다. 두려움은 이성적 사고를 막고 희망을 독살하고 더 나은 미래를 위한 건설적인 협력을 방해한다.

우리는 무엇을 두려워하는가? 많은 미국인들이 자신의 삶을 통제할 수 없다는 무력감을 느낀다. 자신의 미래를, 사랑하는 이들의 미래를 두려워한다. 자식 세대가 자신보다 더 성공하고 부유해질 거라는 희망, 즉 아메리칸 드림이 손가락 사이로 빠져나가 버렸다고 두려워한다. 이 두려움은 하위 중산층의 수입 부진, 건강 악화와 수명 단축, 취업 시 대학 학위가 더 중요해진 시점에서의 고등 교육비 증가와 같은 실질적인 문제들로 인한 것이다. 실질적인 문제들은 늘 해결하기 어렵고, 이를 해결하기 위해서는 불확실한 미래를 향한 어렵고 기나긴 연구와 협력이 필요하다. 결국 이와 같은 공포와 무력감은 이민자, 소수 인종, 여성들과 같은 외부 집단을 향한 비난, 혹은 '타자화othering'로 쉽게 전환된다. '그들'이 '우리'의 일자리를 빼앗고 부유한 엘리트들이 나라를 독점했다는 식이다.

세계화와 자동화가 미국의 노동자 계급에 끼친 심각한 문제들은 쉽게 해결하기 힘들어 보인다. 사람들은 삶의 기준이 낮아지고 있다고 느낄 때 그 어려움과 불확실성을 대면하기보다 절대자인 악당에게 매달리거나 환상을 품는다. 우리가 벽을 세워 '그들'을 막을 수 있었다면, 혹은 '그들'을 굴종하는 자리에 묶어놓을 수 있었다면, 긍지를 되찾고 남성성을 회복할 수 있을 거라는 환상. 이렇게 두려움은 유용한 분석 대신 공격적인 타자화 전략으로 이어진다.

사회적·경제적 평등을 주장하고 여성과 소수자들을 위한 권리를 보호하려는 좌파 내에서도 두려움은 만연하다. 선거 결과에 좌절한 많은 미국인들이 세상이 곧 종말할 것처럼 반응하고 있다. 내 학생들 대다수와 많은 지인과 동료들이 민주주의가 무너지고 새로운 정부가 인종 차별, 여성 혐오, 동성애 혐오에 전례 없이 동조하고 있다며 괴로움을 토로했다. 특히 언론의 자유, 거주 이전의 자유, 결사의 자유와 같은 민주주의의 상징들이 박탈당할지도 모른다고 두려워했다. 더 어린 학생들은 그들이 사랑하던 미국이 사라질 위기에 처했다고 생각했다. 상대의 말을 경청하고 문제를 진지하게 분석하기보다 절반의 유권자들을 괴물로, 모든 선한 것들의 적으로 묘사했다. 요한계시록에서처럼, 선이 악과 싸워야 하는 종말이 다가오고 있다고 말이다.

우선 숨을 가다듬고 미국의 역사를 돌이켜볼 필요가 있다. 내가 어렸을 때 아프리카계 미국인들은 남부에서 숱하게 폭행을 당했다. 공산주의자들은 직장을 잃었다. 여성들은 명문 대학과 직장에 이제 막 발을 들여놓기 시작했으며 막아줄 법조차 없던 성희롱은 흔한 일이었다. 유대인들은 대규모 로펌의 파트너 자리에 오를 수 없었다. 법적으로 범죄자였던 게이와 레즈비언들은 늘 숨어 지냈다. 장애가 있는 사람들은 공공장소 이용과 공교육을 받을 권리가 없었다. 트랜스젠더들은 규정할 용어조차 없는 범주였다. 미국은 전혀 아름다운 나라가 아니었다.

이를 통해 나는 학생들에게 두 가지 사실을 전한다. 첫째, 그들의 향수를 불러일으키는 미국 사회는 결코, 완벽한 상태로 존재한 적이 없다. 장기간의 노력과 협력, 희망과 연대로 가능한, 여전히 꿈틀거리는 열망이자 과정일 뿐이다. 정의롭고 포용적인 미국은 한 번도 현실에서 온전히 존재한 적 없었고 지금도 마찬가지다. 둘째, 지금 이 순간 평등을 향한 우리의 행진이 뒷걸음질 치고 있는 것처럼 보일지 모르지만, 대재앙을 목도한 상황은 아니다. 희망과 노력으로 위대한 선을 완수해나가는 시기라고 할 수 있다. 정파에 상관없이 공포는 위험을 과장할 뿐만 아니라 그 과장이 실제 재난으로 이어지는 더 위험한 상황을 만들기도 한다. 삐걱거리는 결혼 생활처럼, 진짜 문제가 무엇인지 어떻게 해결할 것인지에 대한 숙고를 두려움과 의심과 비난이 압도해버린다. 그 감정 자체가 문제가 되어 경청과 노력과 협력을 가로막는다.

사람들이 타인을, 알 수 없는 미래를 두려워할 때 이 감정은 선거에서 승리한 사람이든, 사회·경제적 지배 계급이든 이들을 '운 좋은 사람들'로 인식해 유독한 시기심이나 보복 행위로 쉽게 전가된다. "두려워할 것은 오직 두려움 그 자체"라고 프랭클린 루스벨트 대통령은 말했다. 버락 오바마 대통령은 퇴임 연설에서 "민주주의는 우리가 두려움에 굴복할 때 무너진다"라고 말했다. 루스벨트의 말이 전적으로 옳은 것은 아니다. 그의 시대에는 나치즘과 기아 등 실제로 두려워할 대상이 많아 두려움이란 감정을 인정해야 할 이유가 있었다. 악에 대한 두려움은 합리적이기에 그 정도는 점검해볼 필요가 있다. 하지만 더 정확하고 겸손한 오바마의 발언은 분명 옳다. 두려움에 굴복하는 것, 즉 그 흐름에 휩쓸리는 것, 회의적 사고를 거부하는 것은 분명 위험한 일이다. 두려움이 우리를 어디로 이끄는지에 대해 더 열심히 생각할 필요가 있다. 이와 관련된 감정들이 어디서 왔고, 우리를 어디로 이끄는지 한발 물러난 숙고를 통해서만 자신을 이해할 수 있고, 또 그래야만 한다.

두려움 옹호자와의 대화

두려움이 민주적 자치에 큰 걸림돌이 된다는 사실을 독자들은 여전히 받아들이지 못할 수 있다. 그렇다면 두려움을 옹호하는 자(편의상 DF라고 부르겠다)와 나의 대화를 상상해보자.

DF 두려움을 완전히 없애서는 안 됩니다. 자칫하면 목숨을 잃을 수 있으니까요. 두려움은 목숨을 구하는 행동의 원천입니다.

MN 지당한 말씀입니다. 하지만 두려움은 앞서가려는 경향이 매우 큰 감정입니다. 이기적이고 경솔하고 반사회적인 행동으로 곧잘 이어지죠. 두려움이 독이 되는 감정으로 발전하지 않도록 다른 감정들보다 더 철저히 견제하고 검토해야 합니다.

DF 두려움이 민주주의에 특별히 더 위험하다고 말씀하시는 이유에 대해서 듣고 싶군요. 민주주의는 두려움이란 감정을 참고해 법과 제도를 구성할 때 더 큰 분별력을 갖춥니다. 국가 방위 전략은 외세가 침략할지도 모른다는 두려움에 대한 합리적 반응 아닙니까? 헌법은 어떻습니까? 권리 장전 또한 입안자들의 두려움에 기인한 것 아닙니까? 영국인들이 침해했거나 앗아간 모든 것들의 기록으로부터 탄생했으니까요. 또 비슷한 일이 일어날지도 모른다는 두려움이 민주주의 건설에 좋은 지침이 된 것이죠.

MN 두려움이 간혹 좋은 지침이 된다는 사실을 부정하는 것만큼 어리석은 일도 없겠지요. 생존을 위한 진화의 결과이기도 했으니까요. 하지만 당신이 예로 든 두려움은 폭넓고 사려 깊은 공적 숙의로 걸러진 두려움입니다. 성급하거나 정당하지 않은 군사 행동은 언급하지 않았습니다. 두려움으로 인한 권리 불평등이나 특권 축소 역시 제외했고요. 우리는 국가적 긴장 상태에서 비주류 집단을 희생양으로 삼아 그들의 권리를 제한하는 데 익숙합니다. 이는 시간이 지나 돌이켜 보면 불합리한 판단으로 여겨지는 경우가 보통이죠. 정치인 유진 뎁스Eugene Debs는 미국의 1차 세계 대전 개입에 반대하는 평화 연설을 하고 감옥에 갇혔습니다. 애국적이고 비폭력적인 일본계 미국인들도 수용소에 억류되었습니다. 두려움이 헌법에 명시된 권리에 반하는 방향으로 우리를 이끌 뿐만 아니라 이미 부여된 권리마저 제한할 수 있다는 예입니다. 공포 분위기가 이를 제대로 파악해야 할 법원의 눈마저 멀게 만들죠. 두려움은 사려 깊은 사고를 앞서가기 마련입니다. 이는 곧 불안으로 인한 성급한 행동으로 이어지는데 저는 이런 상황을 몹시 회의적으로 바라봅니다. 그런 두려움은 연대를 허물고 협력을 묵살하며 나중에 몹시 부끄러워질 행동을 하게 만듭니다.

DF 재차 말씀드리지만 근거를 제시하셔야 할 겁니다! 문제가 있다는 점은 충분히 이해하겠으나 얼마나 심각한지, 해결책은 과연 무엇일지에 대해서는 아직 납득하기 힘듭니다. 확실히 해주셔야 할 부분은 또 있습니다. 이 책의 원제는 '두려움의 군주제The Monarchy of Fear'죠. 그리고 두려움이 민주적 자치에 문제를 일으킨다고 계속 말씀하십니다. 제가 알고 싶은 점은 바로 두려움이 특히 민주주의에 끼치는 위협입니다. 두려움이 사회적 문제가 된다면 모든 형태의 정부에게 동일하게 위협이 되는 것이 아닐까요?

MN 그렇지 않습니다. 절대 왕정 국가에서 군주는 두려운 존재로 경솔한 모습은 보이지 않을 것입니다. 절대 왕정은 아래로부터의 두려움을 먹이로 삼습니다. 군주의 처벌에 대한 두려움이 복종을 이끕니다. 외부의 위협에 대한 두려움이 자발적 예속을 가능하게 합니다. 두려움에 사로잡힌 사람들은 돌봄과 보호를 원하니까요. 그들은 보호받기 위해 강력한 절대 군주에게 의지합니다. 반대로 민주주의 사회에서는 서로를 평등하게 대하며 모두가 수평적 신뢰로 연결되어야 합니다. 신뢰는 단순한 의존이 아닙니다. 노예들은 주인의 잔인한 행동에 의존할 수 있지만 주인을 신뢰하지는 않습니다. 신뢰는 진정한 자신을 드러내고 각자의 미래를 동료 시민들의 손에 기꺼이 맡긴다는 뜻입니다. 절대 군주는 신뢰를 원하지도, 필요로 하지도 않습니다.

결혼을 생각해봅시다. 남성 가장이 군주와 같았던 구시대의 결혼 제도에서는 신뢰가 필요하지 않았습니다. 배우자와 자녀들은 그저 복종해야 했습니다. 하지만 현재의 사람들이 원하는 결혼은 서로의 연약함을 인정하고 양측 모두의 신뢰를 필요로 하는 더 균형 잡힌 방식입니다. 이 신뢰는 두려움에 의해 손상됩니다. 상대방이 나의 삶과 목표에 위협이 된다고 생각하게 되면 작전을 짜 상대를 속이면서 자신을 보호하려 할 것입니다.

정치도 마찬가지입니다. 이 신뢰의 부재가 지금 온 나라에 만연해 있습니다. 내 학생들은 트럼프에게 투표한 사람은 믿지 않으며, 그들을 잘해야 '개탄스러운' 상대, 나아가 파시스트 같은 적대적인 힘으로 바라봅니다. 트럼프 지지자들 역시 이에 보답해 이 학생들을 '진짜 국민들'의 나라를 전복하려는 적으로 바라봅니다.

사람들은 두려움과 무력감을 느낄 때 통제력을 움켜쥐려고 합니다. 일이 어떻게 펼쳐질지 참을성 있게 기다리지 못하고 다른 사람들을 자신의 뜻대로 움직이려고 합니다. 자신을 보호해줄 군주를 찾을 수 없으니 스스로 군주와 같은 행동을 하게 될 경향이 높습니다. 이후에 양육자들을 노예로 만들려고 하는 아기들의 행동 양식을 통해 이 같은 경향에 대해 더 자세히 살펴보려 합니다. 자신의 무력함을 깨닫고 소리를 지르는 것 외에 아기들이 무엇을 할 수 있을까요? 이런 경우에도 두려움은 민주주의에 꼭 필요한 평등한 상호 관계를 무너뜨립니다. 두려움은 응보적 분노로 이어지고, 불확실한 미래에 대한 건설적인 협력이 가장 필요한 순간 분열을 초래합니다.

DF 분노에 대해 언급하셨습니다. 그렇다면 또 다른 질문이 생기는군요. 왜 두려움만 그렇게 강조합니까? 민주주의를 위협하는 다른 감정도 많지 않습니까? 사실 분노도 그렇지 않습니까? 공격성을 고려하면 두려움보다 분노라는 감정을 더 걱정해야 하지 않을까요? 미국인들이 적대적인 행동을 하는 이유는 부당한 취급을 받고 있다는 인식 때문 아닙니까? 계급 분쟁을 조성하는 시기심이 민주주의를 위협한다고 생각하는 사람들도 있습니다. 마지막으로 인종 차별이나 다른 형태의 차별에서 드러나는 혐오의 역할에 대해서도 말들이 많습니다.

MN 정확히 지적하셨습니다. 말씀하신 그 감정들의 상호 관계에 대해서도 이 책에서 언급할 예정입니다. 수년 동안 각각의 감정을 연구하면서, 그 개별 연구가 감정들 사이의 중요한 인과 관계를 모호하게 만들었다는 사실을 발견했습니다. 특히 두려움이 유전적·일상적으로 가장 기본이 되는 감정이며, 분노와 혐오와 같은 감정으로 전염될 때 민주주의가 크게 위협당한다는 사실을 깨달았습니다. 물론 사람들은 부당함을 인식하면 반격에 나섭니다. 하지만 그 감정은 정확히 무엇이고 어디서 유래합니까? 왜 그런 감정을 느끼고, 어떤 상황에서 정치적으로 유독해지는 것일까요? 우리는 각각의 감정에 질문을 던져봐야 합니다. 저는 이 모든 감정이 삶의 불확실성, 바로 두려움에서 기인한다고 생각합니다.

DF 도대체 왜 사람들의 감정에 그렇게 민감하게 반응하는 것입니까? 미국 사회의 중요한 문제들은 분명 구조적 문제들이며, 감정과 상관없이 법으로 실행 가능한 해결책을 찾아야 합니다. 문제를 해결하기 위해 사람들이 변하길 기다릴 필요는 없으며, 감정에 집중하는 것은 심지어 문제 해결에 방해가 될 수도 있습니다.

MN 구조와 법이 중요하다는 데는 전적으로 동의합니다. 하지만 법이 제정되고 시행되려면 사람들의 마음과 정신이 필요합니다. 절대 군주 국가에서는 그럴 필요가 없죠. 복종을 가능하게 하는 두려움만 있으면 되니까요. 민주주의에서는 그 이상이 필요합니다. 선에 대한 믿음, 미래에 대한 희망, 민주주의를 좀먹는 증오와 혐오와 분노에 맞서려는 결심입니다. 저는 이 증오, 혐오, 분노가 두려움을 먹고 자란다고 생각합니다.

철학은 사회를 구할 수 있는가

앞의 대화 속 DF는 만족하지 못했고 그래서도 안 됐는데, 내가 아직 주장만 했을 뿐 근거는 제시하지 않았기 때문이다. 하지만 나의 논증 방향에 대한 큰 그림은 DF도 이해했을 것이다. 현대의 경제, 사회, 안보 관련 문제들은 쉽사리 해결할 수 없을 만큼 매우 복잡하다. 우리는 앞으로 몇 십 년 후 직업의 변화를 상상하지 못한다. 건강 보험료 증가 또한 정파에 상관없이, 심지어 사회 지도층에게도 문제가 되고 있다. 취업을 위해 점차 중요해지고 있는 고등 교육의 기회 역시 많은 이들에게서 멀어지고 있다. 중동과 극동의 혼란스러운 정치 상황을 이해해야 하지만 가벼운 분석은 삼가야 한다. 깊이 사고하기란 어려운 일이지만 두려워하고 비난하기란 쉬운 선택지다.

물론 DF는 더 근본적인 질문을 던질 수도 있다. 이 위기의 시대에 왜 우리가 철학자에게 의지해야 하는가? 철학이란 도대체 무엇이며, 어떻게 우리를 도와줄 수 있는가?

내게 철학은 권위적인 선언이 아니다. 타인보다 더 깊이 있다는 주장도, 현명하다는 과시도 아니다. 철학은 아는 것이 거의 없다는 겸손한 마음을 바탕으로 진실하게 논쟁을 주고받겠다는 약속이다. 평등한 인간으로서 기꺼이 상대의 의견을 듣겠다는 마음으로 살아가는 성찰하는 삶을 뜻한다. 이와 같은 소크라테스식 개념에 따르면 철학은 무언가를 강요하지도, 위협하지도, 무시하지도 않는다. 공허한 주장을 하지 않되, 듣는 이가 언제든 반박할 수 있는 전제로부터 결론을 도출하는 사고의 구조를 세운다.

아테네 민주주의 시대에 소크라테스는 많은 이들에게 질문을 던졌다. 그는 모든 사람에게 자신과 사물에 대해 이해할 수 있는 능력이 있다고 생각했다. 글을 모르는 노예 소년에게 질문을 하고 적절한 대화로 그가 복잡한 기하학적 증명을 해내는 모습을 이끌어내기도 했다. 철학적 질문들은 인간에게 기본 능력이 있다고 가정하지만 동시에 대부분이 그 능력의 함양을 무시한다는 사실도 보여준다. 군사 지도자들, 문화 권위자들, 정치가들을 포함한 많은 사람들이 좀처럼 생각을 정리하지 않고 설익거나 모순된 생각들을 토대로 성급한 행동에 나서듯이 말이다. 철학은 대화를 유도하고 듣는 이를 존중한다. 소크라테스가 질문을 던졌던 이들 중 자만심 넘치는 정치인들과 달리, 철학자들은 겸손하고 솔직했다. 그 혹은 그녀들의 입장은 훤히 들여다보일 만큼 투명했고 그래서 비판에 취약했다. (여기서 그와 그녀들이라고 한 이유는, 소크라테스가 다시 태어난다면 여성들에게도 질문할 것이라고 말했기 때문이며 플라톤은 실제로 자신의 학교에서 여성들도 가르쳤다!)

이러한 방법론이 개개인의 생각을 중요시하는 민주적 자치의 목표와 밀접한 관련이 있다던 소크라테스의 말은 옳았다. 그의 방법론은 공적 숙의의 질을 높임으로써 민주주의적 삶에 가치 있는 기여를 했다. 민주주의는 '고상하지만 느릿느릿 움직이는 말'이며, 자신은 날카로운 철학적 질문으로 민주주의를 일깨우고 발전시키는 '말 등의 똥파리' 같은 존재라고 소크라테스는 말했다.

이 책은 당면 문제를 해결하는 데 중요한 공공 정책이나 경제 상황을 분석하는 책이 아니다. 그보다 더 광범위하고 자기 성찰적이다. 우리를 움직이는 힘들을 이해하도록 돕고 행동 방향을 제시하려 한다. 이 책의 일차적 목표는 바로 이해다. 이해가 없는 행동은 지향점을 잃고 즉흥적이 될 수밖에 없기 때문이다.

철학자들은 민주주의와 관련된 많은 주제들에 대해 이야기한다. 나 역시 지난 수십 년 동안 정치 제도, 법률, 정의, 시민의 기본권이나 자격을 주제로 광범위한 논의를 생산해왔다. 시기심을 방지하고 희망을 건설하는 방법을 논하는 장에서 우리가 앞으로 전진하는 데 도움이 될 인간의 권리와 '인간의 역량'에 대해서도 언급하겠지만 이것이 책의 핵심은 아니다.

나는 감정의 본질은 무엇이고 훌륭한 삶을 추구하는 과정에서 감정의 역할이 무엇인지에 대해서도 오래도록 연구해왔다. 플라톤부터 애덤 스미스, 존 롤스와 같은 현대의 사상가들까지 서양 철학의 오랜 전통을 따라 심리학과 정신분석학에도 의지하면서 감정이 품위 있는 정치 사회를 만드는 데 중요한 역할을 한다고 주장해왔다.

감정은 공동체를 와해시킬 수도 있지만 협력을 증진하거나 정의를 향한 노력에 힘을 실어줄 수도 있다. 감정은 타고나는 것이 아니라 사회적 맥락과 규범에 의해 다양한 방식으로 형성된다.

이는 우리가 정치적 감정을 직접 만들어갈 여지가 크다는 뜻이므로 좋은 소식이다. 동시에 게으르고 호기심 없는 이들에게는 나쁜 소식이다. 두려움, 증오, 분노, 혐오, 희망, 그리고 사랑의 본성에 대해 질문하고 그러한 감정이 민주주의적 열망을 약화시키거나 차단하기보다는 뒷받침할 수 있도록 견인하는 방법을 고민해야 한다는 뜻이기 때문이다. 자신이 느끼는 과도한 증오나 두려움에 대해 "미안하지만 사람들은 원래 그래요"라는 말로 책임을 회피해서는 안 된다. 인종 혐오, 여성 멸시, 이민자들에 대한 두려움, 장애인을 혐오하는 감정들 중 불가피하거나 '자연스러운' 것은 결코 없다. 지금까지는 그래왔을 수 있으나 앞으로는 결코 그래서는 안 된다. 그리고 당연히 그러지 않을 수 있다.

요약하자면, 우리는 자신에 대해 잘 알아야 하고 또 책임져야 한다. 온당한 사회라면 사회 제도를 설계해 집단적 증오를 최소화할 방법에 노력을 기울일 의무가 있다. 장애가 있는 아이들을 일반 교실에 편입시키는 간단한 정책만으로도 두려움과 공격성의 형태는 눈에 띄게 변화한다. 다른 많은 이슈들에 대해서도 스스로 이해한 바를 바탕으로 증오와 혐오를 유발하는 정책 대신 희망, 사랑, 협력을 장려하는 정책을 선택해야 한다. 물론 증오를 숨긴 채 행동 양식만 바꾸는 경우도 있을 것이다. 하지만 장애 아동의 일반 교실 편입이 그랬던 것처럼 사람들이 서로를 보고 느끼는 관점을 실질적으로 바꿀 수도 있다.

철학은 그 자체로 구체적인 정책 선택을 좌우할 수는 없다. 정책은 철학, 역사학, 정치학, 경제학, 법학, 사회학을 아우르며 다양한 맥락을 고려해야 하기 때문이다. 하지만 철학은 우리가 누구인지, 눈앞에 어떤 문제들이 놓여 있는지, 어느 방향으로 나아가야 하는지를 알려준다. 앞서 언급했듯 평등한 참여, 존중, 상호 호혜를 강조하는 철학적 방법들은 우리가 지향해야 할 중요한 지점들의 본보기가 된다. 철학은 정치의 전부가 아닌 일부에만 관여하고 있지만 우리가 성찰하는 삶을 살 수 있도록 도와준다.

철학은 부드러운 학문으로 인간성을 온전히 존중한다는 면에서 사랑의 한 형태이기도 하다. 철학은 "이 방법은 옳지 않아. 이렇게 살면 안 돼"라고 곧잘 단언한다. 하지만 사람들이 잘못된 신념을 갖고 나쁜 행동을 한다고 비난하거나 무시하지 않고 언제나 관심과 존중으로 대한다. 나는 미국의 문제들에 대한 철학적 접근법을 마틴 루터 킹 주니어의 일과 삶이 보여준 비폭력 정치 운동과 연결시키는 것도 무리가 아니라고 생각한다.

이 책의 주요 인물로 등장할 킹은 부당한 조건에 강하게 항의하면서도 '사랑'의 입장을 견지했다. 분노가 아니라 사랑으로 상대에게 접근해야 한다고 말했다. 낭만적일 필요도 상대를 좋아해야 할 필요도 없다. 그가 요구했던 사랑은 선한 의지와 희망이 인류에 대한 존중과 결합되는 것이었다. 상대의 의견을 경청하고 스스로 사고하며 결국 아름다운 목표를 위해 뜻을 같이할 사람들로 타인을 대해야 한다는 뜻이다. 철학은 바로 이 목표와 희망을 공유한다.

우리는 온전히 이해해야 한다

두려움은 시간순으로도 인과적으로도 인간의 가장 기본적인 감정이다. 나는 생애 초기부터 두려움이 인간에게 어떤 영향을 끼치고 삶을 좌우하는지 보여주면서 논의를 시작할 것이다. 이와 같은 분석만으로도 두려움을 억누르고 두려움의 해악을 감소시키는 몇 가지 전략은 벌써 얻을 수 있다. 동시에 두려움의 위험을 완전히 물리칠 수는 없다는 결론도 얻겠지만 말이다.

그리고 정치나 일상생활에서 두려움과 별개로 작용하기도 하지만 두려움의 영향을 받을 때 특히 위험해지는 세 가지 감정에 대해 살펴볼 것이다. 바로 분노, 혐오, 시기다. 각각의 감정을 분석하고 그 감정들이 민주주의 정치에 끼치는 부정적인 효과들에 대해 논할 것이다.

최근의 정치 담론에서 두드러졌던 여성을 향한 정치적 감정에 대해서도 한 장을 할애해 살펴보려 한다. (내 정의에 따르면, 여성이 남성보다 열등하다고 주장하는 관점인) 성차별주의와 (여성에 대한 극도의 증오와 여성을 '그들의 자리'에 묶어놓으려는 증오 행동의 한 형태이자 강화 전략이라고 정의하는) 여성 혐오와의 관계를 분석할 것이다. 여성 혐오는 보통 성차별주의에 뿌리를 두지만 반드시 그런 것만은 아니다. 주로 징벌적 분노, 성적 욕망, 양립할 수 없는 신체에 대한 혐오, 여성들의 경쟁력 상승에 대한 시기에서 비롯되는 유독한 감정이다.

결국 나는 희망과 사랑, 연구에 의지한다. 우리 앞에 펼쳐질 미래에 대해 조심스럽게 낙관하고 있다. 희망에 대한 철학적 분석은, 선한 감정이 과연 우리를 이끌어줄 수 있을지 믿기 어려워 보이는 이 시대에 다시금 소망과 신념, 그리고 인류에 대한 사랑을 키울 수 있는 전략을 제시한다.

이 책 전반에서 최근의 정치적 상황을 예로 들기도 했지만, 나는 궁극적으로는 독자에게 숙고와 성찰, 비판적 논증을 권하고자 한다. 이를 위해 오랫동안 연구해온 그리스 로마 시대의 철학자들을 자주 언급할 것이다. 학생들을 가르치면서 깨달았다. 각자의 소망이 위태로워지기 쉬운 일상에서, 목전의 두려움에서 한발 물러날 때 우리는 더 깊이 생각하고 서로를 더 잘 이해할 수 있다.

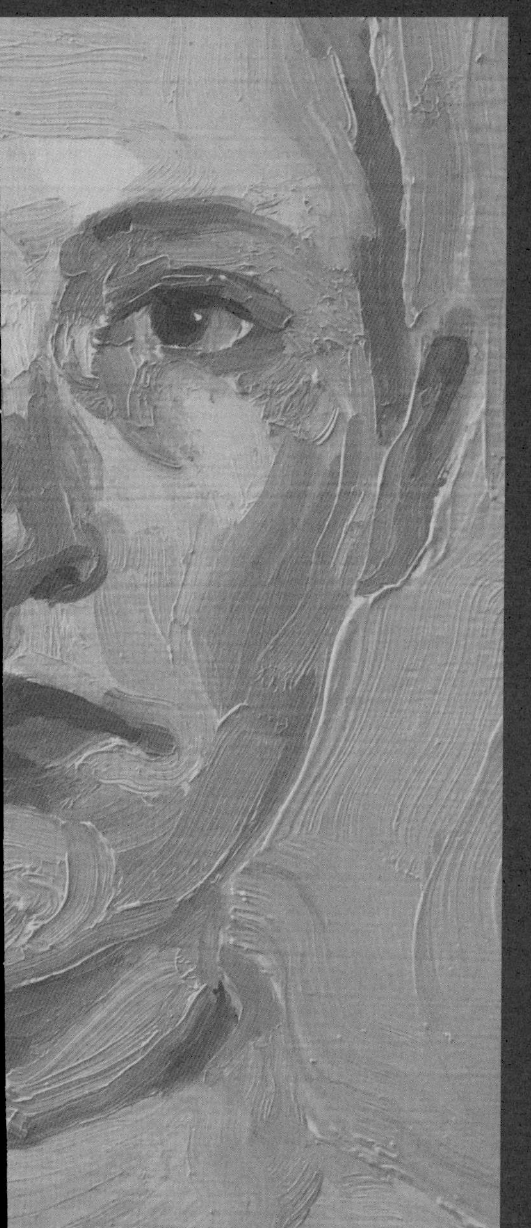

생애 최초로 마주한 두려움

The Monarchy of Fear

인간은 무력하게 태어난다

당신은 축축한 어둠 속에 누워 있다. 추위와 허기, 갈증이 몰려온다. 모든 감각이 사라지고 고통만이 남는다. 간신히 소리를 질러보지만 소용없다. 움직이려 해봐도, 이 고통에서 빠져나가려 해봐도 팔다리가 말을 듣지 않는다. 무기력하게 허우적거릴 뿐이다. 보고 듣고 느끼지만, 몸을 움직일 수 없다. 완전히 무력하다.

이는 전형적인 악몽으로 누구나 무력해지는 꿈을 꾼다. 위험에서 벗어나려 하지만 다리가 움직이지 않고, 비명을 지르려 해도 목소리가 나오지 않거나 아무도 듣지 못한다. 악몽 속에서 종종 악당이나 괴물을 두려워하지만 사실 우리가 더 두려워하는 것은, 어쩌면 증오하는 것은 바로 자신의 무력감일지도 모른다.

이런 끔찍한 이야기가 인간의 아기에게는 일상일 뿐이다. 송아지, 망아지, 강아지, 아기 코끼리, 기린, 돌고래 등 다른 모든 동물은 태어난 직후 움직이는 방법을 빠르게 습득한다. 똑바로 서거나 젖을 물지 못하고 어미와 함께 걷거나 헤엄치지 못하면, 스스로 몸을 움직여 배를 채우지 못하면, 이는 심각한 결함으로 백발백중 살아남지 못한다. 무력함은 곧 생이 끝난다는 뜻이다. 오직 인간만이 아주 오랫동안 무력하고, 오직 인간만이 무력한 조건에서도 살아남는다. 감정에 대해 연구할 때 내가 가장 많이 참조하는 로마의 시인 루크레티우스Titus Lucretius Carus는 이렇게 말했다.

> 아기는 험악한 파도에 휩쓸리는 선원처럼 발가벗은 채 누워 있다. 말도 하지 못하고 살아남기 위해 온갖 도움이 필요한 상태로, 자연의 힘으로 수축된 어미의 자궁에서 빛의 나라로 내던져졌다. 그 상황이 평생 지속될지도 모른다는 아기의 애절한 울음이 방안을 가득 채운다.[1]

다른 동물들은 겁을 먹을 필요도, 옹알이를 할 필요도 없다. 계절마다 다른 옷을 입을 필요도 없고 무장을 하거나 성벽을 쌓을 필요도 없다. 필요한 모든 것을 지구와 자연이 제공해주지 않는가.

---

1 티투스 루크레티우스 카루스는 기원전 99년부터 55년경, 로마 공화정의 폭정과 쇠락의 시기를 살았다. 그리스 철학자 에피쿠로스(341~270 BC)의 제자로 두려움과 공격성, 우주의 질서에 대한 가르침을 전파하기 위해 6권으로 이루어진 6보격 장편 시를 집필했다. 에피쿠로스의 저작을 접할 기회가 많았고 그의 가르침을 얼마나 혁신했는지는 알 수는 없지만, 훌륭한 시적 형상화와 적어도 철학의 일부는 (특히 에피쿠로스 철학과 로마의 가치관을 통합시킨 부분은) 그 자신의 사상이었다고 생각한다. 국내 출간 『사물의 본성에 관하여』 참조.

인간은 세상에 맞설 준비가 되지 않은 상태로 태어난다. (중요한 사실은 영영 준비가 되지 않는다는 것이다.) 금방이라도 부서질 듯 연약한 인간은 무력하게 누워 생존에 필요한 음식, 안락과 위안을 타인이 제공해주기를 기다린다. 영양 공급과 배설마저 아무 걱정 없이 반사적으로 해결했던 편안한 자궁 안에서의 삶 이후 갑작스러운 분리가 찾아왔다. 차가운 공기가 몸을 휘감고 홀로 무력감에 고통스러워한다. 유아의 아주 느린 신체 발달에 비해 빠른 인지 발달은 여러 가지 면에서 악몽과 같다.[2] 필요한 것이 눈앞에 있지만 움직여 손에 넣을 수 없다. 고통을 느끼지만 없앨 수 없다. 이후의 악몽들은 이 초기 고통의 재생산이다. 두려움을 다루는 신경학적 연구에 따르면, 초기 두려움이라는 자극의 상처가 사라지지 않고 끊임없이 악몽으로 재생산된다.

시간이 지나고 아기는 상황을 인식한다.[3] 생후 한 달이 되면 다른 사람과 부모를 구분할 수 있다. 한 사람을 한 명의 개체로, 눈앞에 나타났다 사라지는 이미지를 실재하는 물질로 인식하는 것은 훨

---

2 내가 오랜 연구를 통해 알게 된 내용이 자세히 담긴 놀라운 저작, 심리학자 다니엘 스턴의 『갓난아기가 쓴 일기』 참조. 이보다 더 쉬운 책으로는 그의 『유아의 대인관계적 세계』가 있다.

3 나는 아기들의 대상 인식 능력을 간과했던 프로이트의 단순한 쾌락주의를 반대한다. 나의 다른 저서들처럼 이 책도 로널드 페어베언, 특히 도널드 위니캇을 중심으로 현재 미국 정신분석 훈련법의 주류로 자리매김한 '대상관계이론' 학파와 뜻을 같이 한다. 멜라니 클라인의 의견도 비슷하지만 그녀는 쉽게 범주화하기 힘든 독보적 인물이다. 이 세 사람의 관점에 대한 자세한 내용은 나의 저서 『감정의 격동』 5장을 참조하면 된다.

씬 나중의 일이지만 말이다. 아기가 자기 신체의 일부(손과 발)와 외부 사물의 차이를 인식하는 데도 몇 달이 걸린다. 처음에는 손가락과 같은 신체의 일부를, 나중에는 담요 귀퉁이나 고무젖꼭지 같은 사물을 입에 넣으면서 동일성과 외재성에 대해 끊임없이 실험한다. 이 모든 학습 이후에도 걸을 수 있기까지, 심지어 혼자 길 수 있을 때까지도 여전히 긴 시간이 필요하다. 그와 함께 울음소리도 점차 알아들을 수 있는 음절의 형태를 갖춰 간다.

우리는 이처럼 형성되고 또 변형되면서 용케 살아남는다. 유전적으로 첫 번째로 갖게 되는 감정인 두려움은 사랑과 상호 존중의 주변을 맴돌며 그 모든 과정에서 지속되고 또 그 모든 과정에 영향을 끼친다.

물론 좋은 시간도 있다. 루크레티우스도 말했듯이 고통의 세계는 동시에 기쁨의 세계이기도 하다. 우리가 도착한 '빛의 나라'에는 놀랄 만한 아름다움과 즐거움이 있다. 아이의 첫 번째 자발적 움직임은 바로 그 황홀한 빛을 눈으로 좇는 것이다.

조용한 위로의 시간도 있다. 엄마의 젖이나 젖병을 빨 때, 달짝지근한 냄새가 나는 따뜻한 몸과 부드러운 팔에 안겨 있을 때. 하지만 스스로 이룬 일은 아니다. 어쩌다 보니 그렇게 된 것뿐이며, 아기는 그 상황을 어떻게 다시 만들 수 있는지 아직 모른다. 그러다 날카로운 울음을 터트리면 보통 (얼마 후) 배를 채울 수 있다거나 육체가 편해진다는 사실을 발견하지만 스스로 할 수 있는 일은 아니다. 필요한 것을 얻는 유일한 방법은 타인이 그것을 제공하게 만드는 것뿐이다.

정치는 바로 이 지점에서 시작된다. 정치 철학자들은 대부분 남성이었고, 남성들은 아이가 있다고 해도 여성들관 달리 함께 시간을 보내거나 아이들을 주의 깊게 관찰하지 않는다. 하지만 정치 철학이 크게 도약한 것은 18세기에 반 군주 정치를 외친 선구자이자 혁명가, 민주주의 초기 이론가인 장 자크 루소Jean Jacques Rousseau가 유아기의 심리가 민주주의의 과제에 얼마나 위험한지에 대해 집필한 글 덕분이다.[4]

루소는 사랑이 넘치는 부모는 아니었다. 그는 (전부 사생아로 태어난 넷 혹은 다섯의) 자식 전부를 태어나자마자 생년월일도 기록하지 않고 고아원에 버렸다. 하지만 다른 이들의 자식들을 가르치며 다양한 실험과 여성들과의 대화를 거듭했다. 루크레티우스와 로마 철학자들의 저작을 탐독하면서 생애 초기의 욕구가 그가 추구했던 정치 질서의 형태에 어떻게 문제가 되는지 이해했다.

인간의 삶은 민주주의가 아니라 군주제로 시작한다고 루소는 생각했다. 아기는 양육자를 맹목적인 사랑에 빠지게 만들어 노예처럼 부리지 않고서는 살아남을 수 없다. 너무 약하기 때문에 통치하거나 죽거나 둘 중 하나다. 도움을 주고받을 능력이 없기에 명령과 위협을 통해서만, 타인이 제공하는 숭고한 사랑을 착취함으로써만 원하는

---

4 나는 루소의 관점에 동의하지는 않는다. 그는 『사회계약론』에서 '민간 종교'를 통한 사고와 발언의 강압적 동질성을 주장했다. 이는 미국의 사상가들은 물론 존 로크, 존 스튜어트 밀 같은 영국의 사상가들이 매우 소중하게 여겼던 언론, 출판, 집회, 결사의 자유 제한을 뜻했다.

것을 얻을 수 있다.[5] (루소는 편지글에서 바로 그 때문에 아이들을 버렸다고 말했다. 그는 아이들 곁에 붙어 시중을 들어줄 시간이 없었다.)

그렇다면 아기들의 삶이 펼쳐지는 과정에서 어떤 감정들이 뿌리를 내리기 시작하는가? 자궁 안에 있다 출산 막바지에 결국 감각을 느끼게 되지만 이를 감정을 느낀다고 말하기는 힘들다. 감정은 혼란스러울 수도 있는 외부 사물에 대한 인식과, 아무리 어설프더라도 그에 대한 사고가 필요하기 때문이다. 그렇다면 감정은 출생 후의 세상과 어울린다. 그 세상에서 우리는 선의 원천을 갈망하지만 결국 그로부터 분리되고, 선의 원천은 자신은 통제할 수 없는 어딘가에 있을 거라고 어렴풋이 짐작할 뿐이다. 이와 같은 악몽의 시나리오에 갇힌 아기들에게 한 가지 압도적인 감정, 일상생활에 중대한 영향을 끼치는 감정이 바로 두려움이다.

성인들은 아기들의 힘겨운 발차기에 즐거워하고 아기들의 울음소리에도 불안해하지 않는다. 자신이 아기를 먹이고 입히고 보호하고 돌볼 거라는 사실을 알고 있기 때문이다. 그들은 아기들이 보내는 욕구의 신호에 반응해 아기를 안아주고 말을 걸어주고 (고대 로마 시대에도 아기들을 달래는 말이 있었다) 요람을 흔들어 자궁 안에서처

---

5 루소 『에밀』(알란 블룸 옮김, 뉴욕, 베이직 북스, 1979) 1권 62~67p. "애초에 의존할 수밖에 없게 만든 바로 그 연약함 때문에 불가피하게 제국과 지배의 개념이 뒤따를 수밖에 없다.(66p)" 루소는 자유로운 움직임을 격려하고 자신을 스스로 돌봄으로써 우리가 일찍부터 이 두려운 의존성에 저항하기 시작할 수 있다고 믿었다. 나는 그의 구체적인 견해는 지지하지 않으나 심리학자들, 특히 위니캇의 관점에 영향을 받아 그의 초기 통찰을 내 방식으로 발전시켰다.

럼 안전함을 느낄 수 있게 해준다. 나쁜 일이 일어날 거라고 생각하지 않으므로 두려워하지 않는다. 발열이나 소화 불량과 같은 다른 위험 신호가 없다면 말이다. 하지만 아기의 입장에서는 신뢰도 규칙도 안전도 없다. 단기간의 제한된 경험으로 아기는 지금 이 순간의 고통만이 실재하며 즐거운 안락의 순간은 순식간에 지나가고 다시 불안과 공포가 이어질 거라고 생각한다. 심지어 그 짧은 즐거움의 순간도 곧 사라져버릴지도 모른다는 불안으로 희석되어버린다.

두려움이 정치에 이르기까지

철학자들과 심리학자들은 정의하기를 좋아한다. 두려움에 대한 정의는 분야마다 다르지만 인간과 동물의 감정에 대한 최근의 학계 간 통합 연구 덕분에 공통으로 합의할 수 있는 부분이 생겼다. 바로 인간과 동물의 거의 모든 감정에 개체의 안녕에 대한 일련의 정보 처리 과정이 개입된다는 것이다. 언어를 사용하지 않는 동물도 좋은 것과 나쁜 것에 대해 생각하고 이 생각이 감정으로 편입된다.

또한 감정은 이유 없는 에너지 분출이 아니라 주변의 대상과 사건을 관찰하면서 발생한다. 감정은 일반적으로 우리의 동물적 취약성과, 스스로는 완전히 통제하지 못하는 외부 사물에 대한 의존성과 애착을 동시에 드러낸다. (그리스 로마 시대 스토아학파가 거의 모든 감정을 없애고자 했던 이유다. '재물'에 대한 어리석은 의존과 거리가 먼, 우주에 대한 경이나 개인의 고결함에 대한 환희 같은 몇 가지 감정만 제외하고

말이다.[6])

두려움은 인간이 살면서 가장 먼저 느끼는 감정일 뿐만 아니라 모든 동물이 가장 광범위하게 공유하는 감정이기도 하다. 측은함을 느끼기 위해서는, 누군가 고통받고 있는데 그 고통은 좋지 않은 것이며 고통이 사라지면 상대가 편해질 것이라는 일련의 사고 과정이 필요하다. 유인원 등 더 복잡한 사고가 가능한 동물은 측은함을 느끼기도 한다.

약간의 짜증이나 불편함을 넘어선 분노를 느끼기 위해서는 누군가 나에게 어떤 일을 했으며 그 일은 잘못되었다는 인과적 사고가 필요하다. 하지만 두려움을 느끼기 위해서는 위험이 다가오고 있다는 지각만 있으면 된다. 아리스토텔레스는 곧 닥칠지도 모르는 부정적인 일에 대한 괴로움과 이를 물리칠 힘이 없다는 무력감의 결합이 두려움이라고 정의했다.[7] 두려움을 인식하는 데 언어는 필요하지 않고 오직 자신에게 좋은지 나쁜지에 대한, 모호해도 괜찮은 감각만이 필요하다. 나쁜 일이 다가오고 있지만 나는 꼼짝할 수 없다는 것.

두려움은 내면의 강한 느낌을 동반하는데 이는 흔히 신체의 '떨림'으로 드러난다. 그렇다면 떨림이 없는 감정은 진짜 두려움이 아닌가? 이 또한 두려움인 세 가지 이유가 있다. 첫째, 두려움을 느끼는

6 나는 철학과 심리학을 토대로 그에 관한 전반적인 의견을 저서 『감정의 격동』에 정리했다. 내 의견의 일부는 논란이 있었으나 여기서 언급하는 전반적인 관점은 그런 논란이 없었다.

7 아리스토텔레스 『수사학』 II.5, 1382a21-5.

방식은 개인의 성격과 역사에 따라 사람마다 다르다. 용감한 군인도 죽음에 대한 보편적인 두려움을 갖고 있다면 반드시 떨게 되는가? 아리스토텔레스는 가장 용감한 군인도 죽음을 두려워하며, 결코 두려움이 없을 수 없다고 말했다.[8] 잘 훈련받은 군인의 경우, 위험에 대한 지각이 항상 떨림을 동반하는 것은 아니다.

둘째, 사람들은 두렵다는 인식 없이도 두려움을 느낄 수 있다. 일상생활의 많은 행동이 사실 죽음에 대한 두려움으로 이루어진다. 우리는 자동차 앞으로 뛰어들지 않고 (목숨보다 스마트폰을 더 소중히 여기는 것이 아니라면) 건강을 관리하고 의사를 찾아간다. 죽음에 대한 두려움은 때로 유용하지만 중력의 존재에 대한 확신처럼 대부분은 무의식적이다. 무의식적이지만 언제 어디서나 느낄 수 있다.

억압이라는 정신분석학적 기제를 들먹이지 않아도 우리는 두려움이 마음속에 도사리고 있다는 사실을 안다. 하지만 거기서 멈춰서는 안 된다. 무의식적 두려움을 가장 먼저 이론화했다고 할 수 있는 루크레티우스에 따르면, 두려움을 잊으려는 노력이 가끔은 짐이 된다. 그래서 떠는 대신에 '가슴에 커다란 산이 얹혀 있는' 것 같다고 느낀다. 정신을 산만하게 만들기 위해 쉬지 않고 회피 행동을 할 수도 있다. 비행기 여행을 생각해보자. 비행에 대한 의식적인 두려움을 갖고 있는 사람도 있다. 하지만 대부분의 사람들은 그 두려움을 무의식적으로 억압하면서 괜히 마음이 무거워지고 평소보다 긴장한 상

---

8 아리스토텔레스 『니코마코스 윤리학』 III.9, 1117b7-16.

태로 음식을 먹거나, 의미 없는 이메일이나 대화로 정신을 분산시킨다. 평소보다 화를 잘 내거나 집중력이 떨어질 수도 있다.

셋째, 최근의 과학자들은 동물의 감정에 대한 많은 지식을 체계적으로 이론화했던 아리스토텔레스의 의견에 동의하는 경향이 있다. 인간을 포함한 모든 동물은 자신을 해칠지도 모르는 대상에게 두려움을 느낀다.[9] 두려움은 동물의 생존 유지에 중요한 역할을 했기 때문에 이어져 왔다는 것이 정설이다. 하지만 쥐가 느끼는 두려움에 대해 우리가 무엇을 말할 수 있을까? 동물이 풍부한 주관적 경험을 갖고 있다고 확신할 수는 있어도, 그들이 무엇을 느끼는지 안다고 말하는 것은 성급한 행동일 것이다.

두려움은 분명 어떤 느낌을 동반하지만 특정한 느낌으로 정의하기는 힘들다. 그러니 동물의 행동을 설명할 때 필요한, 두려움의 가장 큰 원인처럼 보이는 대상에 대한 좋거나 나쁘다는 인식에서 멈추는 편이 더 안전하다. 우선 주관적 측면이 매우 중요하다는 정도로 정리하면서 두려움의 다양한 형태와 사례에 있어서는 시인과 소설가들의 도움을 받을 것이다. 먼저 모든 사례에 공통으로 적용되는, 대상에 대한 인식 부분부터 살펴보자.

바로 뇌다. 최근의 연구들에서 우리가 알아야 할 점부터 살펴보자. 신경과학자 조셉 르두Joseph LeDoux는 『느끼는 뇌』[10]에서 두려움이

---

9 아리스토텔레스 『동물의 역사』에서 많은 부분을 참조했다.

10 뉴욕, 사이먼 앤 슈스터, 1996.

라는 감정이 뇌 안쪽의 아몬드 모양으로 생긴 편도체라는 기관과 얼마나 밀접한 관계인지 훌륭하게 설명해주었다. 살아 있는 동물이 두려움을 느끼거나 그로 인해 행동할 때 편도체가 활성화된다. 르두는 진화 과정을 거쳐 인간에게 내재된 특정한 요인이 두려움과 관련된 반응을 유발한다는 사실도 밝혀냈다. 뱀과 유사한 형태의 이미지가 언제나 편도체를 활성화시키는 것처럼 말이다.

편도체는 무척 원시적인 기관이다. 모든 척추동물은 감각 기관이나 인지 기관의 수준에 상관없이 편도체를 갖고 있고 형태도 전부 동일하다. 편도체의 역할은 모든 동물이 두려움을 느끼는 이유를 설명해준다. 두려움에 대한 경험은 공통된 동물적 유산에 기인한다. 영장류도 척추동물도 아닌, 파충류의 뇌로부터 시작된 유산이다.

르두는 두려움이 편도체 '안'에 있다거나 편도체의 역할을 파악하면 두려움에 대해 제대로 알 수 있다고 섣불리 말하지 않았다. 무엇보다도 그는 인간을 대상으로 실험하지 않았다. 그리고 모든 동물의 두려움은 신경계 전체와 관련돼 있으며 편도체는 더 복잡한 시스템 안에서 제 역할을 하는 것뿐이라는 사실을 완벽하게 인지하고 있었다. 쥐들에게도 그러하다면 인간에게는 더욱이 사실일 것이다. 인간은 감각, 언어, 인지 등 다양한 출처를 통해 위험에 대한 정보를 얻는다. 게다가 인간의 뇌는 가소성을 가지고 있어 개인마다 감정을 처리하는 방법은 큰 차이가 있다.

그렇다면 뇌의 상태를 확인하는 것만으로는 두려움에 대해 충분히 설명할 수 없다. 충분한 설명을 위해서는 대상에 대한 주관적인 인식, 대상이나 상황이 부정적이라고 판단하는 모호하고 무르익지 않은 생각도 고려해야 한다. (대부분의 동물이나 인간의 아기들이 느끼는 것이 바로 이 모호하고 무르익지 않은 생각일 테다.) 인식은 시간이 갈수록 학습의 영향을 받는다. 학습이 두려움을 더 인간적으로, 덜 원시적으로 만들어준다. 하지만 두려움이 아기들과 쥐가 공유하는 비슷한 감정이라는 사실을 강조할 필요는 있다. 쥐는 언어가 없고 고차원적인 사고를 할 수 없지만 좋은 것과 나쁜 것에 대한 정신적 지도는 갖고 있다. 그리고 우리가 경험하는 초기 두려움이 이후 학습을 통해 복잡하게 변형된다고 해도, 초기 두려움의 조건 반응이 개체에 지속적인 영향을 끼친다고 르두는 강조했다. 이 영향은 되돌리기 몹시 어렵다는 사실도 입증되었다. 우리는 위험을 느낀 순간 두려움이 어떻게 폭발하는지, 어떻게 우리의 꿈을 좌우하는지 알고 있다.

두려움은 원시적일 뿐만 아니라 반사회적이기도 하다. 공감을 느낄 때 우리의 관심은 외부를 향한다. 다른 이들에게 무슨 일이 일어나고 있는지, 그 원인이 무엇인지 생각한다. 우리는 관계를 맺으며 사는 군집 동물이 아니라면 동물에게는 공감 능력이 없다고 생각한다. 개, 유인원, 코끼리는 집단 내 다른 개체의 안녕에 관해 관심을 기울일지도 모른다. 과학자들에 따르면 이 동물들은 복잡한 수준의 사회적 인식이 가능하고 감정도 느낀다. 하지만 두려움을 느끼기 위해서는 사회가 필요하지 않다. 오직 자신과 위협적인 세상만 있으면 된다.

두려움은 사실 지독한 자기애적 감정이다. 어떤 형태로 뿌리내리든 타인에 관한 모든 생각을 몰아낸다. 유아의 두려움은 전적으로 자신의 신체에 집중되어 있다. 심지어 타인을 걱정할 수 있는 수준으로 자란 후에도 두려움은 타인에 대한 걱정을 몰아내고 자신만 생각하는 어린아이 같은 상태로 우리를 되돌린다. 군인들은 전투에서 겪은 두려움을 자신의 신체와 내면에 대한 '강렬한 집중'이라고 묘사했다. 결국 자신의 신체가 그들의 세상 전부가 된다.[11] (그렇기 때문에 군대에서의 훈련은 집단의 결속력을 높이는 데 집중해야 한다. 그와 반대로 향하는 강력한 욕구를 물리쳐야 하기 때문이다.)

병원에서 느끼는 불안한 상호 작용에 대해서도 생각해보자. 심각한 검진 결과를 들을 때나, 심지어 간단한 정기 검진에서도 우리는 몹시 긴장한 채 자신에게만 집중한다. (진찰실에서의 혈압 상승은 무력감에 대한 불안이 되살아났다는 신호다.) 물론 우리는 사랑하는 사람들을 염려하고 그들에게 관심을 기울인다. 하지만 이는 자신의 확장일 뿐이며 자신에게 강렬한 고통이 닥치면 더 넓은 세상에 대한 관심은 사라진다.

위대한 소설가 마르셀 프루스트Marcel Proust의 『잃어버린 시간을 찾아서』의 주인공인 어린 화자 마르셀은 밤에 잠자리에 드는 것을 유난히 무서워했다.[12] 마르셀은 그 공포를 없애기 위해 계획을 세운다. 엄마가 자신의 방에 최대한 늦게까지 머물다 가게 만드는 것이다. (그는 엄마의 존재가 주는 위로가 그녀가 곧 떠날 거라는 인식으로 이미 훼손되었다는 점에 주목했다.) 마르셀의 두려움은 타인에 대한 통제로

---

11 에리히 마리아 레마르크의 『서부전선 이상 없다』에 훌륭하게 묘사되어 있다. 레마르크는 열여덟 살의 나이에 서부전선에서 몇 개월간 복무하다가 전투 중 심각한 부상을 당했고 전쟁이 끝날 때까지 군 병원에 입원해 있었다.

12 마르셀 프루스트 『잃어버린 시간을 찾아서 1』.

발전했다. 그는 엄마의 행복에는 전혀 관심이 없었다. 두려움에 사로잡혀 엄마가 자신의 뜻대로 하기만을 원했다. 이러한 관계 맺기 방식이 이후 그가 맺는 모든 관계, 특히 그가 가장 사랑했던 알베르틴과의 관계에 영향을 끼쳤다. 그는 알베르틴의 독립성을 견디지 못했다. 그녀의 독립성이 너무 불안했고 그녀를 통제할 수 없다는 사실 때문에 두려움과 질투심으로 몸부림쳤다. 그래서 그는 명징한 자기 인식을 거쳐 담담히 털어놓았다. 안타깝게도 알베르틴이 잠들어 있을 때에만 안정을 느꼈다고. 그는 있는 그대로의 그녀를 사랑하지 못했다. 있는 그대로의 그녀는 그의 것이 아니었기 때문이다.

프루스트는 두려움이 다른 누구도, 어떤 것도 염려하지 않는 전제 군주의 감정이라는 루소의 의견에 동의했다. (루소는 프랑스 왕들이 타인과의 관계를 상상할 수 없기 때문에 국민들에게 공감할 수 없다고 생각했다.[13]) 하지만 반드시 그런 것은 아니었다. 지금까지 밝혀진 바에 따르면 동물들의 두려움은 한계를 벗어나지 않고, 배려와 협력을 저해하지 않는다. 예를 들어 코끼리들은 태어난 직후부터 무리 생활을 한다. 새끼 코끼리는 암컷 코끼리에게 달려가 위안을 얻거나 다른 어린 코끼리나 어른 코끼리들과 함께 놀면서 이타적 무리 생활을 하는 자기들만의 감정 언어를 배운다.

하지만 무력한 인간의 아기가 원하는 것을 얻을 수 있는 방법은 한 가지뿐이다. 바로 타인을 이용하는 것이다.

---

13 『에밀』 4권 중.

유치한 나르시시즘을 벗어나

아기들은 두려움의 나르시시즘을 어떻게 극복하는가? 이러한 절망적인 서사는 더 예리해질 필요가 있다. 우리는 더 이상 타인에게 복종을 강요하는 오만한 아기가 아니기 때문이다. 자기중심적이고 불안에 휩쓸려버린 정치적 순간에서 벗어나는 방법을 찾기 위해서는 유치한 나르시시즘에서 해방되는 과정을 고찰해야 한다.

아기는 즐거움과 위안의 시기를 겪으며 사랑과 감사를 느낀다. 이와 같은 감정들은 발육상 두려움보다 나중에 생겨나고 두려움보다 구조가 복잡하다. 사랑은 자기중심적인 요구 이상으로 타인을 독립된 개체로 인식하는 능력, 상대가 무엇을 느끼고 원할지 상상하는 능력, 그리고 자신의 노예가 아닌 분리된 삶을 허락하는 능력을 필요로 한다. 이는 절대 왕정에서 민주주의적 관계로의 이동이라고 말할 수 있다.

이 이동 과정은 결코 부드럽지 않고 갑작스럽고 불확실하다. 하지만 타인의 삶을 상상하는 능력이 이를 돕는다. 어린 자신을 돌봐주는 보호자의 사랑과 친절에 대해 보답하는 일처럼. 감사하는 마음과 사랑에 보답하려는 마음속에 진화의 근거가 있을 것이다. 종의 생존에 반드시 필요한 부모와 자식 간의 유대감을 쌓는 데도 최소한의 보답이 있어야 한다. 부모는 자신의 노력에 대한 보답을 받았다고 느낄 필요가 있다. 심각한 감정적 장애를 (중증 자폐와 같은) 가진 아이들을 돌보는 것이 어렵고 힘든 이유도 바로 이 보답이 없기 때문이다. 선사 시대라면 그런 아이들은 버려졌을 것이다. 유아를 연구하는 심리학자들은 (특히 예일 대학교의 폴 블룸Paul Bloom 박사는) 돌보는 사람의 세계로 들어가는 능력, 즉 마음을 읽는 능력은 생애 초기에 생긴다고 말한다. 평범한 성인에게 반드시 필요한 능력이다.[14] 로버트 D. 헤어Robert D. Hare의 사이코패스 연구에 따르면, 마음을 읽는 능력과 타인을 걱정하는 감정이 결핍된 이들은 그렇게 자란 것이 아니라 심각한 장애를 갖고 그렇게 태어났다는 것이 특징이다.[15]

하지만 평범한 우리도 나르시시즘의 형태로 사이코패스적 성향을 흉내 내기도 한다. 우리는 자신의 말과 행동이 타인에게 무슨 뜻으로 전달될지 진지하게 생각하지 않는다. 어쩌면 타인이 나와 매우 다른 사람이라는 사실조차 파악하지 못하고 있는지도 모른다. 스스

---

14 폴 블룸 『데카르트의 아기』.

15 로버트 D. 헤어 『진단명: 사이코패스』.

로 노력하는 중이라면 이는 자신이나 가족이 속한 집단, 말하자면 소수의 '더 큰 자아'를 위한 것일 뿐이다. 도덕적 능력을 사용하는 일은 근본적으로 자기중심적이다. 심지어 우리의 말과 행동이 타인에게 어떤 의미인지 제대로 파악한다 해도, 그 말과 행동이 타인에게 고통이나 굴욕을 가하고 마음의 짐을 지운다는 사실을 안다고 해도, 우리는 신경 쓰지 않는다. 생애 최초로 만난 자기중심적 세상이 불안하고 어려운 시기에 다시 몸집을 키워, 도덕적인 성인이 되거나 건설적인 시민 의식을 함양하려는 발걸음을 방해한다.

18세기 철학자 애덤 스미스Adam Smith는 일찍부터 식민지 정복과 노예 매매에 반대했던 인물로 사람들이 멀리 떨어져 있는 타인에 대한 걱정을 유지하기는 어렵다고 말했다. 두려움이 인간을 너무 손쉽게 자기중심적으로 되돌려버리기 때문이다. 그는 중국 지진을 예로 들었다. 중국의 재난 소식에 인정 많은 유럽인들은 잠깐 불안해하고 걱정할 것이다. 하지만 다음날 본인이 새끼손가락을 다치게 된다는 소식을 들으면 수백만 중국인들의 운명은 완전히 잊을 것이다. 엄청난 인명 피해보다 자신의 보잘것없는 불행이 당연히 훨씬 큰 관심 대상이 된다.[16]

그렇다면 아이들과 보호자의 초기 상호 작용이 민주주의 사회에서 타인과의 관계를 맺는 양분이 될 수 있을까? 이에 대한 고민이 생산적인 사회적 반응을 이끌어내는 첫 번째 실마리가 될 것이다.

---

16 애덤 스미스 『도덕감정론』 III.3.5, 136p.

유아들이 무력감을 느끼는 한, 두려움 없이 혼자 있을 수 없다고 생각하는 한, 사랑과 보답은 싹트지 못한다. 위대한 정신분석학자이자 소아과 의사인 도널드 위니캇Donald Winnicott에 따르면 건강한 아이들은 군주적 노예화와 암울한 공포를 거의 극복했다.[17] 물론 쉬운 일은 아니고 종종 퇴보도 하겠지만 앞으로의 삶은 대체로 잘 풀려나간다. 아기는 점차 혼자 있는 능력을 키워나간다. 어떻게? 위니캇은 부모가 없을 때 아이들이 위안을 찾는 담요와 인형 같은 '이행 대상'의 역할에 주목했다. (찰스 슐츠Charles Schulz의 〈피너츠Peanuts〉를 사랑했던 그는 라이너스의 담요가 자신의 생각을 뒷받침할 수 있는지 궁금해했다.) 담요나 곰인형으로 두려움을 줄이면 부모를 통제할 필요도 덜 느끼게 된다. 바로 위니캇이 말하는 '성숙한 상호 의존' 개념이 뿌리내릴 수 있는 토대다.

아기는 결국 '엄마가 옆에 있을 때 혼자 노는' 능력을 발전시킨다. 부모가 눈에 보이거나 목소리가 들리는 상태에서도 부모를 부르지 않고 스스로 즐겁게 놀 수 있게 된다. (위니캇은 '엄마'라는 단어가 성별보다 역할을 지칭한다고 분명히 말했다. 그는 자신의 '어머니다운' 자질을 자랑스러워했고 종종 책과 영화 속 여성 캐릭터를 자신과 동일시하기도 했다.) 안정감과 자신감이 건강한 상호 관계를 만들기 시작한다. 이 시점에서 아기는 부모를 자기 요구의 확장이 아닌 전인적 인간으로 인식하기 시작한다. 민주적 자아가 탄생할 준비가 된 것이다.

---

17 위니캇은 다작을 하는 작가이지만 이 책에서는 특히 『성숙 과정과 촉진적 환경』과 『놀이와 현실』을 중요하게 다룬다.

보통 이 단계가 감정적으로 힘든 위기의 시기라고 위니캇은 말한다. 아기는 자신이 사랑하고 받아들였던 대상이, 자신의 요구가 좌절되었을 때 공격성을 표출하고 분노의 화살을 돌렸던 바로 그 사람이라는 사실을 이해하게 된다. 도덕적인 삶이 시작되는 시점이다. 자신의 공격성에 대한 실망은 점차 '걱정할 수 있는 능력'으로 발전한다. 파괴하는 사람이 되어서도 안 되고 부모를 파괴해서도 안 된다. 도덕성은 사랑과 함께 작용한다. 아기가 자신의 공격성의 해악을 느끼도록 이끌어주는 것이 사랑이기 때문이다. 위니캇은 상상 놀이가 이 발달 과정의 핵심이라고 생각했다. 이야기, 노래, 게임을 통해, 인형이나 장난감과 놀이하면서 아이들은 세상의 가능성과 타인의 내면에 대한 지도를 그린다. 너그러움과 이타심을 발휘하기 시작한다. 위니캇은 성인들에게 어린 시절 놀이의 긍정적인 역할을 느끼게 해주는 예술의 윤리적·정치적 역할을 늘 강조했다. "제정신이기만 할 때 우리는 몹시 가난하다"고 그는 말했다.[18]

아이들은 스스로 감정적 성숙을 이룰 수 없다. 아이들에게는 안정적이고 애정 어린 돌봄, 자신의 공격성과 두려움에도 불구하고 부모의 사랑이 굳건할 거라는 안심이 필요하다. 어느 정도라도 두려움을 극복하는 것은 관계의 문제다. 사랑과 포옹이 위니캇이 언급한 '촉진적 환경'의 첫 번째 단계다. 부모는 아이들의 증오에 겁을 먹거나 실망해서는 안 된다. 위니캇은 대부분의 부모가 이를 충분히 잘

18 위니캇은 이 구절을 주기적으로 반복했으며 『가족과 개인의 발달The Family and Individual Development』(런던 앤 뉴욕, 러틀리지, 1965), 61p에서도 언급했다.

해내고 있다고 강조했다. 그의 표현대로라면 양육자는 계속 자기 자신인 채로 아기에게 감정 이입을 하고 아기의 즉각적인 몸짓을 받고 기뻐할 수 있어야 한다.

하지만 어린 시절을 게임, 장난감, 곰인형으로 가득한 행복한 시기로만 생각하는 것은 몹시 어리석은 일이다. 늘 도사리고 있는 두려움은 어린 시절의 질병, 부모의 병환이나 사망, 동생의 탄생 등과 같은 불안한 단계로 진입하면 언제든 악몽으로 이어질 수 있다.

가브리엘이 부모님과 함께 위니캇 박사에게 치료를 받으러 왔을 때 두 살 반이었다.[19] 가브리엘은 여동생이 태어난 후 불안과 악몽에 시달렸다. 악몽은 주로 어둠에 관한 것으로, 새로 태어난 아기와 그에 쏠린 부모님의 관심과 연결되어 있었다. 가브리엘은 바바카babacar라는 시커먼 기차가 자신을 모르는 곳으로 데려가는 꿈을 꿨다. 검은 엄마가 자신을 해치려고 다가오는데 엄마는 이미 가브리엘 안에 들어와 그녀도 검게 만들어버린다. 그중 최악은 아기의 모습을 한 흉측한 괴물이었다.

(피글Piggle이라는 별명으로 정신분석을 받았던) 가브리엘은 다정하고 배려심 많고 잘 놀아주는 부모 밑에서 자랐다. 치료에 참여한 아빠는 위니캇의 부탁에 새로운 아기, 동생이 태어나는 모습을 몸짓으로 잘 표현하기도 했다. 가브리엘은 특히 예민한 아이였다. 모든 아이들이 그와 같은 평범한 사건에 불안으로 휘청거리지는 않는다. 하

---

19 도널드 위니캇 『피글The Piggle』(런던, 펭귄, 1977).

지만 가브리엘을 위니캇에게 데려오게 만든 그 두려움이 모든 아이들에게 어느 정도 존재한다는 사실을 기억하는 게 중요하다. 예민하거나 관찰력 좋은 부모의 눈에도 거의 드러나지 않는다 해도 말이다. 가브리엘은 특별한 경우였지만 어린 시절은 반복되는 두려움과 불안의 시기이므로 우리도 가브리엘과 크게 다르지 않을 수 있다.

가브리엘은 다섯 살이 될 때까지 (스스로 원할 때) 정기적으로 정신분석을 받았다. 위니캇의 노트를 참고하면 분석의 핵심은 아이의 내면세계에 대한 온전한 존중이었으며 위니캇은 이에 뛰어난 능력을 발휘했다. 첫 번째 분석 시간 그가 남긴 첫 번째 메모는 다음과 같았다. '나는 책상 옆에 앉아 있는 곰인형과 벌써 친구가 되었다.' 위니캇은 가브리엘과 부모 모두를 안심시켰고, 가브리엘이 두려움을 표현하고 이를 점차 떨쳐버릴 수 있는 '수용'의 환경을 만들었다. 위니캇은 가브리엘의 아빠가 아기 역할을 맡는 게임 등의 창의적인 방법을 사용했다. 아빠가 연약한 모습으로 아기의 공포를 재현하는 모습은 우스꽝스럽고 즐거웠을 것이며 이는 가브리엘이 자신의 두려움을 다루는 데 도움이 되었을 것이다. 가브리엘이 위니캇을 가짜 몽둥이로 때리면서 아기를 향해 자신이 느꼈던 두려움과 공격성을 해소하는 게임도 있었다. 이를 통해 가브리엘은 자신의 공격성을 통제할 수 있는 균형 감각을 얻게 되었다.

분석을 마치고 가브리엘은 이제 잠재적 외상이 될 수 있는 위니캇 박사에게 작별 인사를 해야 했다. 위니캇이 가브리엘에게 말했다. "네가 만들어낸 위니캇은 전부 네 것이고 이제 그는 사라질 거야. 다른 누구도 그를 차지할 수 없어." (가브리엘에게 두 사람이 특별한 관계를 맺고 있다고 알려준 것이다. 동생이 부모님의 사랑을 앗아갈 거라고 걱정했던 가브리엘은 이제 새로운 환자가 위니캇의 사랑을 독차지할 거라고 걱정할 수밖에 없는 상황이었다. 하지만 사랑은 그렇게 작용하지 않는 특별한 끈이라고 그는 말했다.) 둘은 함께 동물 그림책을 읽었다. 그리고 위니캇이 말했다. "난 네가 언제 가장 부끄러워하는지 안단다. 바로 내게 사랑한다고 말하고 싶을 때지." 그리고 가브리엘은 정말 그렇다는 몸짓을 보여주었다.

2017년, 필라델피아의 정신분석학자 데보라 루에프니츠Deborah Luepnitz는 친했던 동료 치료사와 편지를 주고받다가, 친구로부터 자신이 당시의 가브리엘이었다는 고백을 들었다. 루에프니츠는 그녀와 긴 인터뷰를 진행했다.[20] 가브리엘은 자라 정신분석 치료사가 되었다. 가브리엘은 엄마의 가족이 체코계 유대인으로 홀로코스트에서 살아 남았다는 사실이 큰 영향을 끼친 것 같다고 말했다. (가브리엘의 아빠는 영국계 개신교도였다.) 가브리엘의 본명은 에스더였다. 알고 보니 부모님이 여전히 두려움에 사로잡혀 있어 가브리엘의 본명을 부르지 못했고 "가족의 유대인 핏줄과 트라우마를 감추려 했다"고 가브리엘은 말했다. 분석에 대해서는 별로 기억하지 못했지만 위니캇과 했던 몽둥이 게임은 기억했는데 당시 위니캇이 많이 아파했지만 자신이 '너무 신나게' 논 것 같아 죄책감을 느꼈다고 덧붙였다. 타인의 상태를 자각했던 순간을 여전히 기억하고 있다는 사실은 놀라운

---

20 데보라 루에프니츠 '피글이라는 이름' 〈국제정신분석학회지〉 98(2017), 343-70.

발견이다.

가브리엘의 경우를 보면 어린 시절은 기본적으로 두려운 시기다. 배려와 사랑, 상호 존중은 그 두려움을 이겨내고 얻은 커다란 성취다. 위니캇은 대부분의 부모가 부모 역할을 잘 해낸다고 말했다. 아이들에게 필요한 것은 완벽이 아니며 완벽에 대한 요구는 부모의 스트레스를 유발하고 이는 부모와 자식 모두에게 해를 끼치기도 한다. 아이들은 충분히 안아주기만 하면 된다. 하지만 위니캇은 두 번의 세계 대전을 거치며 부모의 분리와 부재, 폭력으로 외상을 입은 아이들을 많이 목격했다. (가브리엘의 엄마는 자신이 느꼈던 홀로코스트에 대한 공포를 무의식중에 가브리엘에게 전달했을지도 모른다. '바바카'는 독일 화물 기차와 무섭게 닮기도 했다.)

위니캇은 부모들이 아이들에게 깊은 감정적·신체적 학대를 가할 수 있다는 사실도 잘 알고 있었다. 그 역시 병리학적으로 우울했던 엄마와 전형적인 성 역할을 따르지 않는다고 조롱했던 잔인한 아버지 때문에 힘든 시절을 보냈다.[21] 그는 자신의 본질에 대한 모독이 식인종에게 잡아먹히는 것보다 더 큰 고통이었다고 말했다. 그 결과 중년이 되어 두 번째 부인을 맞이하기 전까지 성적으로 무력했다. 두 번째 부인 클레어는 사회복지사였고 마찬가지로 기존의 성 역할에 순응하지 않았으며 재미있고 친절하고 쾌활한 사람이었다. 그래서 위니캇은 어떤 상처도 없이 두려움을 극복하기 위한 기본 조건이 늘

---

21 이 부분의 모든 자료는 로버트 로드맨의 『위니캇의 삶과 일Winnicott: Life and Work』(캠브리지, 페르세우스 북스, 2003) 참조.

충족되지는 않는다는 사실을 잘 알고 있었다.

위니캇은 아이들이 타인을 걱정하는 마음을 키우고 가꾸는 데 필요한 개념을 정하고 이를 '촉진적 환경'이라 칭했다. 기본적으로, 가정에는 안정적인 사랑이 필요하다. (그의 가정에는 없었다.) 그리고 (그의 가정에는 있었던) 폭력과 학대도 없어야 한다. 하지만 전쟁 시기의 가족에 대해 생각해보면 촉진적 환경은 경제적·사회적 전제 조건도 갖고 있음을 알 수 있다. 즉 폭력과 혼란으로부터 자유로워야 하고, 민족적 박해와 공포에 대한 두려움이 없어야 하고, 충분한 먹거리와 기본적인 건강 관리가 선결되어야 한다. 전쟁을 피해 달아난 아이들을 분석하면서 그는 외부 사회의 혼란으로 치러야 할 정신적 대가가 무엇인지 알게 되었다. 결국 가정이라는 첫 번째 집단도 정치적 사건의 영향을 받는다. 아이들이 타인을 생각하고 건강한 관계를 맺고 행복하길 바란다면 국가가 무엇을 위해 노력해야 하는가? 위니캇은 (대부분의 정신분석학자들과 달리) 개인과 정치를 분리할 수 없다고 생각했기 때문에 정신분석에 몸담고 있으면서 지속적으로 정치적 질문들을 던졌다. 가브리엘도 결국 행복해지긴 했지만 동생의 탄생은 물론 홀로코스트로 인한 상처까지 받지 않았는가.

최초의 두려움은 배고픔, 갈증, 어둠, 축축함, 그리고 이 앞에서 아무것도 할 수 없다는 무력감에 반응한다. 시간이 지나면서 새로운 개념이 등장하는데 이는 우리가 타고난 두려움에 처음부터 함축되어 있다고 할 수 있다. 바로 죽음이라는 개념이다. 아기는 죽음이나 삶의 유한성을 인식하지 못한다. 하지만 아기의 반응은 생존에 도움이 되도록 진화했기 때문에 어떤 면에서 배고픔과 갈증에 대한 두려움, 안락함의 결핍에 대한 두려움은 죽음에 대한 두려움이라고 할 수 있다. 죽음에 대한 막연한 두려움은 당연히 진화에 유리했기에 타고나게 되었을 것이다. 아무리 사랑이 넘치는 부모라도 가족 중 누군가가 아프거나 정치적 격변의 시기에 놓였다면 바바카에 대한 자신의 두려움을 아이들에게 전염시킬 수 있다. 그래서 우리가 삶의 유한성을 회피하고 두려워할 수밖에 없게 된 것이다.

타고난, 혹은 생에 일찍 경험하는 그 움츠러듦이 초기 두려움을 좌우한다. 삶의 유한성은 죽음을 정확히 인지하지 못하는 아이들에게도 어린 시절의 악몽에 부정적인 영향을 끼친다. 아이는 악몽 속 어두운 곳과 높은 곳, 자신을 집어삼킬 괴물을 두려워한다. 사라진 엄마가 다시 나타나지 않을 거라고 두려워한다. 좋아하는 장난감이나 부모가 갑자기 사라졌다 다시 나타나는 '까꿍 놀이'에 아이들이 열광하는 이유이기도 하다.

가브리엘의 악몽은 분명 죽음에 대한 암시였다. 어두운 곳으로 데려가는 바바카, 자신을 먹어치우는 검은 엄마, 무엇보다도 자신의 존재를 위협하는 아기 괴물의 존재. 사랑의 상실에 대한 두려움은 가브리엘의 상상 속에서 죽음으로 드러났다. 가브리엘은 안정적인 미래와 사랑의 지속성을 상상할 수 없었다. 어린아이에게 일시적 상실은 죽음을 뜻한다. 위니캇의 오랜 정신분석 작업의 핵심도 신뢰 형성이었다. 분열은 사실 치명적인 것이 아니며 곰인형도, 의사도, 부모도 전부 살아남아 사랑을 지속할 거라는 믿음 말이다.

그 신뢰를 잘 쌓았다 해도 아이는 또 다른 어두운 측면을 결국 배우게 된다. 다시 나타나지 않는 사람이나 동물도 있다는 사실을 깨닫는 것이다. 과거에는 형제자매나 부모의 죽음이 일상적이었고 이를 통해 아이들은 세상과 자신의 존재가 몹시 허약하다는 사실을 금방 배웠다. 18세기, 루소는 상상 속 에밀이 인간의 취약성을 인지할 만큼 죽음을 경험해보지 못했다는 생각에 작은 동물들의 죽음을 보여주며 죽음에 대한 이야기를 시작했다.[22]

아이들은 죽음에 대한 개념을 이해하자마자 많은 질문을 던지고 자신도 죽게 될 거라는 사실을 깨닫는다. 이에 대한 반응은 다양하지만 기본적으로 깊은 두려움과 혼란을 보인다. 여섯 살 때 여동생이 태어난 나는 부모님의 관심이 사라졌다는 생각에 몹시 불안한 시기를 보내고 있었는데, 할머니가 메트로폴리탄 오페라 극장에서 〈리골레토Rigoletto〉를 보여주셨다. 할머니는 오페라에 관심도 없으셨고 사람들이 오페라에 큰 감동을 받을 수 있다는 사실도 모르셨기에 당신의 선택이 얼마나 뜻밖이었는지도 모르셨다. 나는 일 층 세 번째 줄에 앉아 충격에 얼어붙어 있었다. 그 후로 몇 주 동안 (사랑하는 공작을 대신해 기꺼이 살해당한) 질다가 자루에 담겨 죽어가면서 리골레토에게 전달되는 마지막 장면을 재연하면서 놀았다. 광대 리골레토는 증오했던 적의 시체를 기대하며 자루를 들여다보다가 사랑했던 딸이 마지막 숨을 내뱉고 있는 모습에 소스라치게 놀란다. 그 자루는 내게 여동생의 탄생이라는 치명적인 위협과 충격의 상징 같았다. 하지만 이는 자신의 유한성에 대한 자각이 싹트기 시작한 순간이기도

22 『에밀』 4권 참조.

했다. 오페라 놀이를 하며 자루에 넣은 인형은 〈작은 아씨들〉 인형 중에서도 나를 상징하는 조였다. 나는 자루를 열면서 자신의 죽음을 목격했고 또 연습했다. (나는 그때부터 오페라 팬이 되었고 그와 같은 강력한 드라마가 우리의 통찰력을 키우고 비극을 겪으면서도 숨 쉬는 법을 배울 수 있는 위니캇식 놀이의 한 형태라고 믿고 있다.)

죽음에 대한 두려움은 그 자체로도 할 말이 많다. 이는 우리가 안전과 건강, 평화를 추구하게 만든다. 사랑하는 사람을 지키게 하고 소중한 법과 제도를 보호하게 한다. 인간의 유한성에 대해 인식하고 모든 인간이 동등함을 일깨워준다. 프랑스의 왕과 귀족들이 아무리 백성들 위에 군림한다 해도 가장 중요한 문제인 죽음에 있어서는 백성들과 같은 처지임을 부인할 수 없었다. 유한성에 대한 인식이 루소가 간절히 열망했던 연민과 호혜를 가능하게 하는 것인지도 모른다. 우리가 기아와 재앙, 전쟁에서 서로를 보호하기 위해 힘을 합쳐야 한다고 말하듯 말이다.

하지만 죽음에 대한 두려움은 언제나 공포스럽게 우리를 사로잡고 있다. 어린 시절의 다른 두려움들과 달리 죽음에 대한 두려움은 어떤 위로의 말로도 사라지지 않는다. 방을 나간 부모는 곧 돌아오고, 새로 태어난 동생이 부모의 사랑을 빼앗아가지 않는다는 사실을 우리는 곧 배운다. 옷장 안의 괴물도, 아이들을 잡아먹는 마녀도 없다는 사실을 알게 된다. 하지만 죽음에 대한 두려움은 결코 거짓임이 드러나지 않으며 어떤 배움으로도 이를 물리칠 수 없다. 바바카는 어둠을 향해 속도를 높일 뿐이다. 일상에 도사리는 죽음에 대한 공포는 루소의 말대로 선한 결과를 초래하기도 하지만 나르시시즘, 자기 회피와 부정이라는 다른 전략들로 이어지기도 한다.

루크레티우스는 죽음에 대한 두려움이 인간이 느끼는 모든 두려움의 원인이라고 했지만 이는 틀렸다. 삶은 원래 어렵고 두려워할 일들도 많다. 인간의 취약성 자체가 두려움의 원인이며 죽음 또한 취약성의 단면일 뿐이므로 두려움의 일부만 죽음을 향할 뿐이다. 그리스로마 시대 사람들은 영원히 살지만 많은 것들로부터 고통받는 신을 상상했다. 신체적 고통을 느끼고(독수리에게 영원히 간을 파먹히는 프로메테우스), 불구가 되고(아들에 의해 거세되고 고환이 바다로 던져진 우라노스), 자식을 잃으며(사르페돈을 잃고 슬퍼하는 제우스), 굴욕을 느낀다(남편에게 수없이 배신을 당한 헤라). 그들은 불멸도 두려움을 없애주지 못한다는 사실을 알았던 것이다. 하지만 루크레티우스도 한 가지는 알았다. 주위에 빛과 행복이 넘쳐나도 죽음에 대한 두려움이 우리 삶에 암흑처럼 번져 있다는 사실을 말이다.

두려움의 수사학과 민주적 오류

두려움은 재앙을 피하게 하지만 어떻게 피해야 하는지는 알려주지 않는다. 선사 시대의 인간은 본능적인 두려움에 따라 포식자와 여타 위험들을 피했다. 하지만 지금처럼 복잡한 사회에서는 본능에 의지할 수만은 없고 생각을 해야 한다. 행복의 개념을 정리하고 누가, 무엇을 위협하는지 파악해야 한다. 모든 사회에서 두려움이 생성되는 과정은 정치, 문화, 그리고 수사학의 폭넓은 영향을 받는다.

아리스토텔레스도 미래의 정치가들을 위한 수사학 서적에서 두려움에 대해 깊게 다루었다는 사실을 기억하자. 아리스토텔레스는 사람들을 설득하려면 그들의 감정이 어떻게 작용하는지 이해하고 심리 상태에 알맞은 말을 들려줘야 한다고 말했다. 물론 그는 사람들이 이 조언을 선한 목적은 물론 악한 목적에도 사용할 거란 사실을 알고 있었다.

두려움은 자신의 행복에 위협이 임박했다는 생각 때문에 생겨난다. 아리스토텔레스는 다가올 사건이 생존이나 행복에 매우 중요한 일이라고 인식할 때, 그 일이 곧 닥칠지도 모르며, 실제로 발생한다면 상황을 통제할 수도 물리칠 수도 없다고 느낄 때에만 사람들의 두려움을 자극할 수 있다고 정치인들에게 말했다. 또한 정치인들은 사람들의 신뢰가 필요하기 때문에 늘 믿음직한 모습을 보여야 한다고 덧붙였다.[23] 이 조언이 늘 진실을 위해 사용되지는 않을 것이다. 두려움에 대한 우리의 기본적인 성향을 고려해보면, 민주주의는 조작에 몹시 취약하다.

민주주의의 오류에 대한 고대 그리스의 역사학자 투키디데스Thukydides의 암울한 이야기를 들어보자.[24] 아테네 시민들은 표결을 통해 저항하는 식민지 미틸리니의 남성들을 모두 처형하고 여성과 아이들을 노예로 삼기로 했다. 그러다 곧 정신을 차리고, 몇 명의 반란자 때문에 도시 전체를 말살하는 잔인함에 대해 다시 생각해보기 시작했다. 현대의 용어를 빌리자면 집단 학살로 여겨질 범죄였다.

가장 먼저 사형을 주장했던 웅변가 클레온Kleon이 나서 결정을 고수할 것을 주장했다. 성질 급한 포퓰리스트였던 클레온은 사람들의 두려움과 분노를 자극했다. 반역자들이 먼저 아테네의 안전을 위협했으며 이대로 둔다면 다른 식민지들도 곧 반란을 일으킬 것이 틀

23 아리스토텔레스 『수사학』 II.5 여러 곳.

24 투키디데스 『펠로폰네소스 전쟁사』, III.25-28, 35-50. 토론은 기원전 427년의 일이다.

림없다고, 결국에는 아테네 사람들의 목숨이 위태로워질 거라고 말이다.

클레온이 이겼고 처형을 집행하기 위해 배가 항구를 떠났다. 그때 철학자 디오도투스Diodotus가 나서 잘못된 표결이었다며 신중하게 대중을 설득했다. 분노와 두려움에 휩쓸리지 말고 미래에 대해 차분히 생각해보아야 한다고. 임박한 위험은 없고 반란군이 아테네의 안전을 위협하고 있는 것도 아니며, 전면적인 공격은 많은 동맹국의 충성심을 약화시키는 커다란 실수가 될 것이라고.

이에 아테네 사람들은 입장을 바꿔 이미 항구를 떠난 배를 붙잡을 다른 배를 보냈다. 다행히 두 번째 배가 바람 때문에 멀리 가지 못한 첫 번째 배를 따라잡았다. 수천 명의 목숨이 그 찰나에 달려 있었다. 누구의 말이 옳은지 결정하지 못했다 해도 한 명이 틀렸다는 것은 분명했다. 투키디데스는 클레온이 틀렸을 뿐만 아니라 교묘한 포퓰리즘적 선동이 아테네 민주주의의 존립 자체에 위험이 된다고 확신했다. 두려움은 사실과 거짓 양자에 의해 조작되어 적절하거나 부적절한 반응 모두를 이끌어낼 수 있다.

민주주의의 오류는 어떻게 발생하는가? 가장 먼저 구성원들이 자신과 사회의 안녕에 대한 개념을 갖춰야 하는데 여기서 오류가 발생하기 쉽다. 특히, 편협해지기가 쉽다. 타인의 헌신을 간과하고 자신이 속한 집단이나 계급의 안녕만 사회의 안녕과 동일시하면서 말이다. 클레온 역시 우리에게 놀랄 만큼 익숙한 정도로 동맹국을 배제하는 아테네의 편협한 패권을 주장했다. 클레온은 동맹국을 '타자화'하고 이들을 잠재적인 적으로 규정했다.

사람들이 자신의 안녕을 제대로 인식하고 있다 해도, 무엇이 이를 위협하는지에 대해서는 오판할 수 있다. 반란군이 아테네를 모욕한 것은 분명하지만 클레온은 사람들이 모욕과 위험을 혼동하게 만들었다. 어떤 오류는 그저 그릇된 정보의 문제일 수도 있다. 진짜 위험을 과대평가하거나 과소평가하는 경우도 가능하다. (이 경우는 아테네의 잔인함에 충격받은 다른 동맹국이 아테네 중심 동맹에서 연달아 탈퇴할 위험이다.) 사람들은 자신이 실제보다 더 위험에 취약하고 무력하다고 느낄 수도 있다.

두려움이 부족해 오류가 생기는 경우도 있다. 아테네 역시 시칠리아 정벌에 나설 때 냉철한 조언을 무시해 처참한 실수를 저질렀다. 하지만 주의해야 했던 것은 두려움의 돌풍이 아니라 신중한 계산, 사실, 증거였다. 그들이 떠들썩하게 내보였던 성급한 행동 역시 어쩌면 두려움 때문이었다.

루크레티우스는 정복 전쟁이 인간의 취약성과 무력함 때문인 경우가 많다고 말했다. 적이 소멸되면 안전해진다고 생각하는 것이다. 성급했던 원정은 미틸리니의 남성들을 전멸시켜 가능성 있는 위험을 전부 제거하려는 어리석은 자기 보호 전략과 크게 다르지 않았다. 불안으로 인해 배신 자체가 불가능하도록 알베르틴을 가둬버렸던 프루스트의 마르셀과 다르지 않다.

행동경제학이라는 새로운 학문은 두려움의 오류를 보여주기 위해 심리학의 도움을 받는다. 심리학자들은 우리의 위험에 대한 평가가 종종 부정확함을 보여주는데, 이는 선사 시대에는 도움이 되었겠지만 오늘날과 같은 복잡한 세상에서는 큰 효용이 없다. 경험에만 의

존하고, 비용과 편익을 정확히 계산하지 않기 때문이다.[25]

두려움으로 인한 오류의 흔한 원인 중 하나는 심리학의 '가용성 편향'이다. 한 가지 문제가 경험상 확실해지면, 그 문제의 중요성을 과대평가하게 된다. 환경 문제에서 흔히 접할 수 있는 태도다. 알라Alar라는 치명적인 농약에 오염된 사과 뉴스를 보면 많은 사람들이 더 이상의 조사 없이 엄청난 위험이 닥쳤다고 판단한다. (판단은 시기상조이나 당황하기보다 철저한 조사가 필요하다는 사실을 이제 우리는 알고 있다. 알라는 환경보호청이 유력한 발암물질로 분류했지만 위험 수치에 도달하려면 하루에 사과 주스 5천 갤런 이상을 섭취해야 한다.) 또한 가용성 편향은 다양한 대안을 고려하지 못하게 만든다. DDT 사용을 금지하면 말라리아 사망률이 급증할 거라고 생각하는 것이 그 예이다. 기술적 영역에서 충분하고 포괄적인 연구가 우선되어야 하지만 대중은 가끔 과학보다 두려움을 따른다.

민족적 적대감이라는 맥락에서는 타인의 행동에 쉽게 동조하는 '폭포 효과'라는 현상이 있다. 평판 때문에 동조하는 경우는 '평판 폭포 효과'라고 하고, 타인의 행동에서 새로운 정보를 얻을 수 있다고 생각해 동조하는 경우는 '정보 폭포 효과'라고 한다. 경제학자 티무르 쿠란Timur Kuran은 그와 같은 폭포 효과가 '민족화' 과정에 큰 역할을 한다고 주장한다. 자신을 다른 민족 집단과 대척점에 있는 민족 혹은 종교적 정체성으로 규정하는 (종종 매우 빠른 속도의) 변화를 뜻

---

25 이 경험론에 대한 훌륭한 자료로 캐스 선스타인의 『위험과 이성Risk and Reason』(캠브리지, 캠브리지 대학교 출판부, 2002)과 다른 심리학 문헌들을 참조했다.

한다.[26] 인도의 인종 충돌에 대해 연구하는 정신분석학자 수디르 카카르Sudhir Kakar 역시 그와 비슷한 결론을 내렸다.[27] 카카르는 수년 동안 평화롭게 공존하던 힌두와 무슬림이 왜 갑자기 새로운 인종과 종교적 정체성을 주장하면서 적대적으로 변했는지 연구했다. 평판 때문에 사람들이 믿고 따르는 공동체 지도자들이 큰 역할을 했음을 밝혔다. 무슬림이 위험하다는 신빙성 없는 새로운 정보의 유입 또한 영향을 끼쳤다.

수년 동안 인도를 위협한 이와 같은 경향이 오늘날 우리의 민주주의를 위협하고 있다. 하지만 상황을 더 불안하게 만드는 새로운 요인도 있다. 잘못된 정보를 퍼트리고 폭포 효과를 강화하는 소셜 미디어와 인터넷이다. 인터넷 '입소문'은 신문 기사, 심지어 텔레비전보다 더 효과적으로 감정을 통제 불능 상태로 만들어버린다.

그렇다면 해로운 정보 폭포의 해결책은 무엇인가? 정확한 사실과 이를 토대로 한 공개 토론, 그리고 가장 중요한 것은 시민으로서 반대할 수 있는 독립 정신이다. 하지만 두려움은 언제나 반대하는 이들을 위협한다. 두려움은 사람들을 지도자의 품이나 동질 집단의 품에서 위로를 구하며 숨어들게 만든다. 문제를 제기하게 되면 혼자 발가벗고 있는 것 같은 느낌을 받는다.

---

26 티무르 쿠란 '민족적 규범과 평판 폭포 효과를 통한 변화' 〈법학 저널 27〉(1998), 623-659, 선스타인 37-39 참조.

27 수디르 카카르 『폭력의 색채The Colors of Violence』(시카고, 시카고 대학교 출판부, 1996).

심리학자 솔로몬 애쉬Solomon Asch는 사람들이 또래 압력에 얼마나 순응하는지 실험을 통해 보여주었다. 두 선 중에 어떤 선이 더 긴지에 대한 문제에서도 (아무리 정답이 확실해도) 사람들은 또래 압력에 의해 틀린 답을 말했다.[28] 사람들은 혼자 목소리를 내기 두렵다며 오류에 동의하는 것을 합리화한다. 우리는 지금 이 커다란 심리적 힘을 이해해야 하는 입장에 놓여 있다. 하지만 애쉬는 단 한 명이라도 정확한 답을 말하면 그때부터 사람들은 자유롭게 정답을 말하게 된다는 사실 또한 발견했다. 하나의 반대 의견이 두려움으로부터 정신적 자유를 선사하는 것이다.

반대하는 정신에 대해, 그리고 이를 어떻게 키울지에 대해서도 할 말이 많지만, 반대 의견을 제시하기 위해서는 우선 두려움에 휩쓸리지 않고 기꺼이 혼자가 될 수 있어야 한다. 엄마 옆에서 혼자 놀 수 있는 어린이는 순응을 요구하는 강력한 힘 앞에서도 자기 의견을 말할 수 있는 성인으로 자라나야 한다. 민주주의는 진실과 이상을 위해 위험을 감수하는 의지를 배양해야 한다. 미국인들은 정치적 독립의 가치를 보며 자랐다. 현재의 미국을 만들기 위해 목숨을 바쳤던 수많은 혁명가들에게서 말이다.

---

28 솔로몬 애쉬 '의견과 사회적 압력'(1955), https://www.panarchy.org/asch/social.pressure.1955.html.

무슬림은 우리와 다르지 않다

지금까지 살펴본 오류들이 현재 심각한 문제가 되고 있는 무슬림에 대한 두려움을 키우는 데 일정 부분 역할을 했다. 미국인들은 건강보험 상실, 보험료 증가, 트럼프와 그의 지지자들, 경제 위기, 여성과 소수 집단의 성공, 인종 편견으로 인한 경찰 폭력 등 많은 것을 두려워한다. 각각의 두려움에는 이성적이고 유용한 부분도 존재한다. 하지만 건전한 사고와 협력을 방해할 정도로 심각해지기도 한다. 무슬림에 대한 두려움은 (이슬람 극단주의에 경도된 테러와 폭력 등의) 이성적 두려움이 민주적 가치를 위협하고 불신의 분위기를 만드는 비이성적이고 해로운 두려움으로 확대되는 과정을 확인할 수 있는 좋은 예다. 또한 이는 대중을 고무하는 지도자들의 화법에 의해 조종되기도 한다.

어느 지점에서 위험이 발생하는지 두려움의 수사학적 이용에 대한 한 가지 예를 들어보자. 2017년 6월 11일, 폴란드에서 트럼프 대통령이 한 연설이다.

맥락을 먼저 살펴보자. 우리는 기본적으로 이슬람에 대해 무지하다. 수니파와 시아파의 차이를, 무슬림이 어느 나라에 얼마나 살고 있는지를 모른다. 무슬림 인구가 가장 많은 두 나라는 민주주의가 발전하고 있는 인도네시아와 인도라는 사실도 모른다. '무슬림'과 '아랍'은 종종 같은 뜻으로 쓰인다. 코란을 읽지 않았기에 우리는 이슬람 역시 기독교처럼 상호 존중의 종교로 시작되었다는 사실을 모른다. 인도 가장 천한 계급의 힌두교 신자들이 이슬람이나 기독교로 개종하는 것도 바로 이 때문이다. 무슬림이 사는 나라들에 대해 모르고 그들의 역사와 현재의 투쟁에 대해서도 모른다. 코란의 해석 차이에 대해서도 모르고, 극렬 와하브파의 해석이 오늘날 가장 대중적인데 이는 미국의 동맹국인 사우디아라비아 정부의 지원을 받고 있기 때문이라는 사실도 모른다.

이와 같은 무지의 토양에서 두려움이 뒤틀린 방식으로 작용하기 쉽다. 우선 분명한 사실은 9·11과 그 뒤를 이은 무슬림의 잇따른 테러가 '가용성 편향'의 비옥한 토지가 된다는 것이다. 그 사건들이 세간의 이목을 끌며 위험의 다른 요소를 덮어버리고 배경 확인 없이 쉽게 총을 들게 만든다. 한 가지 문제 해결이 전반적인 위기를 해결하는 가장 좋은 방법인 듯 다른 문제들을 무시하고 공격적인 행동을 지지하게 만든다.

가용성 편향의 사촌으로 특히 해로운 것은 현저성과 확률적 가능성을 혼동하는 것이다. 이는 범죄심리학과 인종의 관계에서 특히 잘 드러난다. 아프리카계 미국인들이 저지른 범죄가 주목을 받아 그들에게 범죄자라는 낙인이 찍히면 사람들은 두 가지 성급한 추론을 하게 된다. 첫째, 많은 범죄가 아프리카계 미국인들의 소행이다. 둘째, 아프리카계 미국인들의 대다수가 범죄자다. 물론 첫 번째 명제가 사실이더라도 이를 통해 두 번째 명제를 추론할 수는 없지만 백인들이 아프리카계 미국인을 보면 가방을 움켜쥐는 태도는 이 같은 추론이 얼마나 만연한지 보여준다.

한 번의 무슬림 테러 사건으로 인해 테러는 대부분 무슬림의 소행이라는 쪽으로 대중의 의견은 너무 빨리 움직인다. 하지만 이는 테러리즘의 정의 자체가 모호하고 논란이 많기 때문에 쉽게 판단할 수 없는 주장이다. 그보다 훨씬 심각한 정신적 오류가 있다. 테러는 대부분 무슬림의 소행이라는 생각에서 도출된 무슬림 대부분이 테러리스트, 혹은 잠재적 테러리스트라는 결론은 명백한 오류다. 무슬람의 테러 사건이 일어날 가능성에 대한 정보를 얻는 유용한 방법 한 가지는 지역의 무슬림 공동체와 좋은 관계를 맺고 정보를 공유하는 것이다.

폭포 효과는 이 일반화된 두려움을 자극하는 데 큰 역할을 한다. 인터넷은 폭포 효과를 쉽게 만들어낸다. 귀여운 고양이 영상이 퍼져나가듯 오해의 소지가 있는 해로운 정보도 자칭 권위자들이나 해설자들의 명성 덕분에 신속하게 확산된다.

타고난 신경학적 메커니즘이 두려움을 부추기기도 한다. 우리는 뱀과 같은 형태에 두려움을 느끼듯 숨어 있거나 얼굴이 보이지 않는 사람에게 두려움을 느끼도록 진화했다. 공포 영화를 보면 확실히 알 수 있다. 〈스타워즈〉의 다스 베이더는 몸 전체가 가려져 있고 목소리만 들리기 때문에 무섭다. 그렇기에 온몸을 가리고 있는, 특히 얼굴까지 가리고 있는 무슬림 여성들이 두려운 것이다. 미국은 종교의 자유 때문에 유럽의 몇몇 국가들처럼 부르카를 금지하지는 않았지만 부르카에 많은 이들이 모호한 공포와 불안을 느끼는 것은 사실이다. 미국과 유럽에서 여성이 자행한 테러의 증거가 전혀 없으며, 보스톤 마라톤 테러범들은 평소 사람들과 잘 어울렸다는 사실에도 불구하고 말이다. 마라톤 테러범 두 명은 야구 모자를 쓰고 티셔츠를 입고 평범한 배낭을 메고 있었다.

그리고 우리가 부르카가 아닌 다른 형태로 몸 전체를, 심지어 얼굴까지 가려도 움츠러들지 않는다는 사실 역시 주목할 만하다. (긴 오리털 코트, 눈썹까지 내려쓴 모자, 입과 코를 덮는 목도리, 불투명한 선글라스 등의) 평범한 겨울 복장이나 동계 스포츠 선수들의 유니폼, 외과 의사나 치과 의사들의 가운, 코스튬 파티 참석자들의 의상 등이 그렇다.

미국인들과 유럽인들의 두려움이 일관성이 없다는 확실한 증거에도 불구하고 가려진 얼굴에 대한 공포는 낯설고 익숙하지 않은 대상에 대한 배타적인 혐오와 결합되어 무슬림에 대한 두려움을 양산한다. 익숙한 집단 구성원에게서는, 비록 그 일부가 폭력 사건에 연루되어 있다고 해도 그만큼의 두려움을 느끼지 않는다.

사람들이 아이리시 가톨릭을 두려워하지도 그들 이민자 수를 제한해야 한다고도 하지 않는 경우가 그 예다. 북아일랜드의 갈등 상황 때문에 다수의 테러가 발생했고 아일랜드 공화국군의 테러 지원금

이 대부분 미국에서 흘러간다는 사실에도 불구하고 말이다. 주로 테러가 발생하는 브리튼 섬 사람들도 그들을 피하지 않고 (사람들은 아일랜드 공화국과 북아일랜드를 각각의 독립체로 바라본다) 아일랜드 공화국군이 가톨릭 테러 집단이라는 이유로 로마 가톨릭을 피하지도 않는다. 당사자들이 전부 백인 기독교인이기 때문이겠지만, 그들 중 누구도 '문명의 충돌'이라고 생각하지 않는다. 요약하자면, 전부 백인 기독교인인 그들은 무책임한 두려움에 굴복하지 않고 확실한 증거를 따른다.

아리스토텔레스가 이미 깨우쳤듯 두려움은 특히 수사법에 반응한다. 최근의 공화당 대통령 두 명은 대중들에게 몹시 다른 메시지를 전했다. 9·11 이후 조지 부시 대통령은 이슬람과 전쟁을 하지 않겠다고 반복적으로 말했다. "우리는 이슬람과 전쟁을 하지 않습니다"라고. 몇 가지 대표적인 예를 살펴보자.

> "미국의 무슬림 시민들은 비즈니스, 과학, 법률, 의학, 교육, 다른 모든 분야에서 많은 공을 세우고 있습니다. 군대와 행정부 내 무슬림 구성원들은 동료 시민들을 위해 훌륭히 복무하고 있으며 세계의 평화, 자유와 정의라는 미국의 이상을 실현하기 위해 노력하고 있습니다."
>
> – 2002년 12월 5일, 워싱턴 D.C. 이슬람 센터

> "이슬람에 대한 몇 가지 발언은 정부나 미국인들 대부분의 정서를 반영하지 않습니다. 수많은 이들이 믿는 이슬람은 평화로운 종교이며 타인을 존중하는 종교입니다. 미국은 관용을 기초로 한 나라로 우리는

어떤 신념을 가진 사람도 이 땅에서 환영합니다."

– 2002년 11월 13일, UN 사무총장 코피 아난과의 만남

"우리의 전쟁은 종교에 반대하는 전쟁도, 무슬림의 신념에 반대하는 전쟁도 아닙니다. 미국의 이상을 방해하는 개개인에 맞선 전쟁입니다."

– 2002년 11월 20일, 기자회견

참고할 자료는 훨씬 많지만 부시 대통령이 이 같은 기록을 남겼다는 사실 자체가 중요하다. 이것이 바로 책임 있는 지도자가 국가적으로 확산되는 두려움 앞에서 취해야 할 바람직한 행동이라고 나는 생각한다. 그는 사실에 근거한 정확한 전략을 볼 수 있도록 사람들을 이끌고 미국의 소중한 가치가 희생되어서는 안 된다는 사실을 상기시키며 커져가는 불안과 혼란을 잠재웠다. (2002년 1월 29일, 테러리즘을 후원한다고 여겨지는 몇 개국을 '악의 축'으로 지명한 발언이 의심스러웠다는 것은 인정한다. 물론 특정 종교 전체가 아니라 국가의 지원을 받는 범죄 단체의 활동에 초점을 맞추기는 했다. 북한을 포함한 것 역시 국가가 지원하는 테러리즘을 오로지 이슬람만의 현상으로 보지 않았다는 것을 보여준다.)

부시 대통령은 문명의 충돌이라는 수사보다 전 세계 인류의 존엄과 진보라는 수사를 주로 사용했다. 미국과 유럽이 '전 인류의 존엄하고 의미 있는 삶'과 '건강 증진'을 위해 힘을 보태야 한다고 촉구했다. 이와 같은 발언을 통해 모호한 두려움을 해소하고 실질적인 위협의 증거에만 집중할 수 있게 했으며 전 세계 인류의 삶에 도움이

되는 건설적인 정책 생산에 관여했다. (이는 제약 회사들이 아프리카에 적절한 가격으로 항레트로바이러스 에이즈 치료제를 공급해야 한다는 부시 대통령의 주장과 맥을 같이 한다.)

반대로 트럼프 대통령은 유세 기간은 물론 이후에도 이슬람 전체가 위험의 근원임을 암시하는 듯한 발언을 반복했다. 무슬림을 잠재적 범죄자로 특정하는 '무슬림 금지'라는 용어를 사용했다. 2017년 7월 6일 바르샤바에서 한 연설은 널리 칭찬을 받았는데 어쩌면 교묘했기에 더 불길했다.

트럼프는 '서양'이 악의 단일체로 여겨지는 적과 여전히 싸울 의지가 있는지 질문했다. 나치에 대항하는 폴란드의 '자유를 위한 투쟁'을 언급하다가 (트럼프는 미국의 동맹이기도 한 소비에트를 나치와 하나로 묶었다) '테러리즘과 극단주의를 전 세계에 퍼트리려고 하는 또 다른 억압 이데올로기'라는 현재의 위협으로 부드럽게 넘어갔다. 비록 그 위협이 이슬람이 아닌 '극단적 이슬람 테러리즘'이며, '오십 개가 넘는 무슬림 국가들의 리더들이 인류를 위협하고 있는 이 악을 물리치기 위해 힘을 모아야 한다'는 자신의 요구를 넌지시 언급했지만, 그럼에도 불구하고 그 연설은 익숙했던 '문명의 충돌' 개념과 크게 다르지 않았다. 〈아틀랜틱〉 지의 피터 베이나트Peter Beinart가 말했듯 이 연설은 '서양'을 10회, '우리의 문명'을 5회 언급했다.[29] 트럼프

---

29 피터 베이나트 '트럼프 바르샤바 연설의 인종적·종교적 편집증', 2017년 7월 6일, 〈아틀랜틱〉, https://www.theatlantic.com/international/archive/2017/07/trump-speech-poland/532866/.

의 화법에 대해 언급한 새뮤얼 헌팅턴Samuel Huntington의 저서 『문명의 충돌』에 따르면 '서양'은 이슬람 문명 전체와 전쟁을 하고 있다.[30]

그렇다면 '서양'이란 무엇인가? 호주와 폴란드를 포함하고, 서양에 속한 몇몇 나라보다 더 서쪽에 있는 이집트와 모로코 같은 나라는 제외하기 때문에 지리적 개념은 아니다. 베이나트가 지적했듯이 일본, 대한민국, 인도는 포함되지 않으므로 정치적·경제적 용어 또한 아니다. '서양'은 기본적으로 종교와 인종을 공유하는 집단이다. (약간의 유대교인이 포함된) 기독교인들이자 (라틴 아메리카는 제외되었으므로) 백인들을 뜻한다.

정치적으로 살펴보면 트럼프의 연설은 말이 되지 않는다. 이슬람 세계는 내부에서 전쟁을 하고 있으며 어떤 집단이나 가장 적대적인 조직도 유럽의 최약체 나라조차 무력으로 위협할 힘을 갖고 있지 않다. 그러므로 트럼프의 연설은 정치적 분석을 위한 것이 아니라 '남쪽'과 '동쪽'에 대한, 더 정확히 말하자면 '그쪽'에서 온 이민자들에 대한 두려움을 부추기기 위한 것이었다. 트럼프의 연설에 대해 베이나트가 내린 결론에 나도 동의한다. 트럼프의 관점으로 보면 미국은 본질적으로 서양 국가, 즉 백인과 기독교의 (잘해야 유대 기독교의) 나라다. 미국에서 백인 기독교인이 아닌 사람은 진정한 미국인이 아

30 새뮤얼 헌팅턴 『문명의 충돌』. 헌팅턴 역사관의 한 가지 눈에 띄는 특이점은 인도가 전체적으로 힌두 문명에 속한, '분열'된 국가가 아니라는 점이다. 이는 인도 역사에서 장기간 지속되어 온 힌두교와 이슬람교의 근본적인 혼합과 침투를 무시하는 것이다.

니라 가면을 쓴 위협적인 존재임을 뜻한다.

트럼프의 화법은 부시의 화법과 달리 중요한 사실을 묵살하고 새로운 악을 창조한다. 남쪽과 동쪽에 대한 거대한 위험을 창조하고 절박함을 강조해 두려움을 부추긴다. 그리고 비난과 자기방어의 화법으로 자연스럽게 넘어간다.

요약하자면 오늘날 무슬림에 대한 두려움은 지금까지 내가 언급한 두려움의 모든 기제, 즉 선천적 경향, 깊이 내재된 심리적 경험, 정치적 수사에 대한 사람들의 반응 등이 복합적으로 작용한 것이다. 무지에서 비롯된 모호한 수사를 먹고 자라는 이 무정형의 두려움은 미래를 도모하는 건전한 대화의 적이다. 다행히 훌륭한 분석가들이 이에 대항하는 법을 알고 있다.

이는 미국인의 두려움이 잘못된 길로 들어선 한 가지 예일 뿐이다. 다른 두려움들도 비슷한 분석이 이루어져야 한다. 사람들은 무엇을 생각하고 상상하는가? 그 이유는 무엇인가? 두려움의 대상은 얼마나 정확하며, 얼마나 명확한 정보를 근거로 하는가? 두려움의 대상이 제한적이라면 심각한 다른 문제들을 도외시하고 한 가지 경우만 지나치게 강조하고 있는 것은 아닌가? 두려워할 근거가 충분하지만 사람들이 이를 무시하고 행동에 나서지 않을 위험이 있다면 널리 알릴 필요도 있다. 강력한 태풍이 다가올 때 시민들을 대피시키는 경우처럼 말이다. 하지만 정당한 주장에도 반드시 세심한 주의가 필요하다.

고통은 타인의 탓이 아니다

인간은 취약하고 삶은 두려움에 빠지기 쉽다. 행복과 성공의 시기를 겪는 중에도 두려움은 배려와 호혜를 좀먹어 타인에게 등을 돌리고 자신에게만 사로잡히게 만든다. 두려움은 군주적인 감정이고 민주적 호혜는 힘들게 얻은 성취다.

이 모든 위험을 인지하면서도 낙관했던 위니캇은 촉진적 환경이 보장되면 사람들이 성숙한 상호 의존성에 도달할 수 있으며, 이 촉진적 환경은 종종 이루어졌다고 생각했다. 그가 평생 관심을 기울였던 것은 아이들 개개인이 가정 안에서 이 환경을 보장받는 것이었다. 많은 아이들이 이미 그와 같은 환경을 갖고 있었다. 만약 그러지 못했다면 의사들의 끈기 있는 작업으로 제공받을 수도 있었다. 하지만 위니캇은 전쟁을 겪었기 때문에 더 큰 질문을 던질 수 있었다. 사회 구성원들 사이의 관계를 발전시키기 위해 사회 전체가 촉진적 환경이 되면 어떨까?

이 사회는 자유를 보호하는 민주주의 사회여야 할 것이라고 그는 생각했다. (냉전을 겪었기 때문일 것이다.) 위니캇은 민주주의와 정신적 건강의 관계를 강조했다. 상호 의존과 평등을 중심으로 타인과 공존하기 위해 우리는 모든 인간이 탄생과 함께 겪는 나르시시즘을 극복해야 한다. 타인을 노예로 삼으려는 욕망을 배려와 선한 의지로 대체하고 유아기적 공격성의 한계를 수용해야 한다.

위니캇은 가정을 지원하는 일이 정부의 핵심 역할이라고 늘 강조했다. 배가 고프거나 건강하지 못하면, 적절한 교육와 안전한 환경이 보장되지 못하면 아이들은 두려움의 맹습을 견디는 균형 감각을 키울 수 없다. 이는 위니캇이 조심스럽게 제시했던 더 큰 질문으로 이어진다. 국가는 어떻게 두려움을 완화시키고 민주적 호혜를 보장하는 촉진적 환경이 될 수 있는가?

이는 몹시 절박한 질문이며 동시에 위험한 질문이기도 하다. 구체적인 정책을 다루는 책이 아니므로 나는 여기서 이 문제들의 해결책은 구하지 않을 것이다. 하지만 마지막 장에서 광범위한 전략은 제시할 것이다.

지금까지의 분석을 통해 파악한 문제를 정리해보자. 두려움은 도덕적 관심의 표면 아래 도사리면서 민주주의의 안정을 위협한다. 민주주의는 개개인이 나르시시즘에서 벗어나 상호 호혜를 받아들여야 가능하기 때문이다. 지금 미국은 두려움에 사로잡혀 있다. 생활수준 하락, 실업, 건강보험 부재 가능성, 열심히 일하면 안정적인 삶이 보장되고 아이들의 삶은 더 나아질 거라는 아메리칸 드림의 종말로 인한 두려움이다.

두려움과 관련된 지금까지의 서사에 따르면, 나쁜 일들은 쉽게 일어날 것처럼 보인다. 사람들은 진실에 무관심하고 서로의 거짓말을 반복하는 폐쇄적인 집단의 안락함을 선호할지도 모른다. 앞장서서 진실을 말하기를 두려워하고 자궁과 같은 평온함을 제공하는 지도자의 위안을 선호할지도 모른다. 그리고 두려움의 고통을 타인의 탓으로 돌리며 그들을 공격하게 될지도 모른다. 이제 이 두려움과 분노의 관계에 대해 살펴보자.

3장

두려움이 낳은 괴물, 분노

The Monarchy of Fear

항상 분노하는 나라에서

미국은 분노하는 나라다. 이미 오래된 이야기지만 오늘날의 분노가 더욱 공격적이고 만연한 것처럼 보인다. 남성은 여성을, 여성은 남성을 탓한다. 우파는 발작적으로 무슬림을 비난하고 좌파는 무슬림을 비난하는 우파를 맹렬히 비난한다. 이민자들은 불안한 삶을 새로운 정권 탓으로 돌리고 지배 계급은 '모두'의 삶을 뒤흔드는 이민자들을 비난한다. 당연히 진실은 중요하고 나 역시 진실을 주장할 것이다. 하지만 우리가 목격하는 비난은 지나치게 성급하고 두려움에 휩쓸려 차분한 숙고를 거부한다. 또한 개인이나 집단이 받는 고통을 되갚아주고자 하는 보복성을 내포한다. 대중의 분노는 부당함에 대한 정당한 반응일 경우 민주주의에 도움이 되지만 타인의 고통이 집단 혹은 국가적 문제의 해결책이라도 되는 듯 불타는 보복 욕구를 포함하기도 한다.

현재의 정치 상황을 살펴보며 분노를 이해하려 노력할 수도 있다. 하지만 나는 분노에 있어서는 사람들이 눈앞의 현실에 대해 명확하게 판단하기 힘들다고 믿는다. 그래서, 과거의 역사적·문학적 예들을 통해 문제를 살펴보는 것이 방어적인 입장을 취하지 않으면서 함께 논의할 수 있는 방법이라고 생각한다. 우선 현실 문제에도 많은 부분을 적용할 수 있는 고대 그리스 로마 시대부터 살펴보자. 유명한 그리스 비극 중 하나인 아이스킬로스Aeschylos의 〈오레스테이아Oresteia〉 마지막 장면은 아트레우스 가문을 괴롭히는 응보적 분노의 저주를 민주주의와 법으로 해결하는 방법을 탐구한다. 표면적으로는 신들의 시대가 배경이지만 〈오레스테이아〉 3부작은 5세기 아테네 제도에 대한 찬양으로 귀결되며 특히 3부 '자비로운 여신들'은 독자들에게도 익숙할 시대착오적인 형법 제도에 대해 다루고 있다.[1]

〈오레스테이아〉의 마지막 부분, 아테네에 두 가지 변화가 생긴다. 한 가지 변화는 널리 알려졌지만, 다른 한 가지 변화는 잘 드러나지 않았다. 첫째, 아테나 여신은 피의 복수를 끝내고 이를 대신할 법적 제도를 도입한다. 살인죄는 이제 복수의 여신들이 아니라 법이 다스리며 아테네의 시민들 중 무작위로 선정한 배심원들이 증거를 토대로 논쟁을 거쳐 판결을 내리게 될 것이다. 복수의 여신들은 쉽게

1 나는 오레스테이아를 『분노와 용서』 1장에서도 언급했지만, 이 책에서는 해석의 뉘앙스를 조금 수정했다. 그리스 원전을 내가 직접 번역했지만 읽기 좋은 번역본을 원한다면, 시적인 특성을 잘 살린 번역으로는 리치몬드 라티모어, 의미의 정확성을 원한다면 휴 로이드 존스의 번역을 참조하라.

물러서지 않았지만 도시의 번영을 위해 그들이 필요하다는 아테나 여신의 설득을 받아들여 도시의 수호신이 되었다.

아테나 여신의 행동은 법적 절차가 보복 욕구를 존중해야 한다는 인식으로 이해된다. 보복하고자 하는 마음 자체는 변하지 않고 그대로다. 복수의 여신들은 법적 제약을 받아들이기로 동의했지만 보복하고자 하는 어두운 본성은 그대로 간직하고 있다.

하지만 이와 같은 해석은 아테네의 두 번째 변화를 무시하는 것이다. 바로 복수의 여신들의 성격 변화다. 처음에 복수의 여신들은 흉측하고 무섭게, 역겹고 혐오스럽게 묘사되었다. 눈에서는 더러운 액체가 흘러내렸다. 아폴론은 복수의 여신들이 희생양을 잡아먹으며 마신 핏덩이를 토한다고, 잔인함이 지배하는 야만의 땅에 속한 이들이라고 말했다.

복수의 여신들은 이 묘사 그대로였다. 살해당한 클리타임네스트라의 환영이 그들을 부르자 그들은 말도 없이 동물처럼 울부짖었다. 내뱉은 말은 '그를 잡아라, 그를 잡아라, 그를 잡아라' 뿐이었다. 사냥에 나선 맹수의 모습에 가까운 묘사였다. 클리타임네스트라도 '꿈속에서 그대들은 먹잇감을 쫓고 핏자국에 흥분한 사냥개처럼 짖는다'라고 말했다. 분노의 여신들에 대한 이 처음의 묘사를 잊지 말아야 한다.

이를 통해 아이스킬로스는 억제되지 않은 분노를 묘사했다. 강박적이고 파괴적이며 잔인하게 고통을 가하기 위해서만 존재하는 분노였다. (18세기의 저명한 철학자 비숍 버틀러Bishop Butler가 말했듯이, "다른 어떤 원칙이나 열정도 동료 시민들의 비참함을 끝낼 수 없다.") 이런 극단적인 분노는 법을 준수하는 민주주의에는 속할 수 없다는 것이 아폴론의 생각이었다.

분노의 여신 원래 모습 그대로는 법치주의 사회에서 체제의 기반이 될 수 없다. 들개를 우리에 넣고 정의롭다고 말할 수 없다. 하지만 분노의 여신들은 민주주의로 이행하기 위해 변화했다. 이야기가 한참 진행될 때까지 그들은 여전히 무시무시한 모습으로 지상에 독을 내뿜겠다고 위협했다. 하지만 아테나가 자신의 휘하로 들어오라고, '사악한 분노의 쓰라린 힘을 자제하라'고 설득했다. 이는 곧 정체성의 변화를 뜻했고 그들은 여전히 강박적인 분노의 힘에 사로잡혀 있었다. 아테나는 민주주의에 힘을 보태면 명예로운 지위와 시민들의 숭배를 보장하겠다고 약속했다. 보복 대신 미래지향적 박애라는 새로운 정서를 수용하는 조건이었다. 제일 중요한 조건은 설득의 목소리를 들어야 한다는 것이었다. 이에 복수의 여신들은 '부드러운 성질에도 관심이 많았다'며 아테나의 제안을 받아들였다. 그리고 '평범한 사랑의 방식'으로 관용을 베풀겠다고 선언했다. 신체적으로도 그에 걸맞게 변했다. 마지막에 그들은 시민 호위대로부터 받은 진홍색 예복을 입고 꼿꼿이 서서 행진했다. 야수에서 아테네 시민이 되었다. 이름 또한 복수의 여신들에서 자비로운 여신들(에우메니데스)로 바뀌었다.

이 두 번째 변화는 첫 번째 변화만큼 중요하다. 아이스킬로스는 민주주의의 법적 질서가 보복 방지에만 그쳐서는 안 된다는 사실을 보여주었다. 비인간적이고 강박적이고 피에 굶주린 보복이, 인간적이고 근거를 수용하며 삶을 보호하는 방향으로 변화를 거쳐야 했다.

세상은 늘 불완전하고 처리해야 할 범죄가 발생하기 때문에 분노의 여신들은 여전히 필요했다. 하지만 원래 모습 그대로는 아니었다. 인간의 안녕과 정의의 수단이 되어야 했다. 도시는 갈등을 초래하는 응보적 분노의 해악으로부터 자유로워졌다. 드디어 진보적 정의를 갖게 되었다.

현대 민주주의처럼 고대 그리스 민주주의 역시 분노가 문제였다. 웅변가들의 연설과 역사학자들의 글을 읽어봐도 알 수 있다. 개인은 자신에게 잘못한 사람들을 비난하며 집요하게 논쟁했고, 집단은 다른 집단을 비난했으며, 시민들은 유명한 정치인들이나 엘리트 계층이 민주주의의 소중한 가치를 배신한다고 비난했다. 개인적·정치적 문제의 원인을 외국인이나 여성들에게 전가했다.

그리스 로마인들에게 익숙했던 분노는 인간의 취약성에 대한 두려움으로 가득한 분노였다. 모든 정치적 분노는 두려움을 먹고 자란다고 루크레티우스도 말했다. 유아기의 무력감과 성인기에 느끼는 죽음에 대한 두려움 말이다. 그는 두려움이 모든 상황을 악화시키고, 결국 정치적 해악으로 우리에게 돌아온다고 말했다.

그리스 로마인들은 많은 분노를 경험했다. 하지만 서양 고전학자 윌리엄 해리스William Harris가 명저 『분노의 문화사』에서 보여주었듯이 그들은 분노를 포용하지 않았다. 그들은 분노가 남자답지 못하다고 여겼으며, 복수의 여신들에게 그랬던 것처럼 남성보다 합리적이지 못한 여성들의 특성으로 여겼다. 분노가 인간의 안녕과 민주적 제도를 파괴하는 주범이라고 생각했으며 이에 반대하는 문화적 투쟁을 계속했다. 호머Homeros의 『일리아드Ilias』에 나오는 첫 번째 단어는 '아카이아 사람들에게 천 배의 고통을 가져다준' 아킬레스의 '분노'다. 이야기는 삶의 취약성을 받아들여 분노를 버린 아킬레스와 그의 적 프리암이 화해하면서 희망적으로 마무리된다.

나는 그리스 로마 사람들이 옳았다고 생각한다. 분노는 민주주의의 독으로, 드러나지 않는 두려움과 무력감의 영향을 받을 때 더 심각해진다. 나의 저서 『분노와 용서』에서 분노에 대해 연구했지만, 지금 생각해보면 아주 중요한 한 가지 사실을 놓쳤다. 바로 응보적 분노의 원인이자 공범이기도 한 두려움의 역할이다. 우리는 자기 안의 분노에 저항하고 정치 문화에 미치는 분노의 영향을 억제해야 한다.

하지만 내 의견은 매우 급진적이며 큰 반대에 부딪힐 것이다. 분노는 매우 흔한 감정이기 때문이다. 많은 사람들이 부당함에 분노해야 정의를 이룰 수 있으며 변화의 과정에서 분노를 장려해야 한다고 생각한다. 자신을 지키기 위해 분노가 필요하고 부당함이나 모욕에 분노하지 않는 사람은 줏대가 없거나 억압받는 사람이라고 생각한다. 대인관계에서만의 일도 아니다. 부당함을 해소하고 진보를 이루기 위해 분노가 필요하다고 많은 이들이 생각하고 있다.

그럼에도 불구하고 분노 없이 큰 힘을 발휘하고 성공했던 세 사람의 정치 운동을 살펴보면 아이스킬로스의 회의론을 고수할 수도 있다. 바로 부당함을 묵인하지 않고 자신과 타인의 존엄을 위해 앞장섰던 마하트마 간디, 마틴 루터 킹 주니어, 넬슨 만델라가 있다.

지금부터 나는 분노를 철학적으로 분석해 이 비폭력주의를 지지할 것이다. 응보적 분노가 얼마나 치명적인지, 특히 앞뒤가 맞지 않는 잘못된 가치를 토대로 해 해결하기 힘들 것 같은 진짜 문제에서 사람들의 관심을 돌릴 때 얼마나 치명적인지 보여줄 것이다. 분노는 민주 정치를 오염시키고, 삶은 물론 법정에서도 부적절한 가치를 주장한다. 일반론을 먼저 제시하고 나서 현재 벌어지고 있는 인종 투쟁을 예로 들어 이 일반론이 정치적 정의를 위한 투쟁에서 올바른 사고와 어떤 관련이 있는지 살펴보려 한다.

부당함이란 뿌리에서 자라난 분노

루크레티우스의 두려움과 무력감에 빠진 아기의 이야기로 돌아가보자. 아기들은 분노를 가지고 태어나지 않는다. 제대로 분노하기 위해서는 누군가 나에게 나쁜 짓을 했다는 인과적 사고가 필요하기 때문이다. 인과적 사고가 없으므로 아기들이 원하는 것을 얻지 못할 때 지르는 소리는 감정적 비난이라기보다 신체적 불편함에 대한 표현이다.

하지만 양육자가 내게 꼭 필요한 것을 제공하지 않는다는 사실을 곧 깨닫는다. 내가 춥고 축축하고 배고픈 것은 바로 '그들' 때문이다. 젖을 먹고 안기고 옷이 갈아 입혀진 경험은 재현되리라는 기대로 이어진다.

우리는 본능적인 자기애로 생존과 안락에 큰 가치를 둔다. 하지만 원하고 기대하는 것을 해주지 않는 타인은 위협이 된다. 정신분석학자 멜라니 클라인Melanie Klein은 이와 같은 아기들의 감정적 반응을 '박해 불안'이라고 칭했다. 실제로는 두려움이지만 외부에서 발생하는 모호한 위협이 뒤섞인 감정 상태로[2] 나는 '두려움-분노' 혹은 '두려움-비난'이라는 용어를 선호한다.

우리가 무력하지 않다면 원하는 것을 직접 손에 넣을 수 있다. 하지만 무력하기 때문에 타인에게 의지해야 한다. 타인은 우리가 필요로 하는 것을 늘 제공해주지는 않는다. 그때 우리는 문제의 '장본인'을 파악하고 비난한다. 시끄럽게 분노함으로써 나의 의지를 실행하려는 전략으로 이어진다. 하지만 이는 세상이 우리가 원하는 것을 제공해야 한다는 관점의 표현이기도 하다. 이를 따르지 않는 이들은 우리에게 나쁜 사람들이 된다.

항의와 비난의 긍정적인 측면도 있다. 내가 행위자가 되어 목적 있는 정돈된 세상을 요구할 수 있다. 나의 삶이 가치 있으므로 원하는 모든 것이 준비되어야 한다는 식이다. 하지만 응보적 사고는 비난에서 나아가 징벌적 사고로까지 이어진다. 다시 말하면 비난의 대상이 자기 행동에 대한 고통을 받아야 한다는 뜻이다.

심리학자 폴 블룸은 응보적 사고가 언어를 사용하기도 전인 유아기 초기부터 나타남을 보여주었다. 아기들은 다른 인형에게서 무언가를 빼앗는 '나쁜' 인형이 맞는 모습에 기뻐한다. 블룸은 이를 정

---

2 이 주제에 대한 클라인의 저작은 매우 방대하다. 참고 문헌이 포함된 훌륭한 요약본은 http://www.melanie-klein-trust.org.uk/paranoid-schizoid-position에서 찾아볼 수 있다.

의에 대한 초기 인식이라고 했다.[3] 나는 이를 모두에게 존재하지만 진정한 정의와 반드시 연결되지는 않는 내적 '복수의 여신'이라고 칭한다. 아기들의 생각은 탈리오 법칙과 비슷한 면이 있다. 눈에는 눈, 이에는 이다. 받은 그대로 갚아준다는 이 성급한 사고를 정의로 여기는 것은 비약이며 이와 같은 비약을 삼가야 한다.

아기의 분노는 근본적인 모순에 입각해 있음을 주목해야 한다. 모든 인간은 이 모순 속에서 살아간다. 나는 무력하고 우주는 내게 관심을 갖지 않는다는 생각과, 나는 독재자이며 모든 사람이 나를 돌봐야 한다는 생각이 공존한다. 무력한 신체, 자기애, 유아기적 나르시시즘의 조합이 그 모순을 만들었다. 이는 '정당한 세상'이라는 미숙한 사고의 형태로 나아가 삶의 고난과 불운 앞에서 타인을 비난하는 경향으로 평생 지속된다.

시간을 뛰어넘어 성인기를 살펴보자. 이제 유아기적 분노를 넘어 본격적인 분노를 경험하고 표현한다. 하지만 분노란 무엇인가? 앞서 말했듯이 철학자들은 정의하기를 좋아하고 정의는 사고를 정리하는 데 유용하다. 이를 통해 긍정적인 잠재력을 가진 분노와 문제만 일으키는 분노를 구분할 수 있다. 고대 그리스로 돌아가 아리스토텔레스의 정의도 살펴보려 한다. 분노에 대한 서양 철학의 모든 정의는 아리스토텔레스에 뿌리를 두고 있기 때문이다.[4] (서양을 제외하고

---

3 폴 블룸 『선악의 진화 심리학』.

4 아리스토텔레스의 정의는 『수사학』 2권 2장 참조. 분노를 일으키는 방법에 대해서도 함께 논한다. 분노를 없애는 방법은 3장에서 언급된다.

내가 유일하게 아는 인도에서의 정의 역시 비슷하다.[5])

아리스토텔레스는 분노가 '관심을 기울이는 대상이나 사람에게 부당하게 가해졌다고 생각하는 심각한 피해에 대한 반응'이라고 칭했다. 복수와 징벌 같은 희망 또한 내포하고 있다고 덧붙였다. 즉 분노에는 개인의 가치나 관심사와 관련된 '심각한 피해', '부당함'이라는 두 가지 요소가 적용되며 이는 현대 심리학 연구에서도 입증되었다. 분노의 두 가지 요소는 각각 오류를 포함할 수 있다. 누가 나쁜 짓을 했는지, 그 일이 얼마나 중대한지, (실수가 아니라) 나쁜 의도로 그렇게 되었는지에 대한 잘못된 판단이 개입될 수 있다는 뜻이다.

그보다 더 논란이 많은 점은 분노한 사람이 일종의 보복을 원하는데, 이것이 바로 분노의 구성 요소 중 하나라는 것이다. 분노에 대해 언급한 모든 서양 철학자들은 이와 같은 소망을 분노의 구성 요소로 언급했다.[6] 하지만 우리는 분명하지 않은 사실 앞에서 잠시 숨을 고를 필요가 있다. 보복에 대한 소망은 미묘할 수 있다. 분노한 사람이 반드시 직접 복수하고자 하는 것은 아니다. 법적 처벌을, 신성한 재판의 형태를 원할 수도 있다. 분노 대상의 삶이 앞으로 잘못되기를 바라는 걸로 그칠 수도 있다. 나를 배신한 전 배우자의 두 번째 결혼이 참담히 실패하길 바라는 것처럼 말이다. 보복에 대한 소망이

5 『분노와 용서』 중 인도 불교 철학자 샨티데바의 주장 참조.

6 그리스 로마 시대 스토아학파는 모든 감정을 현재와 미래, 선과 악이라는 두 가지 측면을 기준으로 분류했는데, 이에 따르면 분노는 '현재의 악한' 감정이 아니라 '미래의 선한' 감정이다.

이처럼 광범위할 수 있다는 사실을 인정한다면, 분노는 보복을 포함하며 이것이 비탄과 분노의 구분점이라는 아리스토텔레스의 의견에 동의하게 된다. 분노에 대해 연구하는 현대 심리학자들 역시 고통에서 소망으로의 연결을 포착한 아리스토텔레스의 말에 동의할 것이다.[7]

하지만 분노의 이 두 가지 요소는 분리될 수 있다. 피해를 되갚아주겠다는 마음 없이 잘못된 행동이나 부당한 사건 자체에 분노하는 것도 가능하다. 올바른 신념에 따른 분노라면 개인적·사회적 가치가 있다고 생각한다. 우리는 잘못된 행동을 인식하고 중대한 규범이 위반되었을 때 항의할 필요가 있다.

복수라는 소망에서 자유로운 한 가지 분노는 바로 이것이다. "정말 말도 안 되는 일이야! 조치가 필요해!" 나는 이를 '이행 분노Transition-Anger'라고 부른다. 항의를 통해 앞으로 전진하기 때문이다. 이미 지나가버린 고통을 숙고하기보다 해결 방법을 찾는 분노다. ('분개indignation'라는 단어가 이 같은 형태의 분노를 뜻하기도 하지만 사용에 일관성이 없으므로 내가 만든 용어를 선호한다.)

부모와 자식을 예로 들어보자. 부모는 자식이 잘못된 행동을 했다고 느끼면 이에 분노한다. 아이들에게 책임을 지게 만들어 그 일을 바로잡고자 한다. 하지만 보복하려고 하지는 않는다. (적어도 오늘날에는) "자, 이제 네가 한 행동 때문에 고통을 받아야 해"라는 반응이

---

7 캐롤 타브리스 『분노, 오해받는 감정Anger, The Misunderstood Emotion』(뉴욕, 사이먼 앤 슈스터, 1982, 개정판 1989).

합당하다고 생각하지 않는다. 대신 어떤 반응이 아이의 장래를 개선할 수 있을지 자문한다. 고통스러운 앙갚음도, '눈에는 눈'이라는 탈리오 법칙도 아니다. 아이가 친구를 때렸다고 해서 아이 역시 맞아야 한다며 때리지 않는다. 무엇을 잘못했는지 아이에게 분명히 알려줄 수 있는 전략을 선택한다. 그리고 미래에 대한 긍정적인 제안으로 행동을 변화시키고자 한다. 이처럼 자애로운 부모는 아이들 문제에 있어서는 응보 없는 분노만 경험한다. 아이들을 사랑하기 때문이다. 이것이 민주주의를 위한 건설적인 제안의 실마리가 될 것이다. 하지만 나는 민주 사회에서 우리가 늘 동료 시민들을 사랑하지는 않는다는 데서 두려움을 느낀다.

이 건설적인 반응은 돌봄이라는 비대칭적 관계에만 적용되지는 않는다. 끈끈한 우정을 생각해보자. 어떤 우정에도 오류는 존재한다. 한 친구가 다른 친구의 행동에 상처를 받는다. 하지만 우정이 깊다면 상처받았다고 친구에게 보복하겠다는 생각은 하지 않을 것이다. 친구의 행동이 어떤 중요한 가치를 무시했고 무엇이 잘못되었는지 자신의 의견을 전달할 것이다. 거기서 그치지 않고 앞으로 일어날 실수를 방지하고 관계를 발전시키기 위해 필요한 상대방의 협조도 구할 수 있다.

하지만 응보적 소망은 다양한 문화권과 주요 종교에 의해 깊이 새겨진 인간 본성의 일부다. 예수와 부처부터 마하트마 간디까지 종교적·사회적 급진주의자들에게 비판받아 왔긴 했지만 말이다. 사회가 구성되기 전에는 응보적 소망이 공격성을 방지하는 측면에서 유용했을지도 모른다. 하지만 아무리 유용했다 해도 고통이 고통을 해소한다는 생각은 기만이고 허구일 뿐이다. 살인자를 죽여도 죽은 이는 살아나지 않지만 희생자 가족은 사형 제도가 어떻게든 상황을 바로잡아줄 것처럼 이를 지지한다. 고통을 고통으로 갚겠다는 것은 손쉬운 생각이다. 하지만 이는 문제를 바로잡지 못하고 더 많은 고통만 양산하는 거짓 유혹일 뿐이다. 간디가 말했듯이 "눈에는 눈 전략은 온 세상을 장님으로 만들 뿐이다."

다양한 상황에서 우리는 보복을 소망한다. 이혼을 생각해보자. 배신당한 배우자는 위자료와 자녀 양육권을 요구할 자격이 있다고 생각한다. 이를 통해 힘의 균형이 되돌아오거나 손상된 존엄이 회복되기라도 할 것처럼 느낀다. 하지만 보복의 기능은 보통 이에 미치지 못한다. 두 사람 모두 과거에 집착해 고통 속에서 허우적거리다가 아이들, 친구들, 가족들에게 엄청난 이차적 피해를 끼치기도 한다. 배신한 쪽이 마땅히 받아야 하는 벌은 결국 무엇을 위한 것인가? 배신당한 쪽의 삶이 개선되는 것도 아니다. 과거에 집착하면서 새로운 가능성의 문을 닫아버리고 심지어 더 쓸쓸해지거나 참담해지기도 한다. 보복하고자 하는 사람은 미래의 행복과 자기 존중을 원한다. 하지만 보복으로는 결코 이를 이룰 수 없고 세상을 훨씬 암울한 곳으로 만들 뿐이다.

다시 우정에 대해 생각해보자. 상처받은 친구는 이렇게 생각할 수 있다. '나도 네게 상처를 줄 거야. 그래야 모든 게 제자리를 찾고 균형이 맞을 거야.' 많은 이들이 이렇게 생각한다. 하지만 결국 이들은 좋은 친구를 사귀지 못하게 된다. 응보적 상처 주기는 상황을 악화시키고 회복할 수 없을 정도로 우정을 망가뜨리기도 한다.

미국인들은 (남녀 모두) 보복이 남자답고 강인한 행동이라고 생각한다. 진짜 남자라면 (또는 강한 여자라면) 자신이 받은 상처를, 혹은 스스로 받은 상처를 갚아줄 것이다. 모든 문화권에서 그렇지는 않다. 그리스 로마 사람들은 분노가 나약하고 유치한 피조물인 여성다운 감정이라고 생각했다. '피에는 피'를 강한 행동으로 여기지 않았다. 고대 신화에서 응징은 추한 행동이었다. 그리스 비극 시인 아이스킬로스가 복수의 여신들을 인간의 안녕에 대해 생각하는 능력이 없어 정치에 독이 되는 역겨운 인물들로 묘사했던 것처럼 말이다.

하지만 생각해보자. 우리는 심각한 잘못된 행동을 했다면 벌을 받아야 하고 이 벌은 고통스럽다는 점에 동의한다. 가끔은 징벌이 유용하다는 것을 인정하는 셈이다. 하지만 왜? 그리고 어떻게? 우리는 이미 일어난 일에 대한 보복, 즉 응보적 정신으로 징벌을 바라보는지도 모른다. 내가 지금까지 비판한 태도이며 이는 사회에 엄청난 해악을 끼치고 상황을 악화시키는 섬뜩한 전략으로 이어진다. 이는 범죄의 피해를 보상해주는 전략도 아니다. 더 나은 태도가 분명히 있다. 바로 좋은 부모들에게서 찾아볼 수 있는 태도다. 우리는 징벌을 인간의 삶과 안녕에 부여한 가치를 표현하는 수단, 제삼자의 범죄를 단념하게 만드는 수단, 바라건대 그가 또 다른 범죄를 저지르지 못하게 하는 수단, 적어도 그를 무력화시켜 더 나은 사회를 만드는 수단으로 사용할 수 있다.

더 나은 미래에 방점을 둔다면 징벌적 사고에 도달하기 전에 수많은 생각을 하게 될 것이다. 좋은 부모들의 돌봄처럼 기본적인 사랑과 존중이 보장될 때, 음식이 충분하고 적절한 교육을 받을 때, 건강한 몸으로 미래를 그려볼 수 있을 때 사람들이 나쁜 행동을 훨씬 덜 하게 된다고 생각할 수 있다. 결국 사고는 범죄에 대한 욕구가 줄어든 사회를 만드는 방향으로 이어질 것이다.

아리스토텔레스의 정의에는 한 가지 측면이 더 있다. 그는 분노가 이미 입은 피해에 대한 반응이 아니라 '계급 하락'에 대한 반응이라고 말했다. 이 말이 항상 옳지는 않다. 나는 타인에게 가해지는 잘못된 행동에, 내 지위를 격하시켰다는 생각 없이 분노할 수 있다. 이후의 철학자들은 아리스토텔레스 정의의 다른 부분은 고수하면서 이 부분은 철회했다. 분노는 지위 격하의 문제뿐만 아니라 모든 잘못된 행동에 대한 반응일 수 있기 때문이다. 하지만 아리스토텔레스의 생각을 조금 더 살펴보자. 많은 연구자들이 강조하듯 그가 분노에 대해 놀랄 정도로 광범위한 측면에서 다루었기 때문이다.

지위에 대해 중요하게 생각해봐야 하는 이유는 보복을 통해 원하는 것을 얻을 수 있는 유일한 경우이기 때문이다. 살인, 절도, 강간 범죄 자체가 아니라 내 '상대적' 지위에 어떤 영향을 끼쳤는지에 집중한다면, 잘못을 저지른 사람을 낮은 곳으로 밀어내야 자신이 높은 곳으로 올라갈 수 있다. 잘못된 행동으로 야기된 근본적 피해가 바로잡혔는지도 걱정할 필요가 없다. 그러므로 상대적 지위에만 관심을 기울인다면 보복도 어느 정도 일리가 있다. 이와 같은 사고가 보복이 만연한 이유이자, 보복이 미래를 준비하는 데 도움이 되지 않는 사고라고 쉽게 결론짓지 않는 이유일 것이다.

그렇다면 지위에 대한 생각이 잘못된 이유는 무엇일까? 그리스 사람들도 상대적 지위에 집착했다. 아가멤논이 아킬레스의 여인을 납치해 그를 모욕했을 때 아킬레스가 분노한 것도 바로 그 때문이었다. 지위에 대한 집착은 린 마누엘 미란다Lin-Manuel Miranda의 훌륭한 뮤지컬 〈해밀턴Hamilton〉에서도 볼 수 있듯이 미국 건국 과정에도 만연했다. 지위와 명예를 둘러싼 미묘한 신호는 끊임없는 불안으로 이어졌고 이를 두고 모욕이라 부를 만한 일들 때문에 수많은 결투가 벌어졌다.[8]

지위에 대한 집착은 삶이 명성만으로만 이뤄지지 않는다는 데서 문제가 발생한다. 삶은 사랑, 일, 가족 등 더 실질적인 요소들로 이루어져 있다. 오늘날 인터넷에서 타인의 시선에 집착하는 사람, 누가 자신을 모욕하는지 살피고 있는 사람들이 얼마나 많은가. 소셜 미디어는 사람들이 '좋아요'를 얼마나 받았는지 경쟁하고 시기하게 하면서 이 집착을 부추긴다. 타인의 눈을 빌어 살게 될수록 우리는 순위 경쟁에서 벗어날 수 없다. 하지만 지위에 대한 집착은 곧 불안의 징후 아닌가? 심지어 불안을 증가시키지 않는가? 오로지 증오의 신호를 찾기 위해 세상을 훑어보는 사람은 반드시 그 신호를 발견할 수밖에 없다. 또한 지위에 대한 집착은 더 중요한 가치를 잊게 만든다. 아킬레스는 자신이 겪은 한 번의 모욕으로 수천 명의 삶을 파괴하는 일이 얼마나 끔찍한지 알아야 했다.

상대적 지위에 대한 집착은 인간의 존엄과 자기 존중에 집중하는 것과는 엄연히 다르다. 존엄은 누구에게나 필요하고 또한 인간은

---

8 조앤 프리먼 『명예로운 사건들Affairs of Honor』(뉴헤이븐, 예일대학교 출판부, 2002).

누구나 똑같이 존엄하다. (적어도 우리는 그렇게 생각해야 한다.) 존엄은 계급을 생산하지 않으며, 타인을 모욕하는 일이 존엄을 신장시킨다는 유혹에 빠지지 말아야 한다. 명성과 달리 존엄은 누구에게나 공평하고 빼앗을 수도 없다.[9]

---

9 정치 철학자들은 인간의 존엄에 대한 다양한 관점들을 옹호해왔으며 이는 대부분 합리성과 같이 인간에게만 있다고 여기는 특징들을 토대로 한다. 하지만 나는 심각한 인지 기능 장애가 있는 인간과, 이 책과는 다른 주제지만 인간이 아닌 대부분의 동물에게도 온전하고 평등한 존엄이 있다고 생각한다. 나의 책 『정의의 최전선Frontiers of Justice』(캠브리지, 하버드 대학교 출판부, 2006)과 『인간 존엄과 생명 윤리Human Dignity and Bioethics』(워싱턴, D.C., 2008)의 '인간의 존엄과 정치적 자격' 351~380p를 참조하라.

분노의 몇 가지 오류들

이제 분노가 우리를 타락하게 만드는 방법들을 알아보자. 우선 분노에는 몇 가지 명백한 오류가 있다. 누가 누구에게 어떤 행동을 했는지, 단순한 실수가 아니라 (나쁜 의도로) 부당하게 행한 것인지, 그 행동이 얼마나 중요한지에 대한 정보가 정확하지 않을 때 분노는 엉뚱한 대상을 향하거나 우리를 나쁜 길로 이끌 수 있다. 아리스토텔레스는 상대가 자기 이름을 잊었다고 분노하는 사람을 언급했는데, 우리에게도 익숙한 그 경우는 상대 행동의 중요성을 과대평가한 경우다. (의도를 잘못 파악한 경우이기도 할 것이다.)

두 번째로 지위 오류가 있다. 상대적 지위가 중요하다는 생각에 다른 요인을 배제할 때 발생하는 오류다. 특정한 가치의 중요성을 오해하는 경우 발생하지만 무척 흔한 분노의 원인이기 때문에 따로 떼어내 살펴볼 필요가 있다. 마지막으로 뿌리 깊은 응보적 사고가 활개칠 때 발생하는 보복 오류가 있다. 현재 우리가 누군가에게 가하는 고통이 과거를 바로잡아준다고 생각할 때 발생한다. 이는 허황되고 비이성적인 사고로, 우리가 바꿀 수 있고 또 바꿔야 하는 미래를 경시하게 만든다.

이 모든 오류는 정치권에서 흔히 찾아볼 수 있다. 누가 무엇을 했는지에 대한 잘못된 정보를 취하거나 구조적인 거대한 문제를, 이를 초래하지 않은 개인이나 집단의 탓으로 돌린다. 사소한 잘못을 과대평가하고 중요한 잘못을 과소평가한다. 자신의 (혹은 속한 집단의) 상대적 지위에 집착한다. 보복이 선제 공격으로 야기된 문제를 해결해준다고 잘못 생각한다.

하지만 여기서 끝이 아니라 비난을 전가하기도 한다. 심지어 비난의 대상이 없을 때에도 일어난다. 사건은 늘 발생하고 재앙은 그냥 재앙일 뿐인 경우가 많다. 질병과 고난은 그저 질병과 고난이다. 의료진도 우리를 질병과 죽음으로부터 완전히 구하지 못하며 공정하고 슬기로운 사회 정책도 자연재해나 예상치 못한 경제적 흐름으로 야기된 문제들을 미연에 방지할 수 없다. 하지만 우리는 군주적 사고방식으로 자신의 편의를 위해 세상이 움직이길 바란다. 불행한 사건을 특정인의 탓으로 돌리면 자아가 충족되면서 깊은 위안을 받는다. '나쁜 사람'을 설정해 비난하면 마음이 편해지고 무력감 대신 통제감을 갖는다.

사람들의 본능이 세상에 어떻게 작용하는지를 연구하는 심리학자들은 인간에게 세상이 공정하다고 믿고 싶어 하는 뿌리 깊은 욕구가 있다고 말했다. 이 '공정한 세상 가설' 때문에 경제적 약자들이 게으름이나 나쁜 행동으로 자신의 고통을 초래했다고 믿는 경향이 발생한다.[10] 하지만 이는 단순한 상실과 역경에도 타인을 탓하며 '나쁜 사람'을 벌해야 자신의 상실을 만회할 수 있다고 믿고 싶은 욕구로 드러나기도 한다.

예를 들어 부모님이 병원에서 돌아가셨다면, 의사의 잘못이라 믿고 자신의 슬픔을 의료 과실 소송으로 몰고 가는 것은 지극히 인간적인 모습이다. 결혼 생활이 끝났을 경우 문제는 있었겠지만 정확한 원인을 규명하기 어려운 사이도 있다. 어쩔 수 없이 그냥 그렇게 되기도 한다. 하지만 우리는 '나쁜' 배우자를 비난하고 이혼 소송으로 상대를 벌주려 한다. 그래야 자신의 삶을 이해할 수 있고 세상이 더 공정해 보이기 때문이다.

경제 문제 역시 마찬가지다. 분명한 누군가의 잘못이거나 부당한 정책 등 원인이 확실한 경우도 있지만 실제로는 모호하고 불확실한 경우가 더 많다. 하지만 우리는 세상이 혼란스럽고 통제할 수 없다는 생각을 반기지 않는다. 그래서 그리스 사람들처럼 악마로 만들기 쉬운 집단에게 비난의 화살을 돌린다. 그리스 사람들이 야만인을 탓했다면 우리는 이민자, 일하는 여성, 은행가, 부자들에게 화살을

---

10 이와 같은 현상에 대한 문헌을 다수 찾아볼 수 있다. 가장 먼저 참고하기 좋은 문헌은 멜빈 러너의 『공정한 세상에서의 신념The Belief in a Just World』(뉴욕, 스프링어, 1980)이다. 미국의 가난한 사람들이 태만하고 게으르다는 인식을 바꾸기 위한 뉴딜 정책에 관한 중요한 논문은 공저 『권력, 산문, 그리고 지갑Power, Prose, Purse』(뉴욕, 옥스퍼드 대학교 출판부, 2018)에 수록된 리처드 맥애덤스의 '분노의 포도와 경제적 결과에서 행운의 역할'을 참조하자.

돌린다. 세일럼 마녀재판은 처음엔 사춘기 여성들의 집단 광기 때문인 것처럼 보였다. 하지만 마녀를 비난했던 사람들은 대부분 새로운 대륙에서 식민지 문제, 경제적 불안, 혹독한 기후, 혼란한 정치 상황 등으로 힘들어하던 젊은 성인 남성들이었다. 모든 문제를 나이 많고 인기 없는 여성들, 비난하기 쉬운 마녀들의 탓으로 돌리고 그들의 죽음으로 일시적 만족을 얻기란 얼마나 쉬웠겠는가.

전래 동화 역시 이 구조를 따른다. 음식을 찾아 숲을 헤매는 '헨젤과 그레텔'의 문제는 부모가 일을 하면서 아이들을 돌볼 여유가 없는 상황과 굶주림이다. 하지만 동화는 이 현실적인 문제를 숲에 살면서 아이들을 생강 쿠키로 만드는 비현실적인 마녀의 탓으로 돌린다. '빨간 모자'는 혼자 먼 거리를 걸어 할머니를 찾아간다. 이야기의 본질은 노화와 돌봄 부족이다. 할머니는 도움이 필요하고 가족은 멀리 산다. 하지만 할머니 집으로 쳐들어온 늑대를 탓하며 구조적 해결책이 필요한 난제에서 관심을 돌린다. 두 전래 동화 모두 악당은 죽고 문제는 해결된다. 우리는 정돈된 세상을 갈망하기 때문에 간단하고 헛된 해결책의 유혹에 쉽게 빠진다. 복잡한 진실을 파고드는 일은 어렵고 개인의 기쁨을 보장하지 않는 세상에서 희망을 품고 사는 것보다 마녀를 불태우는 편이 훨씬 쉽기 때문이다.

분노는 확실한 생각을 동반하는 명확한 감정이다. 강하고 남성다운 중요한 감정처럼 보인다. 하지만 분노는 두려움의 산물이다.[11] 이유는 다음과 같다.

첫째, 인간은 타고난 취약성 때문에 자신이 곤란해지지 않는다면 절대 분노하지 않을 것이다. 루크레티우스는 완전하고 온전한 존재로 신을 상상하며 이렇게 말했다. "그들은 고마움의 노예가 되지 않고 분노로 오염되지도 않는다."[12] 분노가 자신이나 사랑하는 상대 혹은 물건에 타인이 끼친 중대한 피해에 대한 반응이라면, 스스로 완전하여 피해를 입을 수 없는 사람은 분노할 이유가 없다.

일부 도덕적인 개혁가들은 인간에게 루크레티우스의 신과 같은 사람이 되라고 촉구했다. 스토아학파는 통제할 수 없는 일로 훼손되는 '재물'에 초연해지는 방법을 배워야 한다고 주장했다. 그래야 두려움을, 결국 분노를 경험하지 않을 수 있다고 말이다. 철학자 리처드 소라브지Richard Sorabji는 간디의 관점이 스토아학파의 관점과 매우 비슷함을 보여주었다.[13]

하지만 두려움을 잃으면 사랑도 잃게 된다는 것이 문제다. 사랑과 두려움의 기본은 통제할 수 없는 누군가 혹은 어떤 대상을 향한 강한 애착이다. 타인을 사랑하거나 국가를 사랑하는 일보다 우리를 취약하게 만드는 건 없다. 두려움은 종종 합리적일 때도 있고, 비탄은 현실 세계 어디에나 존재한다. 로마의 철학자이자 정치가 키케로

---

11 나는 이 관계에 대한 명확한 인식의 부재가 최근 미국에서 진행 중인 분노에 대한 사회학적 분석의 심각한 결함이라고 생각한다. 앨리 러셀 혹실드의 『자기 땅의 이방인들』을 참조하라.

12 이 구절은 여섯 권의 장편 시 중 1권 44~49줄, 그리고 2권에서 찾아볼 수 있다. 1권의 구절에는 종종 괄호가 쳐져 있는데, 루크레티우스가 강조하고 싶었던 중요한 지점이라는 뜻이다.

13 리처드 소라브지 『간디와 스토아학파Gandhi and the Stoics』(시카고, 시카고 대학교 출판부, 2012).

는 일 년 반 만에 세상에서 가장 사랑하는 두 가지를 잃었다. 딸 툴리아가 분만 도중 죽었고 로마 공화정이 폭정으로 무너졌다. 친구들은 그의 비탄이 과도하다고 생각했고 스토아학파다운 모습을 되찾으라 종용했지만 그는 가장 친한 친구 아티쿠스에게 비탄을 멈출 수 없으며 그래야 한다는 생각도 들지 않는다고 말했다.[14] 온전히 사랑한다는 것은 곧 고통을 뜻한다. 그러므로 두려움과 분노를 한번에 몰아내는 해결책을 받아들여서는 안 된다. 사랑을 지킨다는 것은 곧 두려움도 유지한다는 뜻이다.

그렇다고 분노를 반드시 유지할 필요는 없다. 두려움은 분노와의 사투를 훨씬 어렵게 만든다. 분노의 전제 조건일 뿐만 아니라 분노의 오류에 불을 붙이는 독이기도 하다. 두려움을 느낄 때 우리는 대상과 과정에 대해 차분히 생각해보지 않고 성급한 결론을 내린다. 대부분의 경제 문제들처럼 상황이 복잡하고 원인을 제대로 파악하기 힘들 때, 두려움은 진실을 파악하기 위해 노력하기보다 개인이나 집단에 비난의 화살을 돌리는 마녀사냥을 하게 만든다.

둘째, 두려움은 상대적 지위에 대한 집착에도 불을 붙인다. 우리는 타인보다 우월하다고 느낄 때 자신이 무너지지 않을 거라고 생각한다. 하지만 세상은 모욕과 무시로 가득하기 때문에 상대적 지위로 보호받는 취약한 자아는 쉽게 분노할 수 있다. 루크레티우스는 모든

---

14 『아티쿠스에게 보내는 편지』는 로엡 클래시컬 라이브러리 시리즈의 일부로 데이비드 셰클턴 베일리가 훌륭하게 번역해 네 권으로 출간되었다. 솔 레브모어와 함께 집필한 『지혜롭게 나이 든다는 것』에서 툴리아에게 보내는 편지에 대해 언급했다.

지위 경쟁의 원인이 두려움이며, 타인을 무시하면서 스스로 강하다고 느끼는 것이 스스로를 위안하는 한 가지 방법이라고 했다.

또한 두려움은 보복에 집착하게 만든다. 잘못한 사람에게 보복을 하거나 심지어 그들을 없애면 잃어버린 통제력과 권위를 되찾을 수 있다고 생각하기 때문이다. 루크레티우스에 따르면 전쟁 역시 종종 두려움 때문에 일어난다. 우리는 불안을 느낄 때 우리를 위협하는 대상에게 분노하고 이를 없애려고 한다. 그는 전쟁이 안전과 가치가 위협받는 상황에 대한 합리적 반응으로, 두려움에 기인한 반응일 수 있다는 가능성은 배제했다.[15] 따라서 그의 분석을 그대로 수용해서는 안 된다.

나는 평화주의자가 아니며, 분노하지 않았던 내 어릴 적 영웅들인 마틴 루터 킹 주니어와 넬슨 만델라도 그랬다. 간디의 완전한 평화주의는 큰 실수였다고 생각한다. 하지만 2차 세계 대전처럼 피에 혈안이 된 침략자들이 일으킨 전쟁도 있었으며, 드레스덴 폭격 역시 적절한 정책이 아니라 보복에 대한 열망 때문에 발생한 것은 분명하다.

위대한 지도자들은 우리가 보복적 사고로 자위하지 않으면서도 잘못된 행위에 단호히 반대할 필요가 있다고 말한다. 윈스턴 처칠 역

15 그는 당시 로마의 가장 큰 문제였던 내전만 두려움으로 인한 것이라고 말했다. 해외 전쟁에 대해서는 언급하지 않으며 그 전쟁들은 합리적이라는 가능성을 열어놓았다. 전쟁에서 잠시 휴식을 취하고 있던 로마의 장수이자 대화 상대 메미우스를 설득하는 것이 목표였기 때문이다.

시 이렇게 말했다. "나는 피와 노고와 눈물과 땀 외에는 내놓을 것이 없습니다." 민주적 가치를 수호하기 위해 치러야 할 위험과 투쟁, 그 과정에서의 고통을 받아들이겠다는 의지이자, 응보주의를 완전히 배제하겠다는 뜻이다. 처칠은 나치에 복수를 한다 해도 자유에 대한 위협이 사라지진 않는다고 말했다. 자유는 아름답고 이를 위해 희생할 준비를 해야 하지만, 아이스킬로스의 복수의 여신들처럼 '이 땅에 (우리의) 독을 쏟아내기'보다 사랑하는 대상을 지키는 데 집중해야 한다. 처칠의 연설은 전후 독일 재건이라는 공동의 목표를 위한 것이었으며, 지금 미국의 믿음직한 동맹국인 독일의 모습에서 그 지혜의 결과를 목격하고 있다.

보복 없는 저항을 향해

그렇다면 대안은 무엇인가? 우리는 보복에 대한 환상 없이도 부당함에 단호하게 반대하는 정신을 유지할 수 있다. 이 미래지향적 전략은 위법 행위에는 반대하되 이를 암울한 세계 경제, 아웃 소싱, 자동화 등의 원인으로 지목하지 않는 것이다. 무력감을 비난으로 대체하지 않지만 절망에도 굴복하지 않는다. 위법 행위가 개인이나 집단의 잘못이 분명해도 희망찬 미래를 바라보며 보복을 거부하고 상황을 개선할 전략을 선택한다.

보복 없는 저항의 한 가지 예가 있다. 여전히 진행 중인 미국 사회의 인종 차별주의 타파와 정의를 향한 투쟁에 큰 기여를 한 마틴 루터 킹 주니어의 신념이다. 킹은 사람들이 절망에 빠져 포기하는 대신 저항하게 만든다는 점에서 분노가 어느 정도는 유용하다고 늘 강조했다. 하지만 일단 목표에 도달하면 분노는 정제되어 올바른 방향을 향해야 한다.[16] 보복하고자 하는 마음은 버리되 정당한 저항 정신은 유지해야 한다는 뜻이다. 보복보다 희망이, 정의의 가능성에 대한 믿음이 필요하다. 1959년, 그는 통합을 위한 투쟁에서 만나게 될 장애물을 두 가지 방법으로 처리할 수 있다는 내용의 글을 썼다.

> 한 가지는 진보를 저지하는 모든 노력에 효과적으로 저항하기 위한 건전한 사회 조직 건설이다. 다른 한 가지는 모호한 분노로 촉발된 난폭한 보복 욕구다. 부당한 고통을 상처로 되갚아주려는 생각이다. (…) 근본적이거나 진보적이지 않은 징벌적 태도다.[17]

킹은 자신의 접근법이 부당함을 묵인하라는 뜻이 아니라고 거듭 말했다. 급히 해결해야 할 문제가 있고, 불공평한 조건에 대한 저항이 있을 때, 그 안에서 시위자들은 몸으로 부딪히는 위험을 감수하며 '직접 행동'에 나선다. 동시에 정의가 가능하다는 희망과 신념으로 함께 만들어갈 미래를 꿈꿔야 한다.

말하자면 킹은 나의 '이행 분노'를 몸소 실천했다. 보복 없이 저항하는 분노다. 킹의 '나는 꿈이 있습니다' 연설의 감정 흐름을 통해 이를 더 자세히 살펴보자. 먼저 킹은 분노처럼 보이는 감정을 소환했

---

16 나는 토미 쉘비의 『새로운 세상을 만들기 위하여To Shape a New world』(캠브리지, 하버드 대학교 출판부, 2018)에 수록된 '분노에서 사랑으로'라는 에세이에서 킹의 자료를 분석했다.

17 제임스 워싱턴 『희망의 증거A Testament of Hope』(뉴욕, 하퍼 콜린스, 1986), 32p.

다. 평등이라는 국가의 암묵적 약속을 지키지 못한 인종 차별주의의 부당함을 지적한다. 노예 해방령으로부터 백 년이 지났지만 "흑인들의 삶은 애석하게도 분리의 수갑과 차별의 사슬에 의해 여전히 절뚝거리고 있습니다."

다음이 중요하다. 그는 백인들을 악마로 만드는 대신 부채 이행을 게을리하는 사람들과 차분히 비교했다. "미국은 흑인들에게 '잔고 부족'이라며 되돌아온 부도 수표를 주었습니다." 분노는 여기서 '이행 분노'로 전환된다. 보복 없는 새로운 방법을 생각하게 만들기 때문이다. 본질은 어떻게 백인을 모욕할 것인지가 아니라 어떻게 이 채무가 해결되어야 하는지다. 재정적 상황에 비교하자면 채무자를 괴롭히겠다는 생각은 중요하지 않은 것과 같다.

이제 킹이 말했던, 정의를 추구하고 의무를 다하며 함께 만들어 갈 미래에 대해 생각할 때다. "하지만 우리는 정의의 은행이 파산했다고 믿지 않을 것입니다. 우리는 이 기회의 나라 금고에 자금이 부족하다고 믿지 않을 것입니다." 역시 고통이나 보복에 대한 언급 없이 시민권을 보장하기 위한 결심만 언급된다. 킹은 지금처럼 절박한 순간에 분노가 넘쳐흐를 위험이 있다고 경고했다. 하지만 분노의 행동은 사전에 거부했다. "우리는 정당한 권리를 획득하는 과정에서 범법자가 되어서는 안 됩니다. 괴로움과 증오의 강에서 흐른 물로 자유를 향한 갈증을 풀어서는 안 됩니다. (…) 우리는 물리적 힘과 영혼의 힘이 만나는 저 장엄한 고지로 쉬지 않고 올라가야 합니다."

그래서 '보복'은 다시 시민권에 대한 지지로 태어난다. 자유와 정의를 위해 흑인과 백인을 단결하는 과정을 거쳐 혜택은 모든 이들에게 돌아간다. 많은 백인들이 이미 알고 있듯이, "그들의 자유와 우리의 자유가 분리될 수 없습니다."

다음으로 킹은 노력을 방해하는 절망을 거부했다. "나는 꿈이 있습니다 I have a dream"라는 가장 유명한 말이 바로 이 부분에서 나왔다. 당연히 보복에 대한 꿈이 아니라 자유와 평등, 인류애에 대한 꿈이다. 킹은 많은 흑인 관중들에게 자신을 괴롭혔던 사람들까지 포용하는 인류애를 권유했다.

> 나에게는 꿈이 있습니다. 언젠가 조지아주의 붉은 언덕 위에서 노예의 후손과 노예 소유주의 후손이 인류애의 식탁에 함께 앉을 거라는 꿈입니다.
>
> 나에게는 꿈이 있습니다. 언젠가 불의와 억압의 열기로 무더운 저 미시시피마저도 자유와 정의의 오아시스로 변할 거라는 꿈입니다.
>
> 나에게는 꿈이 있습니다. 언젠가 사악한 인종 차별주의자들이 있는 알라바마주에서, 연방정부의 법과 조치를 '거부'하고 이를 '간섭'이라 떠드는 주지사가 있는 알라바마주에서, 언젠가 바로 그 알라바마주에서 어린 흑인 소년 소녀가 어린 백인 소년 소녀들과 형제자매로 손을 맞잡을 수 있을 거라는 꿈입니다.

이 연설에도 분노는 담겨 있었고 이는 보복의 형태로 쉽게 변형될 수 있었다. 하지만 킹은 응보주의를 곧바로 노력과 희망으로 재편했다. 압제자의 고통과 추락은 고통받는 사람을 구하지 못한다. 정의를 향한 지적이고 창의적인 노력만이 고통받는 사람들을 자유롭게 할 수 있다.

킹을 아이스킬로스와 비교하는 것이 부적절해 보일 수도 있으나 문학과 철학에 대한 킹의 방대한 지식을 볼 때 전혀 무리는 아니라고 생각한다. 두 사람의 의견은 기본적으로 동일하다. 민주주의는 파괴적이고 헛된 보복 욕구를 포기하고 인간의 안녕과 사법 정의라는 미래를 향해 나아가야 한다는 것이다. 반대자들은 킹의 입장이 분명하지 않다고 비난했다. 흑인 해방 운동가 말콤 엑스Malcom X는 킹이 "우유를 너무 많이 부어 색을 잃고 차가워진, 커피 맛도 나지 않는 커피 같다"고 비꼬았다.[18]

하지만 그렇지 않다. 킹은 강한 입장을 견지했다. 그는 미래를 위해 인간의 가장 큰 욕구 중 하나인 보복 충동에 저항했다. 정치에서 가장 까다로운 문제 중 하나는 두려움이 우리를 분노로 이끌지 않도록 경계하며 단호한 자세로 해법을 찾아나가는 것이다. 아이스킬로스와 킹이 공유한 신념은 민주 시민이라면 정치적·사회적 삶에서 겪는 부당함에 용기를 갖고 맞서야 한다는 것이다. 두려움과 분노에 사로잡힌 비난은 어떤 문제도 해결해주지 못한다. 아테네와 로마에서 그랬듯이, 응보적 폭력의 소용돌이로 우리를 이끌 뿐이다.

루크레티우스는 인간의 분노와 두려움이 미쳐 날뛰는 암울한 이야기를 전해준다. 그는 자신이 사는 세상과 같은, 불안이 공격적인 행동으로 이어져 결코 불안을 진정시켜주지 못하는 세상을 상상한

---

18 조지 브레이트맨 『말콤 엑스의 말』(뉴욕, 그루브 프레스, 1965)에 실린 '풀뿌리들에게 보내는 편지' 참조.

다. (이 이야기를 쓸 때 로마 공화정은 무너지고 있었고 수많은 불안한 사람들은 곧 폭정에 항복했다.) 사람들은 두려움을 진정시키려고 노력할수록 더 공격적이 되고 결국 적에게 큰 피해를 끼칠 새로운 방법을 떠올린다. 바로 군대에 잔인한 동물들을 투입하는 것이었다.[19]

그들은 전쟁에 황소도 투입했다.
적진을 향해 야생 멧돼지까지 풀었다.
선발대로 맹렬한 사자까지 준비했다.
무장한 정예 부대가
사자를 묶어놓기 위해 마구를 채웠으나
소용없었다.
피로 뜨거워진 사자들이 미친 듯 사람을 덮쳤다.
갈기를 휘날리며 군대를 짓밟았다.

루크레티우스는 뛰어난 시적 역량을 발휘해 동물들의 대학살을 상상했다. 그리고 한발 물러나 '정말로 일어난 일인가?'라고 자문한다. 어쩌면 우주의 바깥 다른 세상에서 일어났는지도 모른다. 상상 속 그곳의 사람들이 얻고자 했던 것이 무엇인지 말한다. 바로 적에게 엄청난 고통을 가하는 것이다. 자신도 함께 소멸할 수 있다 해도.

루크레티우스의 의도는 우리의 보복 욕구가 바로 이 포악한 동

---

19 루크레티우스, 5권 1308-49, 저자 번역.

물과 같다는 것이다. 분노는 강력할지 모르나 손아귀에서 벗어나면 반드시 우리에게 되돌아온다. 심지어 사람들은 보복 환상에 너무 깊이 빠져 '그들에게 고통을 가할 수만 있다면' 아무것도 얻지 못해도 괜찮다고 생각한다. 그의 암울한 상상은 우리가 두려움과 분노, 비난의 정치학에 휘둘리는 한 결국 패할 수밖에 없음을 일깨워준다.

대안은 있다. 아이스킬로스도 알고 있었고, 킹은 앎과 동시에 실천했다. 정의로운 미래를 건설하는 일은 어렵다. 자기 반성, 위험의 감수, 비판적 논쟁, 반대자들과 공동의 노력을 기울이기 위한 계획이 필요하다. 희망 혹은 합리적 신앙의 정신으로 말이다.

이 진보적 운동에서 중요한 점은 킹이 그랬던 것처럼 행위와 행위자를 구분하는 것이다. 타인의 인간성을 포용하면서 그들이 저질렀을지 모르는 잘못된 행동만을 반대해야 한다. 그래야 동료 시민들의 말과 행동에 찬성하지 않더라도 그들을 친구로 여길 수 있다. 하지만 두려움과 비난, 보복을 통해서는 타인에게서 어떤 선함도 찾을 수 없다. 특히 요즘과 같은 소셜 미디어 세상에서는 건설적이지 않은 비난의 네트워크를 형성하기가 너무 쉽다. 이런 식이라면 맹수에게 도움을 청했다가 결국 그 발톱에 당한다 해도 전혀 놀랍지 않을 것이다.

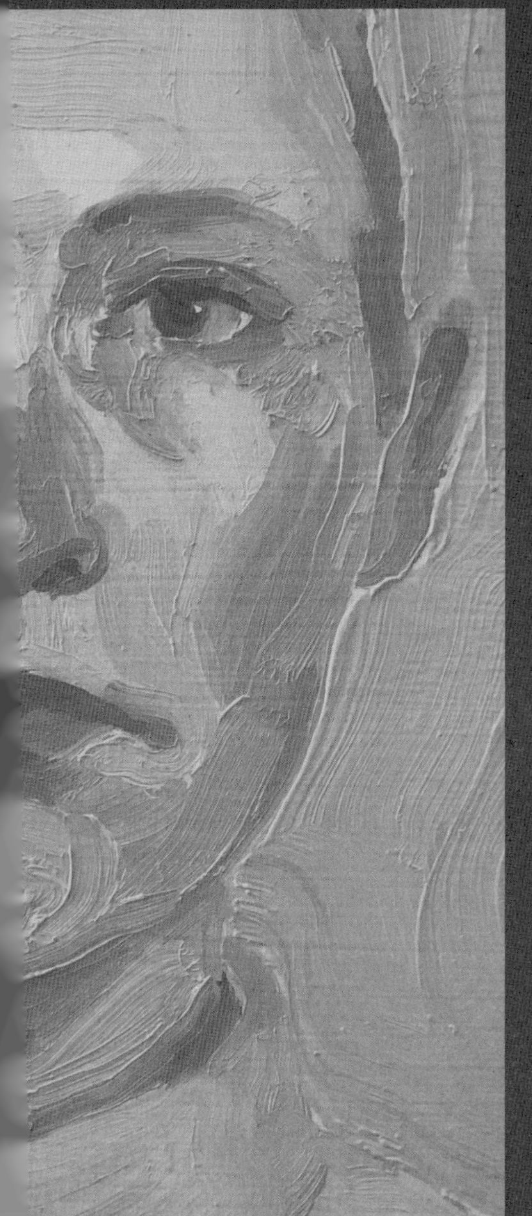

4장

혐오와 배제의 정치학

The Monarchy of Fear

하찮은 집단은 없다

모든 사회는 특정 집단을 하찮은 존재로 만들어 복종시키려 한다. 봉건제와 군주제에서 복종은 공식적인 통치 방법이었다. 귀족은 소작농보다 우월한 신분으로 그들을 지배했고, 왕은 백성을 다스릴 신성한 권리를 갖고 있었다. 반대로 현대 민주주의 사회에서는 평등한 존중과 배려가 공적 규범이다. 만약 특정 집단이 다른 집단에게 복종하게 된다면 이는 사회 정의에 대한 규범을 위반하는 것이다. 하지만 민주 시민은 특별히 타고난 사람들이 아니다. 자신을 뒤흔드는 두려움과 자기방어를 단단히 경계하지 않으면 실수하기 쉬운 취약한 인간일 뿐이다. 그래서 민주 시민에게는 평등한 존중을 보장하기 위한 적절한 사회 규범과 법률이 필요하다. 하지만 규범과 법률의 존재에도 불구하고 스트레스를 받는 불확실한 상황에서 그 의무를 저버리기란 너무 쉽다.

대부분의 사회는 인종, 성별, 성적 지향, 장애, 나이, 종교로 사람을 배제한 추한 역사를 갖고 있다. 과거에 배제되었던 집단의 평등과 존엄에 대한 요구는 안타깝게도 혐오 발언이나 범죄로 곧잘 이어졌다. 우리는 혐오 단체나 혐오 범죄 관련 수치를 잘 모르고 있다. 수년 동안 혐오 범죄에 대한 자료를 수집해온 남부빈곤법률센터Southern Poverty Law Center에 따르면, 혐오 단체의 수는 2015년 892개에서 2016년 917개로 증가했다.[1] 샌버너디노에 위치한 캘리포니아 주립대학교 혐오와 극단주의 연구센터Center for the Study of Hate and Extremism에 따르면, 미국 9개 대도시의 혐오 범죄는 한 해 사이 20퍼센트 이상 증가했다.[2] 혐오 범죄의 종류를 분석한 2015년 FBI 보고서에 따르면 59.2%가 인종 편견, 19.7%가 종교적 편견으로 발생했고 (그중에서는 반유대주의 수치가 가장 높았으나 최근에는 무슬림에 대한 혐오가 높아지고 있다) 17.7%는 성적 지향에 대한 편견 때문이었다.[3]

하지만 자료를 있는 그대로 믿어서는 안 된다. 2014년, 당시 FBI 국장이었던 제임스 코미James Comey는 이렇게 말했다. "우리는 사회에서 무슨 일이 일어나고 있는지 제대로 이해하고, 혐오 범죄를 방지하

---

1 https://www.splcenter.org/news/2017/02/15/hate-groups-increase-second-consecutive-year-trump-electrifies-radical-right.

2 https://csbs.csusb.edu/hate-and-extremism-center. This site contains all the reports produced by the Center.

3 https://www.fbi.gov/news/stories/2015-hate-crime-statistics-released, https://www.fbi.gov/news/pressrel/press-releases/fbi-releases-2015-hate-crime-statistics.

기 위해 혐오 범죄 파악과 보도에 더 큰 역량을 발휘해야 합니다."[4] 범죄 증가는 자료 수집과 보도 증가의 결과이기도 하다. 그러므로 혐오 범죄가 급증했다며 당황하거나 즉각 트럼프 지지자들을 비난해서는 안 된다. 그보다는 미국이 특히 인종 관련 문제에서 (종교, 성별, 성적 지향으로 인한 범죄 역시 포함해) 적대적이었던 추악한 역사를 갖고 있음을 기억하고, 혐오 범죄의 증가 여부에 상관없이 이를 어떻게 멈출지 생각해야 한다. 2017년 8월, 버지니아주 샬러츠빌에서 재개된 백인 우월주의자들의 시위와 물리적 충돌은 오랫동안 수면 아래서 끓고 있던 문제를 공공연히 드러냈다.

미국의 높은 총기 접근성에 대해 철학적 분석은 하지 않겠다. 모든 나라에서 혐오로 인한 범죄가 발생하지만, 유럽에서 폭력으로 그칠 일이 미국에서는 다수의 사상자가 발생하는 총기 사건으로 너무 쉽게 발전한다. 나는 총기 소지 가능 여부가 최근의 혐오 범죄에 있어서 큰 문제라고 생각하지만 그것이 이 책의 주제는 아니다. (오늘날 이 문제에 대한 생산적인 토론은 정치적으로 불가능하다.)

다행히 우리에게는 토론해야 할 다른 문제들이 있다. 해법을 찾으려면 문제의 뿌리를 이해해야 한다. 타인을 배제하는 감정에 대한 철학적·심리적 분석이 우리가 어디 있는지, 어디로 가고 있는지, 어

4 2014년 유대인 차별 반대 단체를 향한 코미의 연설은 2015년 FBI 보고서에 인용되었고(https://www.fbi.gov/news/stories/2015-hate-crime-statistics-released) 2017년 재인용되었다(http://www.jta.org/2017/05/09/news-opinion/politics/fbi-director-james-comey-calls-for-better-ways-to-track-hate-crimes.).

떻게 더 큰 호혜와 평등을 추구할 수 있는지 밝혀줄 것이다.

그렇다면 배제는 어떻게 작용하는가? 어떤 감정들이 배제를 추동하고 형성하는가? 두려움은 배제 여부를 가르는 계급 생성에 어떤 역할을 하는가? 두려움은 특히 분노-비난과 결합할 때 수많은 부적절한 행동을 추동한다. 두려움과 그로 인한 분노는 비난과 응보적 폭력으로 쉽게 전환되는 무슬림 혐오 범죄에서 특히 두드러진다. 하지만 바로 그 지점에서 우리가 생각해야 할 또 다른 감정이 있다. 분노처럼 두려움에 의해 촉발되어 결국 길을 잃게 만들지만, 분노와 달리 범죄 발생과는 큰 관련이 없는 감정. 결국 죽을 수밖에 없다는 불안으로 자극받는 인간의 동물성, 죽음에 대한 불안을 품고 있는, 사실이기도 하고 거짓이기도 한 취약한 신체적 특징으로부터 촉발되는 감정.

바로 혐오다. 불합리한 혐오는 많은 사회악의 뿌리가 된다.[5]

다시 전래 동화를 살펴보자. 마녀와 거인은 위협적일 뿐만 아니라 추하고 기형적이다. 말하자면 혐오스럽게 추하다. 그들의 신체는

---

5 나는 혐오에 대해 『혐오와 수치심』과 『혐오에서 인류애로』라는 두 권의 책을 이미 집필했다. 『혐오와 수치심』에서는 혐오와 수치심이라는 감정을 심리학적·철학적 관점으로 연구하며 다양한 형태의 편견에 대해 살펴보았고, 『혐오에서 인류애로』에서는 성적 지향과 관련된 편견에서 혐오가 어떤 역할을 하는지 집중적으로 살펴보았다. 최근에는 인도의 동료들과 함께 혐오와 낙인에 대한 두 나라 간 비교 연구를 실시해 『혐오의 제국Empire of Disgust』(조야 하산, 아지즈 후크, 마사 누스바움, 비드후 베르마, 델리, 옥스퍼드 대학교 출판부)을 출간했다. 그 책에서는 카스트, 인종, 성별, 성적 지향, 장애, 나이, 계급, 무슬림 정체성에 대한 편견과 그와 관련된 혐오에 대해 논했다.

더럽고 끈적끈적하고 냄새가 나거나 이런 특성을 가진 (개구리, 뱀, 박쥐 같은) 동물의 형태다. 셰익스피어도 맥베스의 마녀들에게 이 역겨운 동물들과 관련된 일을 맡겼다. 마녀들은 가마솥에 '늪의 뱀 토막', '도롱뇽의 눈과 개구리의 발가락' 등을 끓인다.

셰익스피어는 끈적거림과 역겨움이 달갑지 않게 여겨지는 소수 집단의 신체에 어떻게 투영되는지 잘 알고 있었다. 마녀들은 수프에 '신을 모독하는 유대인의 간'뿐만 아니라 '터키인의 코와 타타르인의 입술', '창녀가 낳아 목 졸라 죽인 후 개천으로 옮긴 갓난아기의 손가락'을 넣는다. (유대인, 무슬림, 창녀들과 같은) 소수 민족과 성적 소수자들이 끈적하고 역겨운 동물들과 함께 열거된다. 마치 그들의 신체 역시 끈적하고 역겨운 것처럼 말이다. 창녀가 시궁창으로 옮긴 죽은 아기의 손가락은 대소변과 정액으로 더럽혀져 있었다.

하지만 너무 앞질렀다. 이 '투사적 혐오'에 대해서는 이후에 설명하겠다. 먼저 살펴볼 것은 바로 '원초적 혐오'다.

원초적 혐오는 죽음을 향한다

혐오는 본능적인 감정으로 가장 흔한 반응은 구토나 구토하는 듯한 소리를 내는 것이다. 두려움과 마찬가지로 진화의 유산이지만 두려움과 달리 대변을 가지고 노는 어린아이들의 모습에서 볼 수 있듯이 혐오는 학습 이전에는 발견되지 않는다. 실제로 혐오는 배변 훈련 시기에 처음 관찰된다. 그렇다고 혐오가 완전히 학습된 행동이라는 뜻은 아니다. 언어 능력처럼 타고나지만 발현까지 시간이 걸린다. 결국 이는 오랜 시간 문화가 영향을 끼친다는 뜻이기에 구체적인 형성 과정을 살펴볼 필요가 있다.

신체의 배설물이나 다른 체액들(피, 콧물, 정액, 귀지, 토사물은 보통 역겨운 반응을 유발한다), 불결함, 끈적함, 악취 같은 특성을 공유하는 동물들, 마녀들이 가마솥에 넣어 끓인 것들에 대한 구토 반응에 나는 '원초적 혐오'라는 용어를 사용한다. 셰익스피어는 두꺼비, 도

마뱀, 박쥐도 포함했고, 우리는 각자의 가마솥에 바퀴벌레, 파리, 혹은 쥐까지 넣을 수 있다. 독일어에는 이를 총칭하는 용어가 있다. 바로 '운게치퍼Ungeziefer(해충 혹은 독충이라는 뜻의 독일어-옮긴이)'다. 카프카의 「변신」에서 주인공 그레고르가 잠을 자다가 변했던 존재가 바로 이것이다. 카프카는 어떤 번역으로도 제대로 표현하기 힘든 역겨운 창조물의 종을 일부러 확실히 밝히지 않았다. 바퀴벌레 같기도 했지만 훨씬 컸고 다리는 길었다. 그레고르이자 독충인 그것의 가장 큰 특징은 바로 존재 자체가 유발하는 혐오였다.

혐오감을 유발하는 것 목록에 동물과 인간의 사체를 반드시 포함시켜야 한다. 부패에 대한 상상이 원초적 혐오의 모든 대상을 서로 연결해준다는 면에서 어쩌면 사체가 가장 중요한 혐오 대상일지도 모른다.

원초적 혐오는 비인지적인 단순한 감각 반응이라고 생각하기 쉽다. 하지만 폴 로진Paul Rozin과 그의 동료들의 심리학적 연구에 따르면 그렇지 않다. 혐오는 두드러진 인지 능력이었다.[6] 동시에 혐오는 단순한 감각 반응과도 달랐다. 실험 참가자들은 냄새의 진원에 대한 생각에 따라 같은 냄새를 맡고 다른 반응을 보였다. 내용물을 모르는 유리병의 냄새를 맡고 치즈 냄새라고 생각한 사람은 그 냄새를 좋아했고 대변 냄새라는 말을 들은 사람은 혐오스럽다고 생각했다. (실제로 냄새는 매우 비슷하다.) 치즈라면 아마 먹어도 괜찮겠다고 생각할

---

6 로진과 동료들의 연구는 『혐오와 수치심』에서 종합적으로 자세하게 논했다.

것이다. 대변이라고 생각해 역겨움을 느꼈다면 입에 넣기는커녕 멀리 피하려고 할 것이다. 혐오에는 대상이 '오염'되었다는 생각, 즉 섭취하거나 만지기에 적당하지 않다는 생각이 필요하다고 학자들은 결론 내렸다.

입은 특히 민감한 경계선으로 우리는 위험한 것을 먹지 않으려 한다. 대변은 시체나 다른 끈적한 동물처럼 실제로 먹기에 위험하다. 학자들은 다음으로 혐오가 위험에 대한 두려움의 한 형태인지 알아보기 위한 가설을 세웠다. 혐오와 위험한 것 사이에 개략적 상관관계가 있다는 면에서 가설은 어느 정도 사실로 밝혀졌다. 혐오는 부패와 박테리아로 인한 위험에서 우리를 보호하기 위한 진화의 결과인 것도 맞다. 우유에서 역겨운 냄새가 나면 박테리아 실험을 하면서 시간을 낭비하지 말고 그냥 버리는 편이 낫다.

하지만 실험에 따르면 혐오는 위험에 대한 두려움 반응과는 달랐다. 위험해도 혐오스럽지 않은 것들이 많다. 독버섯이 확실한 예다. 그리고 전혀 위험하지 않거나 위험이 이미 제거된 후에도 혐오스럽다고 느끼는 것들이 있다. 소변, 정액, 혈액은 마셔도 위험하지 않으며 땀은 소변의 한 형태일 뿐으로 주변에 박테리아가 없으면 위험하지 않다. 그러므로 이를 거부하는 우리의 태도에는 다른 설명이 필요하다. 왜 그것들은 대변 등 정말로 위험한 것들과 같은 범주에 속해 있는가? 실험 참가자들은 살균한 파리채로 저은 주스를 마시기를 거부했다. 살균한 바퀴벌레를 소화가 되지 않는 플라스틱 캡슐에 넣고 먹으면 그대로 대변으로 나오는 실험에서도 사람들은 캡슐을 삼키기를 거부했다. 따라서 위험에 대한 인지는 특정한 대상에 대한 사람들의 혐오를 충분히 설명하지 못한다.

혐오가 형태와 접촉이라는 상징을 사용한다는 사실을 인식하면 상황은 더 복잡해진다. (로진은 이를 '마법적 사고magical thinking'라고 칭했다.) 사람들은 케이크인 줄 알면서도 개의 변 모양 케이크는 먹지 않았다. 변기 모양 살균 그릇에 담긴 주스도 마시지 않았다. 접촉도 중요했다. 사람들은 혐오스러운 것이 닿으면 아무리 깨끗하게 씻어도 여전히 역겹다고 생각한다. 쥐가 접시를 갉아 먹으면 그 접시는 절대 다시 씻어서 사용하지 않는다.

학자들은 혐오가 오염으로 이어질지도 모르는 접촉에 대한 극도의 증오라고 결론 내렸다. 위험하다는 생각이 포함될 수 있지만 그것이 '되기'를 거부하거나 그것의 근원이 내 안에 '존재'하는 것에 대한 거부일 수 있다. '당신은 당신이 먹는 것으로 이루어진다'라는 생각이 이러한 사고방식의 근본이라고 학자들은 말한다. 간혹 도망이라는 신체 반응까지 보이는 혐오에는 일종의 불안이 내포되어 있다. 하지만 형태와 접촉이라는 상징적 특성을 보면 그 불안은 위험에 대한 단순한 두려움이 아니다. 로진은 원초적 혐오의 모든 대상은 동물이거나 동물적 물질이라는 점에 주목했다. (일부 사람들이 혐오스럽다고 느끼는 오크라 같은 끈적끈적한 식물은 예외적이다.) 혐오의 대상은 '동물성을 상기시키는 것', 즉 우리 자신의 동물성과 결국 죽을 수밖에 없는 운명을 상기시키는 것이라는 결론을 내렸다.

내가 2004년에 언급했고 이후의 연구에서도 밝혔듯이, 로진은 이 부분에서 성급했다. 우리는 동물성의 모든 측면에 혐오를 느끼지 않는다. 동물만의 강인함이나 빠른 속력 같은 특성이 그렇다. 이러한 특성을 갖고 있는 동물들에게 혐오감을 느끼지도 않는다. 우리는 본질적으로 죽음과 부패, 혹은 죽음과 부패의 악취를 떠올리게 만드는 것에 혐오감을 느낀다. 그러므로 혐오를 두려움과 너무 성급하게 분리해서는 안 된다. 혐오는 특정한 두려움의 영향을 받지만, (이 부분에서 로진은 옳았다) 그 두려움은 대상이 위험하다는 단순한 생각보다 훨씬 근본적인 두려움이다. 죽음과 부패하게 될 형상에 대한 두려움이기 때문에 단순한 감각 기관을 통해서가 아니라 상징을 통해서 작용하게 된다. 우리는 말 그대로 부패를, 결국 '죽음'을 받아들이기를 거부한다.

동물 중 오직 인간만이 동물성에 대한 불안을 표출한다. 우리는 동물성의 흔적을 없애려고 하고 갑자기 이를 마주하는 상황을 꺼린다. 조나단 스위프트Jonathan Swift의 시 「귀부인의 화장방」[7]은 인간의 이 보편적인 성향을 뛰어나게 묘사한 작품이다. 귀부인은 씻고 옷을 입고 '여신처럼' '향기롭고 깔끔하게' '레이스, 양단, 얇은 천으로 치장하는 데' 다섯 시간 공을 들인다. 하지만 그녀의 애인 스트레폰은 화장방으로 몰래 숨어들어와 그녀의 동물성에 대한 온갖 징후를 찾아낸다. 콧물, 귀지, 비듬, 턱에서 뽑은 털, 겨드랑이가 땀에 젖은 옷가지, '치아와 잇몸의 찌꺼기가 든 대야,' '발 냄새 지독한' 스타킹, 이 모든 것이 '가련한 스트레폰의 장을 뒤집었다.' 진정한 판도라 상자인 빨래통을 열어 소변과 대변의 증거를 목도하고 그의 역겨움은 최

7 전문은 https://www.poetryfoundation.org/poems/50579/the-ladys-dressing-room 참조.

고조에 달했다. ('절대 드러나서는 안 되는' 생리혈도 있었을지 모른다.)

위대한 조사를 마친 뒤
역겨워진 스트레폰은 몰래 달아났다.
욕정의 격분에 휩싸여
오, 셀리아, 셀리아, 셀리아의 대변!

이는 인간의 근원적인 불안에 대한 토로이며 (여성들의 삶뿐만 아니라) 인간의 삶 대부분이 타인, 혹은 자신을 혐오하지 않기 위한 반복적인 행위들로 이루어져 있다는 뜻이다.

이와 같은 불안은 비단 과거의 문제만이 아니다. 여신을 닮아야 했던 셀리아는 여성들의 음모, 주름, 분비물, 생리 등은 물론 모든 냄새까지 제거하는 인터넷 포르노 사이트에 여전히 존재한다. 여성들은 멸균된 셀리아로 거듭나기를 기대받는다. 이에 성공하지 못하면 혐오스럽다고 여겨질 위험에 처한다.

그렇다면 그 목적은 무엇인가? '여신'이라는 단어에서 알 수 있다. 자신과 타인으로부터 죽음과 부패의 이미지를 제거함으로써 죽을 수밖에 없는 인간의 신체적 특성을 초월하는 것이다. 다른 어떤 동물도 그런 행동은 하지 않는다. 특히 여성들은 이에 대한 병적인 집착을 기대받아왔다. 모든 동물은 삶의 마지막 순간 고통에 움츠리며 있는 그대로의 모습으로 죽음을 두려워한다. 많은 종이 나이가 들거나 장애가 있는 구성원을 포기한다. 하지만 인간만이 죽음에 대한 혐오를 기묘한 상징으로 투영해 초월하려 한다. 위대한 영장류 학자

프란스 드 발Frans De Waal은 이를 '의인화 부정anthropodenial'이라고 칭했다. 우리가 동물의 종 일부라는 사실을 부정하는 것이다.

체액, 냄새나고 끈적한 것으로 대상이 제한될 때 유용한 원초적 혐오는 두려움의 영향을 받는다. 이는 인류학자 어니스트 베커Ernest Becker의 '죽음의 부정denial of death' 개념에서 찾아볼 수 있으며, 단순한 부정이라기보다 도피다.[8] 내가 이를 '원초적' 혐오라고 지칭하고 문화적 차이에 비교적 큰 영향을 받지 않는다고 주장한다 해도, 지극히 중요한 인간의 투사를 보여준다는 점에서 복잡한 함의를 갖고 있다.

---

8 어니스트 베커 『죽음의 부정』.

투사적 혐오와 편 가르기

지금까지 살펴보았듯 혐오는 어릴적 배변 훈련 과정에서 나타나기 시작하며 이후 문화적 영향을 받는다. 개개인과 문화에 따라 인간의 신체에 대한 긍정적·부정적인 메시지는 다양하게 전달된다. 하지만 시인 월트 휘트먼Walt Whitman이 꿈꿨던 '몸의 전율' 개념을 사랑으로 온전히, 물러남 없이 포용한다고 알려진 사회는 없으며 그런 개인도 없을 것이다.[9] 생명의 유한함을 초월하고자 하는 인간의 노력이 과학적·문화적 발전의 뿌리가 되었으므로 어쩌면 이를 희망해서도 안 될 것이다.

하지만 혐오는 체액이나 비슷한 특성을 가진 동물, 시체라는 '원

9 '나는 몸의 전율을 노래하네'는 월트 휘트먼의 시 「풀잎」의 일부다.

초적 대상'에만 머무르지 않는다. 혐오는 시간이 흐르면서 점점 더 복잡한 문화적 형태의 가지 치기를 한다. 동물성과 죽음으로부터의 도주가 훨씬 심각한 문제인 '투사적 혐오'로 발전한다.

하찮은 동물과 비교해 인간이 더 우월하다는 생각은 스스로에 대한 기만이다. 우리의 동물적 신체는 날마다 다양한 방식으로 우리의 관심을 끈다. 이 글을 쓰고 있는 지금, 나는 소변을 봐야 할 상태이며 얼마나 더 글을 쓰다가 화장실에 갈 수 있을지 고심하는 중이다. 오염을 방지하기 위해 원초적 혐오의 대상들을 아무리 피하려고 해도 성공은 요원하다. 아무리 씻고 이를 닦고 치실을 사용하고 바닥을 닦고 창문을 열어도 우리는 자신의 분비물은 물론 타인의 분비물과 계속 접촉하고 있다.

특정한 신체 분비물에 대한 혐오는 위험에 대한 이성적인 두려움 때문이기도 하다. 나는 대부분의 가수들처럼 재채기를 하거나 기침을 하는 사람들에 대한 공포가 꽤 심한 편이다. 대부분의 경우 진짜 혐오감이며 이를 저지하기는 몹시 어려운 일이다.

신체적 기능이 전혀 언급되지 않는 고귀한 문학 작품에서만 이를 피해갈 수 있다. 하지만 '사실주의'라는 장르가 등장해 현실을 반영하기 시작했다. 사람과 장소, 심지어 음식에 대한 자세한 설명이 가득하다. 자연의 물질성이 위험할 정도로 강력하게 존재한다. 하지만 혐오의 모든 영역은 (비교적 최근까지도) 완전히 제거되어 있었다. 화장실도, 양치도, 생리도, 콧물도, 체액도 없다. 죽은 사람은 있지만 시체는 없다. 악취와 부패의 신호가 없다는 뜻이다.

소설가 제임스 조이스James Joyce가 『율리시스』에서 레오포드 블룸이 갑자기 화장실 가는 모습을 보여주고 나중에 거티 맥도웰의 치마를 보면서 자위하는 모습을 보여주었을 때, 몰리 블룸이 연인들의 페니스를 떠올리며 생리가 시작해 소변기로 가는 모습을 보여주었을 때 대중은 충격을 받았다. 한 평론가는 "악의 비밀스러운 하수구에서 상상도 할 수 없는 생각들, 이미지들, 성적 단어들이 흘러넘치기 시작했다"고 말했다.[10] 끔찍한 타락으로 묘사되는 자신의 일상을 목격한 독자들의 경악 또한 대단했다. 소설가 데이비드 로렌스David Lawrence가 노골적으로 묘사한 성관계 역시 상스럽고 '음란'하다는 비판을 받았다. 음란하다는 단어는 오물이라는 뜻의 라틴어 '카에눔caenum'이 어원이다. 음란함에 대한 법적 정의 역시 혐오라는 감정을 참조해 내려졌다고 판사들은 말한다.[11]

결국 우리는 아무리 열심히 피해도 계속 자신과 부딪칠 수밖에 없다. 자신의 혐오스러운 모습을 완전히 제거하지 못한다면, 인간 사회에서 너무 흔한 전략의 도움을 받을지도 모른다. 이 훌륭한 전략은 다음과 같다. 특정 집단을 우리보다 더 동물적이라고, 더 많은 땀을 흘리고 냄새가 나고 성적이며 죽음의 악취가 풍기는 집단이라고 규정하면 어떨까? 그런 집단을 만들어 성공적으로 지배하면 안전하다는 생각이 들지도 모른다. 우리가 아닌 그들이 동물이고 더럽고 냄

---

10 데이비드 브래드쇼, 레이첼 포터의 『문학과 외설Prudes on the Prowl』(옥스퍼드, 옥스퍼드 대학교 출판부, 2013) 90~110p에 수록된 데이비드 브래드쇼의 '제임스 더글라스: 문학의 위생 감독관'에서 인용.

11 이와 관련된 외설법의 역사는 『혐오와 수치심』 3장 참조.

새가 나는 대신 우리는 순수하고 깨끗하다. 그리고 그들은 우리 발밑에 있다. 우리가 그들을 지배한다. 이와 같은 모순적 사고가 골치 아픈 동물성과 자신과의 거리를 창조하는 방법으로 인간 사회에 만연해 있다.

다시 전래 동화로 돌아가보자. 어린아이들은 기아나 질병, 삶의 각종 위협으로부터 자신을 보호하고 두려움을 가라앉히는 방법을 이성적 사고를 통해 배우지 않는다. 그보다는 못생기고 불구인 짐승, 도깨비, 마녀, 인간의 말을 하는 동물 등에 대한 이야기를 들으며 그들에게 두려움을 투사하고, 그들을 통제하고 지배하면 삶이 더 안전해질 거라고 믿는다. 고대 로마 시대에도 마녀들은 혐오스럽고 역겨운 존재로 묘사되었다.[12]

전래 동화의 악당은 보통 개인이지만 사회적 혐오의 투사 대상은 취약한 집단이다. 멕베스의 마녀들은 가마솥에 유대인, 터키인, 코로 특징지을 수 있는 무슬림, 입술로 특징지을 수 있는 아프리카 사람들을 뜻하는 타타르인들을 넣는다. 그들로부터 오염을 피할 수 있다면 우리 자신의 동물성을 회피하고 초월할 수 있다는 식이다.

이것이 바로 내가 말하는 '투사적 혐오projective disgust' 개념의 토대다. 말도 안 되는 암울한 생각 같지 않은가? 인간은 누구나 유사한

12 도널드 라타이너, 디모스 스파타라스 공저 『아주 오래된 감정, 혐오The Ancient Emotion of Disgust』(뉴욕, 옥스퍼드 대학교 출판부, 2017) 189~201p에 실린 데비 펠튼의 '로마 공화정의 마녀, 혐오, 그리고 낙태 반대 선전물' 참조. 펠튼은 그 시기 마녀들에 대한 혐오의 강조가 낙태를 포함한 여성들의 성적 자유에 대한 근본적인 불안과 관련이 있었다고 주장한다.

데 어떻게 이런 분리가 가능하단 말인가? 지배당하는 집단이 자신들도 비슷한 인간임을 증명하면 이는 스스로 무너질 개념이다. 투사적 혐오는 '그들은 냄새가 나고 짐승 같다'고 말하면서 혐오스러운 특성을 타인에게 돌리기 때문에 '투사적'이라고 불린다. 하지만 이는 우리가 목표로 삼고 달아나려는 집단이 우리와 동일하다는 사실을 인식하게 되면서 결국 지배 집단에 속해 있을 뿐인 자신의 모습을 목도하게 된다.

그럼에도 불구하고 투사적 혐오는 모든 사회에 존재한다. 혐오하고 복종시킬 대상 집단은 인종적 하위 집단으로 피부색이나 겉모습에 의해 규정된다. 그 집단(아프리카계 미국인, 아시아인, 아메리카 원주민)이 정말로 우리와 다르다는 거짓말을 뒷받침하기 위해 어떻게 과학이 동원되었는지도 알고 있다. 유대인과 무슬림은 종교나 민족에 대한 편견으로 목표 대상이 된다. 성적 지향을 이유로 목표 대상이 되기도 한다. 게이, 레즈비언, 트랜스젠더들은 보통 신체적·성적 본능과 매력이 두드러지기 때문에 혐오스럽다고 여겨진다. 육체성이 강조된다는 뜻이다. 미국에서 게이들의 동등한 권리에 반대하는 캠페인에서는 항문 섹스, 혹은 대변과 피가 섞인 이미지를 사용하면서 대중으로 하여금 특히 남성 게이들과 사회적 접촉을 기피하게 만들었다.[13]

하지만 지배 집단의 약점이나 그들의 미래를 직접적으로 상기시

13 콜로라도 차별 금지법 반대 집회에서 유포된 선전물의 예는 『혐오와 수치심』 참조.

키기 때문에 혐오스럽다고 여겨지는 집단도 있다. 과거 인도의 불가촉천민 계급은 대변과 시체를 처리하고 바닥을 닦는 일을 했다. 지배계급은 그들과의 신체적 접촉을 피함으로써 자신이 '더러움'과의 접촉을 피하고 있다는 환상을 가졌다. 그들이 치우는 쓰레기를 날마다 직접 배설하고 있음에도 불구하고, 어떤 계급이든 사람은 모두 죽는다는 사실에도 불구하고 말이다. 정신적·육체적 장애가 심한 사람들 역시 그들을 피하면 장애로부터 안전해지기라도 하는 듯 혐오의 대상이 되었다. 이른 나이에 죽는 경우가 아니라면 모든 사람이 결국 도달할 노화하는 몸도 마찬가지다. 사람들은 절뚝거리고 주름진 신체와 거리를 두면서 그와 같은 타인에게 찍힌 낙인이 자기 삶의 묘약이라도 되는 듯 안도했다. (생리혈이나 처진 살 등) 여성의 신체를 향한 혐오는 독특한 방법으로 두려움과 욕망이 결합한다. 이 주제에 대해서는 이후 논의할 것이다.

동물성과의 접촉을 피할 수 있다는 생각이 허무맹랑하다면, 이와 같은 상징을 표상하는 하위 집단 구성원과의 접촉을 피할 수 있다는 생각은 그리 허무맹랑하지 않을 것이다. 유대인을 몰아내버린 셰익스피어의 브리튼에는 1290년과 1656년 사이에 유대인이 단 한 명도 존재하지 않았다. 생생하게 떠올릴 수 있지만 브리튼에만은 결코 존재하지 않는 집단의 형태로 혐오 대상을 상정한 것은 셰익스피어와 동시대인들의 큰 활약 덕분이었다. 현대도 다르지 않아서 나치는 유럽의 유대인을 몰살하는 작전에 진지하게 착수해 끔찍할 정도로 성공했다. 장애가 있거나 나이 많은 사람 역시 몰살 대상이었지만 그들은 공공장소에서 가장자리로 밀려나는 경우가 훨씬 많았다. (많은 도시에 장애가 있거나 겉모습이 흉한 사람들의 공공장소 출입을 금지하는 '어글리 로ugly laws'가 있었다.[14]) 게이와 레즈비언들은 숨어 살며 지배층의 규범에 들어맞는 모습만 내보일 수 있었다. 결국 투사적 혐오는 다양한 방식으로 사람들을 숨거나 사회로부터 물러나게 만들었다.

혐오 집단이 유용하다고 생각해 그들의 존재를 완전히 제거하지 않는 경우도 있다. 하지만 교류를 통제함으로써 오염을 방지하는 방법을 쓴다. 인도의 카스트 제도, 미국인들의 아프리카계 미국인들에 대한 처우, 남성들의 여성 비하는 모두 이 형태에 속한다. 그들은 늘 눈에 띄고 유용한 일을 하지만 사회적 구조로 오염을 방지한다. 사람들은 X와 Y와 Z를 피하기만 하면 땀과 대변과 체액과 콧물을 피할 수 있다고 대부분 믿게 된다. 아프리카계 미국인이 공용 수영장에서 수영하지 않으면 그 수영장은 땀, 대변, 소변이 없는 깨끗한 상태라는 식이다. (충분히 합리적인 사람들도 그들이 성병이나 다른 전염병을 옮긴다고 말했고 많은 이들이 실제로 이 말을 믿었다.)

도덕적 혐오는 어떤가? 부도덕한 대상에 혐오감을 느끼는 것 역시 쉽게 볼 수 있는 현상이다. 많은 사람들이 동성 간의 관계는 혐오의 감정 없이도 부도덕하다고 생각하며, 다른 많은 사람들은 게이 섹스를 도덕적 논쟁과 상관없이 역겹다고 생각한다. 어떤 사람들은 아

---

14 수잔 슈바익의 『어글리 로The Ugly Laws』(뉴욕, 뉴욕대학교 출판부, 2010) 참조. 젊고 유능한 헌법학자로 신경학적 장애가 있었던 나의 동료 슈바익은 시카고에 여전히 그 법이 있었다면 자신은 공공장소에 모습을 드러낼 수 없었을 거라고 말했다.

프리카계 미국인들의 신체에 혐오감을 느끼고, 동시에 아프리카계 미국인들이 범죄자가 될 확률이 높다는 생각에 동의하지만 그 두 가지 요소는 서로 관련이 없다.

더 헷갈리는 건 부도덕함 자체를 혐오하는 것처럼 보이는 경우다. 사람들은 정치인들의 부정부패, 강력 범죄, 인종 차별주의나 성 차별주의 자체에 혐오감을 느낄 수 있다. 이 현상은 오랫동안 연구자들의 수수께끼였고 나 역시 마찬가지였다. 이에 대해서는 다른 저서에서 충분히 다루었다.

이와 같은 경우 사람들은 모호한 용어를 사용한다. '정치인들은 역겹다'는 사람들의 말은 실제로 그들에 대한 반대나 분노의 표현으로 혐오의 감정은 아닐 것이다. 정말 혐오하는 경우도 있겠지만 더 자세히 살펴보면 그 관념 역시 혐오에 대한 전형적인 이미지를 차용한 것뿐이다. 범죄자의 잔인한 행동이 생생하게 떠오르는 경우나 정치인들을 바퀴벌레나 쥐로 연상하는 식이다. 분노가 아니라 혐오인 경우라면 이는 마찬가지로 순수함과 더러움에 대한 관념을 나타내는 것이며, 그 오염된 사람들에게서 벗어나 순수한 곳에 도달하고 싶다는 소망의 표현이기도 하다.

이와 같은 혐오는 사회적으로 건설적이지 않다고 나는 생각한다. 사람들이 혐오를 느낄 때 원하는 것은 문제 해결이 아니라 회피이기 때문이다. 혐오는 법적인 목적으로도 신뢰할 수 없다. 배심원들은 보통 피나 혈흔을 언급하는 데 혐오감을 느끼지만 살인은 이와 같은 감각적 특성 없이도 그 자체로 끔찍한 범죄다. 나는 혐오가 정치적으로 생산적이고 신뢰할 만하다는 몇몇 학자들의 주장에 반대한다. 하지만 특정 집단을 종속시키고자 하는 소망이 포함되지 않는 혐오의 존재는 인정한다.

우리가 진실로 혐오하는 것

두려움은 원초적 혐오의 핵심으로 우리를 놀라게 하고 위협하는 것으로부터 도망가게 한다. 원초적 혐오는 우리가 두려워하는 대상으로부터의 충분한 거리를 보장하지 않을 때 느끼게 된다. 우리를 보호하기 위해 투사적 혐오를 조작해 평등과 상호 존중을 위협한다. 하지만 두려움은 다양한 혐오 낙인을 통해 넓게 가지를 친다.

현재의 정치적 순간과 가장 관련 있는 낙인에 초점을 맞추기 위해 혐오 낙인의 무한한 가소성을 이해할 필요가 있다. 낙인과 배제의 형태는 다양하지만 나는 그중에서도 특히 심각한 두 가지에 대해 논하겠다. 바로 아프리카계 미국인의 신체에 대한 혐오와 게이, 레즈비언, 트랜스젠더의 신체에 대한 혐오다. (여성의 존재와 성공에 대한 증오로 가득 찬 복잡한 반응은 혐오, 분노, 비난, 그리고 질투의 용광로이기 때문에 이 부분에 대해서는 따로 논할 것이다.)

먼저 이 장에서 논하지 않을 것들에 대해 간단히 언급하고 넘어가자. 장애 유무와 나이에 따른 차별을 조장하는 혐오는 커다란 사회악이지만 이 부분에 대해서는 『지혜롭게 나이 든다는 것』이라는 공저에서 집중적으로 논의했기 때문에 따로 언급하지 않겠다. 장애 유무, 나이는 이 책의 주제가 아니다. 연령 차별주의는 그야말로 보편적이며 정파와도 상관없어 보인다.

무슬림은 혐오 범죄의 표적이 되고, 인도에서 무슬림에 대한 적대감을 자극하는 선전은 혐오의 수사법을 사용한다. 즉 무슬림의 신체는 (소고기를 먹기 때문에) 냄새가 나고, 성적 통제가 가능한 힌두의 신체와 달리 성욕과 임신 가능성이 넘친다. 인도 총리 나렌드라 모디Narendra Modi는 자신의 고향 구자라트 주에서 다음과 같은 구호로 캠페인을 펼쳤다. "우리는 둘이고 아이가 둘입니다. (힌두 커플들은 두 명의 아이를 낳는다) 그들은 다섯이고 (무슬림에서 일부다처제가 현재는 흔한 풍습이 아님에도 불구하고 무슬림 남성은 보통 아내가 넷인 것으로 여겨지므로) 아이가 스물다섯(운율을 맞추기 위해 무작위로 선택한 숫자)입니다." 모디와 지지자들은 무슬림 여성의 신체에 대한 음란한 선전물을 사용하면서 살기 어린 분노를 자극했고 이는 2002년 구자라트 집단 학살로 이어져 죄 없는 무슬림 민간인 이천여 명이 살해당했다.[15] 하지만 미국에서 무슬림은 혐오의 대상이 아니라 두려움의 대상으로 여겨져 왔다.

---

15 이 끔찍한 범죄 행위에 대해서는 나의 저서 『내부의 충돌The Clash Within』(캠브리지, 하버드 대학교 출판부, 2007)에서 논했다.

그렇다면 나의 경험을 토대로 더 자세히 살펴보자. 교육과 법률이 혐오의 피해를 어떻게 억제할 수 있는지 이해할 수 있을 것이다.

여전히 짐 크로우 법이 활개를 치는 최근까지도 아프리카계 미국인의 신체는 혐오스럽게 여겨졌다. 식수대, 간이 식당, 수영장, 호텔 침대 중 어느 것도 그들과 공유할 수 없었다. 문명화된 명석한 사람들조차 검은 신체가 강력한 오염 물질을 퍼트린다고 믿었다. 미국 최남동부 지역 출신 인종 차별주의자 아버지의 자식으로 태어난 나는 아프리카계 미국인들은 우리와 다른 냄새가 나고, 같은 화장실을 사용하면 병을 옮기며, 그들이 사용한 물컵은 씻더라도 다시 사용하지 말라는 말을 들었다.

그 혐오는 환상을 토대로 한 것이었음에도 불구하고 현실을 차용했다. 실제로 미국 재건 시기에 남부에서 북부로 이주했다가 인종이 섞인 테이블에 앉은 후 구토를 했다는 사람들의 이야기도 있었다.[16] 이 문장에서 나는 낙관론에 기대 과거 시제를 사용했다. 하지만 2017년 8월 샬로츠빌에서 벌어진 백인 우월주의자들의 시위는 그 추한 환상이 아직도 존재함을 보여주었다.

이 불안은 도대체 무엇에 관한 것인가? 이는 인간의 동물성에 대한 불안으로 모든 형태의 혐오 낙인에서 흔히 드러난다. 하지만 각각의 투사적 혐오에는 개별적 특성이 존재하며 다음 두 가지 혐오를 비교함으로써 우리가 갖고 있는 혐오의 특성을 더 분명히 이해할 수

---

16 이 시기에 대한 책을 집필한 시카고 대학교 역사학자 제인 데일리와의 대화에서 인용.

있을 것이다. 바로 인도의 카스트 제도에 내재한 혐오와 반유대주의 혐오다.

불가촉천민에 대한 인도 사람들의 태도는 우리의 인종 혐오와 많은 부분을 공유하고 있었다. 식수, 음식, 수영장, 호텔 침대를 공유하지 않고 일반적인 신체 접촉 또한 회피한다.

인도 헌법의 위대한 설계자이자 법조인인 B. R. 암베드카르Ambedkar는 의식주 걱정이 없는 부유한 가정의 (과거 불가촉천민인) 달리트 어린이로 자랐다. 그의 아버지는 영국 군대에서 일했는데 영국군은 여러 면에서 인종 차별주의자들이라 할 수 있었지만 카스트 제도는 따르지 않았기 때문이었다. (기온이 46도까지 올라가는 지역에서) 그는 학교의 공용 수돗물을 마실 수 없었고 다른 아이들이 앉는 매트 위에 앉을 수 없었다. 여자 형제들과 값비싼 옷을 단정하게 차려입고 현금을 넉넉히 들고 여행을 해도 묵을 호텔을 구할 수가 없었다.

성공한 흑인 농구 선수들도 1950년대 중반까지 백인 전용 호텔에 묵을 수 없게 규제했던 미국 남부의 짐 크로우 법과 비슷하지 않은가.[17]

하지만 이 모든 혐오 시스템이 얼마나 비이성적인지 보여주는 차이가 있다. 아프리카계 미국인들은 백인 가정을 위해 요리를 하고 음식을 내놓는다. 하지만 달리트는 힌두 상위 카스트 가정의 부엌에

---

17 행크 아론 『나는 망치를 들고 있었다I had a Hammer』(뉴욕, 하퍼, 1991) 참조.

들어갈 수조차 없었다.[18] 하지만 더 이상한 사실도 있다. 짐 크로우 법이 시행된 남부에서 흑인들이 음식을 먹은 접시는 깨트려 더 이상 사용하지 않았다. 위대한 야구 선수 행크 아론Hank Aaron도 자서전에서 그에 대해 언급했다. "하지만 개가 먹은 접시는 씻어서 다시 사용합니다."[19] 말하자면 미국 남부에는 음식에 대한 난해하고 기이한 관습이 있었다. 즉 흑인이 백인을 위해 요리를 하고 음식을 내오지만 그들이 음식을 먹은 접시는 오염된다고 생각한다.

인도의 카스트 제도와 미국의 인종 차별주의 사이에 존재하는 더 큰 차이는 바로 이것이다. 달리트 남성은 불쌍하고 약하고 저급한 존재로 여겨졌다. 높은 신분의 여성과 관계를 맺고 싶어 할, 성적으로 두려운 존재로 여겨지지 않았다. 성적 접촉의 회피는 전체 시스템과 궤를 같이 했지만 달리트 남성의 강간은 상위 계급에게 큰 두려움은 아니었다. 달리트 남성은 바퀴벌레처럼 더럽고 하찮고 혐오스럽지만 힘이 세거나 강력한 존재는 아니었다.

---

18 인도 철학자 라빈드라나트 타고르의 위대한 소설 『고라Gora』의 주인공은 엄마가 기독교 여성을 요리사로 고용했다는 이유로 그녀의 부엌에서 조리된 음식을 거부한다. (낮은 계급의 사람들이 기독교로 개종하는 경우가 많았기 때문이며, 이 문제는 지금도 여전하다.) 그는 순수한 상위 카스트 힌두교로의 회귀라는 환상을 품고 있었다. 하지만 소설의 제목이기도 한 '고라'는 백인이라는 뜻으로, 고라가 사실은 1857년 영국 군대에 대한 반란으로 사망한 아일랜드 여성의 자식이었고 이후에 입양되었다는 사실이 소설 초기에 드러난다. 결국 고라는 출생과 함께 정해지는 상위 카스트가 결코 될 수 없었다. 자신의 출신에 대한 고뇌를 통해 고라는 결국 모든 인간의 평등함을 수용하는 것에 인도의 미래가 달려 있음을 깨닫게 된다.

19 행크 아론의 같은 책, 47p.

하지만 아프리카계 미국인 남성은 그렇지 않았다. 1950년대 학교 통합에 관한 열띤 논쟁을 들여다보면, 흑인 남성과 백인 여성의 성적 접촉에 대한 두려움이 학교 통합을 반대하는 주장의 핵심이었다. 나의 동료이자 저명한 헌법 학자인 저스틴 드라이버Justin Driver는 이에 대한 증거를 충분히 모아 보여주었는데, 어질다는 평이 자자했던 드와이트 아이젠하워 대통령조차 그에 대한 공포를 드러냈다.[20] 아이젠하워는 당시 브라운 대학 교육 위원회 판결을 내렸던 대법원 수석 판사 얼 워런Earl Warren에게 "남부 백인 분리주의자들은 나쁜 사람들이 아니요. 그들이 바라는 것은 어리고 소중한 딸들이 덩치 큰 흑인 녀석들과 같은 학교에 다니지 않는 것일 뿐"[21]이라고 사적인 자리에서 말했다. 위험하게 웅크리고 있는 동물로 흑인 남성을 바라보는 관점이 논쟁의 핵심이었으며 나는 이와 같은 이미지가 여전히 강력하다고 주장한다. 비록 심리학자들이 주장하는 '암묵적 편견'의 형태로, 다시 말해 스스로 인식하지 못하지만 경험적 타당성을 부채질하는 형태로 은밀하게 존재하지만 말이다.[22]

그래서 미국에서는 인도에서 혐오가 형성되는 방식과 달리, 혐

---

20 저스틴 드라이버의 『혐오의 제국The Empire of Disgust』(2018)에 수록된 '건장하고 젊은 흑인 남성과 금발의 소녀'.

21 버나드 슈워츠 『수퍼 치프Super Chief』(뉴욕, 뉴욕대학교 출판부, 1983), 113p, 드라이버가 인용, 64p.

22 암묵적 편견에 관한 문헌은 이제 방대하고 경험적 설득력도 갖췄다. 훌륭한 요약은 마자린 바나지, 앤서니 그린월드 공저 『마인드버그』 참조.

오와 두려움이 독특하게 결합된다. 야구 선수 돈 뉴컴Don Newcombe은 1954년, 수영복만 입은 백인 여성들이 있는 수영장을 사용하지 않고 반대편 전망의 방에 머물기로 약속해야만 흑인 야구 선수들에게 방을 내주었던 백인 전용 호텔 이야기를 들려주었다.[23] 칠십 년 후에도 이러한 생각은 변하지 않았다. 2017년 8월, 버지니아주 샬로츠빌에서 벌어진 백인 우월주의 시위 도중, 집회에 반대하는 한 젊은 여성은 (다른 여성) 집회 참가자에게 다음과 같은 말을 들었다. "깜둥이에게 강간이나 당해라!"[24]

이제 유대인들에 대해 생각해보자. 아프리카계 미국인들처럼 유대인들 역시 유럽과 미국에서 동물성과 육체성이 두드러져 더 냄새가 나고 성적이라고 인식되어왔다. 유대인의 코를 생식 기관에 빗대는 조롱이 끊이지 않았고 (아버지가 자주 언급하셨던) 유대인들이 피우는 크고 긴 시가는 육감적이고 제멋대로라는 유대인들에 대한 이미지를 강화시켰다.[25] (미국의 반유대주의도 비슷한 양상을 보인다. 오늘날에는 언급이 거의 없지만 극보수주의자들은 굴하지 않고 계속하고 있다.)

하지만 같은 시대라도 반유대주의 혐오와 인종 차별 혐오 사이에는 큰 차이점이 있었다. 유대인들은 매우 지능적인 동물이며 간교

---

23 행크 아론의 같은 책, 124p.

24 https://www.nytimes.com/2017/08/13/opinion/university-virginia-uva-protests-charlottesville.html.

25 마사 누스바움, 솔 레브모어 공저 『아메리칸 가이American Guy』(뉴욕, 옥스퍼드 대학교 출판부, 2014) 165~201p '유대인 남성, 유대인 변호사들' 참조.

한 속임수를 조심해야 한다고 생각하는 반면, 아프리카계 미국인 남성들은 난폭한 짐승과 같다고 생각한다. 그래서 사람들이 두려워하는 부분에는 미묘한 차이가 있다. 전자로부터는 교묘한 음모에 속아 넘어가는 것, 후자로부터는 강간과 살인이었다. 이것이 각각의 편견을 구성했다. 아버지는 내가 공공장소에서 다른 인종 사람들과 함께 있는 것을 지독하게 반대하셨는데 아마 사람들이 그 집단의 성적 친밀함을 의심할 거라고 생각하셨기 때문일 것이다. (흑인 남자가 거기서 할 일이 무엇이란 말인가?) 하지만 내가 유대인들과 어울리는 것에 대해서는, 결혼까지 할 게 아니라면 그만큼 두려워하지 않으셨다. (하지만 결국 결혼했다.) 그들에 대해서는 사람들이 온갖 종류의 지적이고 전문적인 활동을 상상할 것이기 때문이다. 뿐만 아니라 유대인들은 성적으로 문란하다고 여겨짐에도 불구하고 강간이나 약탈, 신체적 공격과는 관계없다고 생각되었다. 실제로 스포츠계에서 유대인들은 약하다고 무시되었고 기술도 종종 폄하되었다.[26]

여기서 다시, 각각의 혐오가 형성되는 역사적 과정에 미묘한 차이가 있음을 확인할 수 있다. 모든 혐오를 관통하는 공통점이 있다는 사실도 중요하지만 그렇다고 해서 현재 우리의 병적인 모습들에 대한 책임이 덜어지지는 않는다.

이 비교들을 통해 우리는 알 수 있다. 먼저 유대인에 관련해서

---

26 이런 이유로 필립 로스의 『미국의 목가』 주인공인 유대인 스포츠 스타 '스위드(영어로 스웨덴 사람이라는 뜻이다)' 레보브는 그 이름처럼 예외적인 유대인으로 여겨졌고 스스로도 그렇게 생각했다.

는 애석하게도 여전히 반유대주의와 싸우고 있는 한, 유대인의 교활함, 부패, 계략, 음란함에 대한 환상을 조심해야 한다. 아프리카계 미국인들에 대해서는 흑인 남성을 약탈자, 범죄자, 짐승 같은 사람, 원래부터 폭력적인 사람으로 바라보는 경향을 주의해야 한다. 또한 흑인 어린이들은 잘 배우지 못하고 배울 의지도 없으며 결국 교육받기보다 범죄를 더 좋아하게 될 거라는 생각을 조심해야 한다. (행크 아론은 내성적이고 수줍음 많은 자신의 성격을 기자들이 '눈치 보는 유색 인종'이라고 표현한다고 씁쓸하게 말했다. 기자들은 그를 만나기도 전부터 어떤 기사를 써야 할지 알고 있었다.[27]) 대부분의 미국인들 마음속에 여전히 편견이 존재한다는 심리학적 근거는 충분하다. 스스로 인종 차별주의자가 아니라고 믿는다고 해도 반대 방향으로 나아가기 위해 열심히 노력해야 한다.

학교 예산, 지역 학교의 부진 등의 문제에 대해 결정을 내릴 때, 백인, 아시안 아메리칸, 라틴 아메리칸들은 자신들이 암묵적으로 드러내기 쉬운 편견에 대항해야 한다. (당연히 그와 같은 편견을 가진 흑인도 존재할 수 있다.) 모든 아이들은 좋은 환경에서 교육받으면 비슷한 능력을 발휘할 수 있다고 믿고, 교육 과정 전반에서 미래의 기회와 가능성을 강조하면서 흑인 아이들에게 적절한 환경을 제공하기 위해 노력을 기울여야 한다. 시카고 시장 람 엠마누엘Rahm Emanuel은 최근 고등학교 졸업 요건으로 학생 개개인이 교사나 진로 상담가들

---

27 행크 아론의 같은 책, 153~154p.

과의 면담을 통해 미래에 대한 계획을 수립하게 만들었다.[28] 아이들은 어떤 고용 기회가 있는지 알아야 하고, 커뮤니티 칼리지는 무료이며 학교에서 더 많은 기회를 얻을 수 있다는 사실도 알아야 한다. 특권층 아이들은 이미 실행하고 있는 이 같은 계획 수립이야말로 아프리카계 미국인들은 일하거나 성공하고 싶어 하지 않는다는 부당한 암묵적 편견에 저항하는 한 가지 방법이 될 것이다.

사법 제도에 있어서도 경찰과 시민 모두 흑인 남성을 약탈자로 보는 암묵적 편견의 역사가 공고하다. (흑인 경찰관 역시 암묵적 편견을 갖고 있을지도 모른다.) 그러므로 경찰 훈련 과정에는 암묵적 편견이 얼마나 심각한지 보여주는 연구는 물론 스스로 편견이 있는지 확인하는 과정 또한 포함되어야 한다. 그뿐만 아니라 예일대학교 로스쿨의 저명한 범죄학자 톰 테일러Tom Tyler와 트레이시 미어스Tracey Meares가 주장한 것처럼 절차적 정의를 강조해야 한다. 명확한 절차와 규칙은 편견과 낙인을 무력화하는 데 도움이 된다.[29] 행크 아론은 오래 겪어왔던 심판의 인종 차별을 물리치기 위해 그 누구보다 많은 홈런을 치면서 '내 운명을 심판의 손에' 맡기지 않으려고 노력했다.[30] 하지만 평범한 사람들은 그런 홈런을 치지 못한다. 아론의 말을 빌리자면 우리는 '백인 남성의 정의'에 의지할 수밖에 없다. 우리는 그 정

28 http://www.chicagotribune.com/news/local/politics/ct-rahm-emanuel-high-school-requirement-met-20170405-story.html.

29 https://trustandjustice.org/resources/intervention/procedural-justice.

30 행크 아론의 같은 책, 145p.

의가 실제로 정의로울 수 있도록 노력해야 한다.

법률은 이미 낙인을 방지하기 위해 많은 일을 했다. 학교와 공공시설을 통합했고 주거와 고용에서의 인종 차별을 법으로 금지했다. 하지만 통합을 위해 처리해야 할 일은 더 많다. 많은 지역의 공립 학교들이 사실상 분리되어 있기 때문이다. 철학자 엘리자베스 앤더슨Elizabeth Anderson은 『통합의 당위성』이라는 명저에서 학교와 지역의 통합만이 낙인을 근본적으로 없앨 수 있다고 설득력 있게 말한다.[31] 나 역시 그녀의 주장에 동의한다. 혐오는 대상에 대한 환상을 먹고 자라므로, 일상을 공유하는 것이야말로 이를 없앨 수 있는 가장 좋은 방법이다.[32]

이제 게이와 레즈비언, 트랜스젠더로 눈을 돌려보자. 마찬가지로 그들의 평등한 권리에 반대하는 정치적 선전물과, 다른 투사적 혐오들과 강한 유사성을 보여주는 신체적 혐오가 존재한다. 1994년, 나는 덴버의 법정에 있었다. 역사적인 연방 대법원 로머 대 에반스Romer v. Evans 사건의 판결이었고, 그날 게이와 레즈비언이 차별 금지 법령으로부터 보호받을 권리를 부정한 수정 헌법 2조의 주민 투표를 지지했던 윌 퍼킨스Will Perkins가 증언을 했다. 그는 주민 투표를 독려하기 위해 게이 남자들은 대변을 먹고 '생피'를 마신다고 쓰인 유인물

31 엘리자베스 앤더슨 『통합의 당위성The Imperative of Integration』(프린스턴, 프린스턴 대학교 출판부, 2010).

32 이 분야에서 매우 중요한 연구는 글렌 로리의 『인종 불평등의 해부The Anatomy of Racial Inequality』(캠브리지, 하버드 대학교 출판부, 2002)다.

을 돌렸다고 인정했다. 십오 년 후, 헌법과 동성 권리에 대해 글을 쓰면서 게이들의 시민권에 반대하는 사람들의 21세기 초 유인물을 살펴보니 변한 것이 거의 없었다. (유명한 반 게이 활동가) 폴 카메론Paul Cameron의 '호모 섹슈얼들이 초래하는 의학적 결과'라는 제목의 유인물을 한번 살펴보자.

> 동성애자들의 성행위는 의학적으로 끔찍하다. 타액, 대변, 정액, 혹은 혈액이 매년 수십 명의 다른 남성들과 섞인다고 상상해보라. 소변을 마시고 대변을 삼키고, 직장 외상을 정기적으로 경험한다고 생각해보라. 대부분 술이나 약에 취한 상태로 지저분하게 먹고 마시는 상황에서 일은 벌어진다. 게다가 많은 경우 극도로 비위생적인 공간인 화장실, 지저분한 핍 쇼peep show(포르노를 틀어주는 좁은 공간-옮긴이)에서 돌아다니기 좋아하는 동성애자들로 인해 벌어진다.
>
> 매해 동성애자들의 4분의 1, 혹은 그 이상이 다른 나라를 방문한다. 미국의 세균이 유럽, 아프리카, 아시아로 전해지고 그 나라들의 새로운 병원균이 미국으로 건너온다. 외국인 동성애자들 역시 주기적으로 미국을 방문해 이 생물학적 교환 모임에 참여한다.[33]

체액과 비위생적 환경에 대한 언급과 더불어 카메론은 외국 여행이 오염의 근원이라고 주장했고 많은 미국인들이 이에 동의했다.

---

33 2009년의 선전물. 카메론의 관점은 『혐오와 수치심』에서 더 자세히 언급했다.

이제 한발 물러나 게이, 레즈비언들에 대한 투사적 혐오를 구체적으로 분석해보자. 첫째, 화장실이라는 사적인 공간은 당연히 감시할 수 없으므로 투사적 혐오의 목적은 시설의 완전한 분리가 아니다. 둘째, 동성 간의 행위에 대한 일반적인 혐오와도 관련이 없다. 레즈비언들은 혐오의 대상이 되지 않고 두 여성 간의 섹스는 이성애자 남성을 겨냥한 포르노그래피의 자극적인 소재가 되기 때문이다. (영국에서 두 여성 간의 섹스는 한 번도 불법인 적이 없었다.) 또한 선전물의 목적은 게이 남성이 여성과 섹스를 하거나 결혼하는 것을 금지하기 위해 만들어진 것이 아니었다. 사실 이는 반동성애 운동 입장에서는 '훌륭한' 결과였다. 선전물은 동성애자 남성을 섹스에 굶주린 사람으로 그리지만, '작고 귀여운 소녀들'을 위협하는 존재로는 그리지 않는다. 실제로 동성애를 반대하는 사람들은 그들이 소녀들에게 관심을 갖길 바라며, 별로 효과도 없는 것 같은 성적 지향 '전환 치료'에 사람들의 동의하길 바란다. 하지만 미군 공용 샤워실에 대한 열띤 토론에서 알 수 있듯이 동성애자 남성은 이성애자 남성들을 위협하는 잠재적 약탈자로 여겨진다. 남성들은 게이 남성의 눈빛에서 큰 위협을 느낀다.

동성애자들의 결혼이 같은 동네에 사는 이성애자들의 결혼을 '훼손'하거나 '오염'시킨다는 불안도 있다. 하지만 이와 같은 생각을 이해하려면 낙인과 오염에 대한 비이성적 사고를 먼저 이해해야 한다. (이는 전혀 일관성이 없는 도덕적 사고다. 그들도 범죄자나 아동 학대자의 결혼을 허용하는 법률에는 찬성하기 때문이다.)

그렇다면 본질은 무엇인가? 물론 사람들은 동성애자와의 접촉,

혹은 동성 간의 결혼에 대해 개인의 도덕적 측면에서 반대할 수 있다. 이는 자연스럽게 그들과의 접촉, 혹은 그런 결혼을 한 사람들을 회피하게 만들고 아이들에게도 자신의 의견을 전하며 자신과 신념을 공유하는 종교 활동으로 이끈다. 금융 부패나 재정적 책임 회피 같은 다른 형태의 부도덕에 대처하는 전형적인 방식이다. 이와 같은 도덕적 반대는 성적 지향이나 성 정체성과 함께 논의되어온 불안과 혐오를 설명하지 못한다. 많은 유대인과 기독교인은 다른 종교 간의 결혼에 찬성하지 않으며 자녀들에게도 이를 권하지만, 반유대주의나 인종에 대한 혐오가 선행되지 않는다면 여기에 혐오는 없다.

동성 결혼이 혐오를 불러일으키는 이유는 무엇인가? LGBT 사람들, 특히 동성애자 남성을 타깃으로 하는 투사적 혐오는 체액과 섹슈얼리티에 대한 일반적인 혐오 불안처럼 보인다. 동성애자 남성들의 섹스는 생식과 관련이 없기 때문에 더 성적으로 보이는 면이 있다. (물론 모든 성행위가 늘 생식과 관련이 있는 것은 아니다.) 통제할 수 없는 '동물적' 본성과 욕구에 대해 많은 사람들이 갖고 있는 두려움을 상정한다. 또한 인습에 얽매이지 않는 '새로운' 것에 대한 불안이기도 하다. 도덕적·문화적 격변의 시기에 사람들은 지금까지의 관습에서 벗어나는 그 어떤 것도 받아들이고 싶어 하지 않기 때문이다.

게이와 레즈비언들이 각자의 자리에서 그들의 존재 자체와 다양하고 건설적인 사회 기여로 혐오를 떨쳐버리면서 생산적인 삶을 살아가고 있는 오늘날, 혐오 불안의 새로운 대상이 생겨나기 시작했다. 직접 선택한 성별의 화장실을 사용하고자 하는 성전환자들이다. 그들에 대한 투사적 혐오가 어떻게 작용하는지를 다루는 연구는 아직 부족하지만 화장실이라는 장소가 논의의 쟁점이라는 사실이 중요하다. 이 불안이 결코 말이 되지 않는다는 사실이 근본적인 다른 원인이 있음을 보여준다.

왜 말이 안 되는지 살펴보자. 여성처럼 보이는 사람이 여성 화장실에 들어가는 것은 서로의 생식기를 확인할 수 없는 화장실에서 사람들을 불안하게 만들지 않을 것이다. 그녀는 자신의 의도대로 여성처럼 보일 것이다. 여성 화장실에서 여성을 불안하게 하는 사람은 남성처럼 보이는 사람일 테지만, 성전환 반대 활동가들은 여성에서 남성으로 성전환한 사람이 여성 화장실을 사용해야 한다는 법 제정을 요구하고 있다.

이는 이미 논의했던 동성애에 대한 적대감과 닮았다. 변화에 대한 두려움, 전통적인 경계를 지키고자 하는 욕구, 투사적 혐오의 대상이나 이와 몹시 비슷한 취약한 사람들에게서 느끼는 신체적 위축이 바로 그것이다. 종교적 · 도덕적 반대와는 완전히 다르다.

지금까지 언급한 혐오는 달팽이나 바퀴벌레를 피하는 것 같은 단순한 혐오가 아니다. 혐오를 조장하는 (신체에 대한, 동물성에 대한, 그리고 변화 자체에 대한) 근본적인 두려움 때문에 위험해진다. 나아가 평등한 시민권을 방해하고 편견으로 인한 범죄까지 유발한다.

왜, 지금, 혐오인가

혐오 범죄는 정말 증가했을까, 기사화되는 수가 많아진 것뿐일까. 우려가 커진 이유는 새롭게 등장해 편견을 조장하며 영향력을 발휘하고 있는 극보수주의 때문인지도 모른다. 오랫동안 숨겨왔던 고정관념이 2017년 샬로츠빌의 거리에서 공개적으로 드러났다. 성소수자를 향한 폭력에 대해 연구하는 게리 데이비드 콤스탁Gary David Comstock에 따르면 타깃 선택의 이유는 뿌리 깊은 증오가 아니라 단지 경찰이 그들에게 관심이 없어 그들을 공격해도 처벌받지 않을 거라는 믿음이었다.[34] 극보수주의는 약간 다른 방식으로 작용해, 소수집단에게는 공적 보호가 느슨해진다는 신호를 잠재적 가해자에게

34 게리 데이비드 콤스탁 『레즈비언과 게이 남성을 향한 폭력Violence Against Lesbians and Gay Men』(뉴욕, 컬럼비아 대학교 출판부, 개정판 1995).

보내게 될지도 모른다. 결국 그들은 처벌 없이 시비를 걸 수 있는 대상을 반대하고 나서는 것뿐이다.

편견을 가진 집단에게 유죄를 선고하지 않은 트럼프 대통령의 실책은 그래서 극도로 위험하다. 암묵적 편견, 또래 압력, 폭포 효과는 증오가 변하기 쉽다는 것을 보여준다. 혐오 시위에 참여했거나 혐오 범죄를 저지른 사람들도 평생 그렇게 사는 것은 아니다. 그들은 허용과 승인의 신호에 따라 어느 쪽으로도 '급진화'될 수 있다. 하지만 어떤 경우든 우리는 편견으로 인한 범죄가 현재 큰 사회적 문제이며, 우리가 이미 선언했던 '탈인종주의' 시대는 아직 도래하지 않았다는 많은 증거를 갖고 있다.

혐오가 신체의 취약성과 역겨움에 대한 두려움과 관련이 있다는 나의 설명은 급증하는 편견에 대해 생각할 점을 더해준다. 사람들은 큰 불안을 느낄 때 취약한 집단을 비난하며 성급하게 희생양으로 삼는다. 우리는 이제 혐오를 외부로 투사하는 그들이 자기 신체의 취약성과 유한한 목숨을 인식하고 있음을 안다. 혐오는 언제나 두려움을 유발하는 특정한 생각과 결합된다. 하지만 혐오가 두려움에 관한 것이며 구체적인 두려움들의 집합이 연료가 된다면, 다른 조건이 같을 때 불안정한 시기일수록 혐오 집단의 필요성이나 낙인의 강도는 높아질 것이다. 이를 인식한다면 숨겨진, 그리고 이미 어느 정도 드러난 편견을 물리치기 위한 정책을 만들기 위해 노력해야 한다.

혐오와 낙인에 맞서기 위한 긍정적인 노력은 무엇일까? 자신의 신체를 축복해야 한다는 월트 휘트먼의 제안, 더 나아가 다른 남성과 여성들의 '몸이 좋아하는 것들'을 축복해야 한다는 그의 제안은 유토

피아적이다. 혐오와의 전쟁은 무엇보다 가정과 학교, 아이의 양육 전반에서 광범위하게 진행되어야 한다.

모든 차이를 없애는 학교 통합은 나와 다른 몸을 괴물로 보지 않고 서로 온전한 인간으로 바라보게 하는 데 큰 영향을 끼친다. 이는 교사들이 따돌림을 감독하고 포용과 존중의 분위기를 조성할 때만 가능하다. 나는 인종 차별 문제를 해결하기 위해서는 주거와 학교의 진정한 통합이 선행되어야 한다고 이미 제안했다. 어떤 가정에도 게이, 레즈비언, 트랜스젠더가 존재할 수 있다는 사실은 통합이라는 과업이 그만큼 복잡하지 않다는 뜻이다. 기본적으로 젊은 사람들이 가족과 친구들에게 '커밍 아웃'하기를 격려해야 하고, 많은 이들이 이미 그렇게 했다. 이 같은 사실은 동성 결혼이나 성전환자의 화장실 사용과 같은 주제에 있어서 젊은이들이 주도할 수 있도록 사회가 변화하고 있음을 보여준다.

하지만 아이들은 학교에 들어갈 나이가 되면 이미 편견에서 자유롭지 못하다. 통합 프로그램의 성공을 위해서는 따돌림이나 낙인을 근절하려는 노력이 중요하다. 오늘날 인터넷과 소셜 미디어는 혐오 집단에 손쉽게 접근하고 긍정적인 메시지들을 회피하게 만든다는 면에서 위험하다. 하지만 텔레비전과 영화 쪽에는 다행히 가능성이 있다. 코미디는 특히 소중한 반혐오 장르다. 그리스의 희극 시인 아리스토파네스Aristophanes 이후로 쭉 신체와의 화해를 외쳐왔기 때문이다. 몸의 우스꽝스러운 움직임에 웃을 수 있다면 소수자들의 신체도 불안함 없이 바라볼 수 있게 된다.

주변에 게이나 레즈비언이 아무도 없다고 생각하는 사람들도 미디어를 통해 게이 남성은 자신과 다른 길을 가고 있는 것뿐 여성들에게 사랑스러운 친구가 될 수 있고, (이성애자 남성보다 더 나은 친구가 될 수도 있다) 사회를 분열시키려고 하지도 않는다는 사실을 배울 수 있다. 또한 〈모던 패밀리Modern Family〉를 보면서 다양한 형태의 가족이 있고 동성 커플도 아이들을 사랑하며 전통과 격식보다 사랑과 회복력, 유머가 더 중요하다는 사실을 배울 수 있다. 인종 문제와 관련해 진화하고 있는 우리 사회에는 비극도 필요하지만 희극도 필요하며, 좋은 프로그램들은 대부분 비극과 희극을 아우르고 있다. 인종과 성적 정체성이라는 두 가지 혐오와 낙인을 한꺼번에 다룬 오스카상 수상작 〈문라이트Moonlight〉 같은 장편 영화가 그렇다. 할리우드는 지금까지 인종보다 성적 지향 문제에 대해 훨씬 많은 공을 세워왔지만 상황은 변하기 시작하고 있다.

5장

시기심으로 쌓아 올린 제국

The Monarchy of Fear

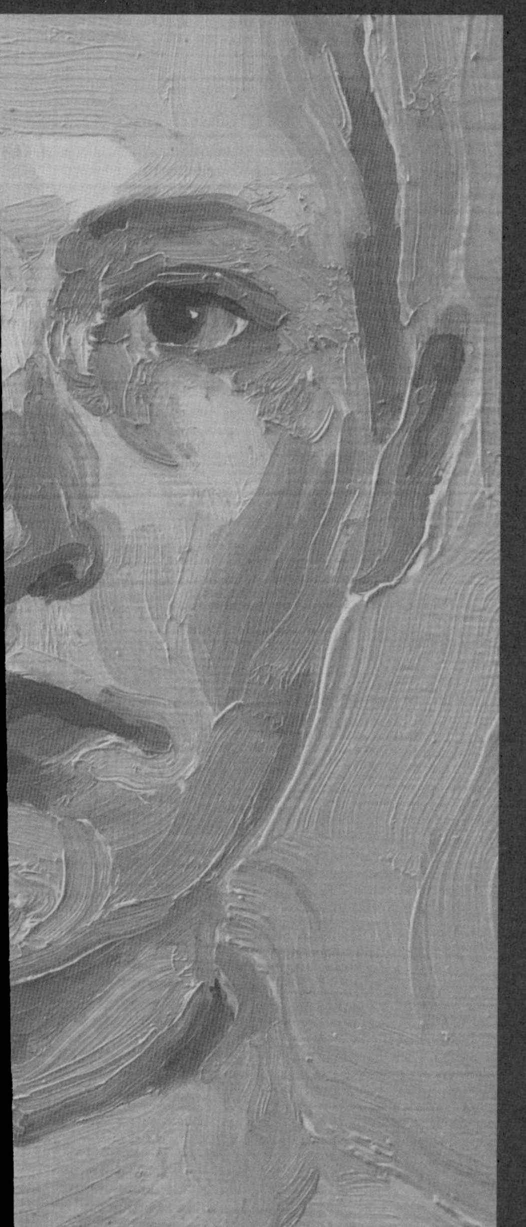

시기는 비판이 될 수 없다

지금까지 우리는 원초적 두려움이 어떻게 분노와 혐오로 발전해나가는지 살펴보았다. 두려움은 종종 감정을 장악하고 이를 유독한 보복 욕구로 변화시킨다. 그리고 동물적 신체와 죽음에 대한 두려움을 투사해 배제와 복종의 전략을 만들어낸다. 이제 몹시 유독한 또 다른 감정을 살펴볼 차례다. 바로 사회 전반에 만연해 있는, 시기심이다.

시기심은 존재하기 시작한 이래 늘 민주주의를 위협해왔다. 절대 군주제, 특히 봉건 제도는 사람들의 가능성에 한계가 있고 운명이나 신성한 정의가 삶의 위치를 규정한다고 믿었다. 하지만 불변의 질서와 운명을 거부하고 경쟁을 지지하는 민주주의 사회는 타인의 성취에 대한 시기심의 문을 활짝 연다. 과도한 시기심은, 특히 사회가 모두를 위한 '생명과 자유와 행복의 추구'에 전념할 때, 정치적 안정을 위협할 수 있다. 시기심은 오직 소수만 좋은 삶을 누린다고 말한다. 그래서 그들을 미워하고 그들의 행복을 파괴하고 싶게 만든다.

시기심은 정파와도 상관없다. 우파에서는 경기 침체, 무력감, 절망으로 많은 하위 중산층이 워싱턴 엘리트, 주류 언론, 성공한 소수, '자신들의' 일자리를 빼앗아간 여성들을 시기하고 모욕했다. 자신을 무시하거나 몰아냈다고 생각하는 사람들의 인생이 잘못되기를 바랐다. 좌파에서는 가진 것 없는 사람들이 은행가들과 대기업, 그들을 돕는 정치인들의 힘을 시기했다. 시기는 비판이 아니다. (비판은 언제나 가치가 있다.) 시기는 적대감과 함께 파괴적인 소망을 담고 있어 '소유한 자들'의 기쁨을 망치고 싶어 한다.

단도직입적으로 말하자면, 나는 아무리 원인이 정당해도 시기심에는 문제가 많다고 본다. 사실 대부분의 경우 무엇이 정당한지 쉽게 판단하기 힘들다. 사회 전반의 경제적 정의에 대한 좌파의 요구도 정당하고 백인 노동자 계급의 불만도 정당하다고 할 수 있다. 하지만 '지금 함께 해결해야 할 문제가 있으니 힘을 모아 더 나은 방법을 찾아보자'라고 말하는 것과, 지배 계급이 잘못되길 바라고 행복을 빼앗고 싶어 하는 것은 완전히 다른 문제다. 시기의 적대적 욕구는 (시기와도 관계가 깊은) 분노의 보복적 측면과 비슷하며, 민주주의에 선한 영향을 끼치지 않는다.

시기는 '내가 잘살기 위해 당신을 불행하게 만들어야 한다'라고 외치며 사회적 협력을 제로섬 게임으로 만든다. 이는 형제자매 사이의 시기심과 비슷하며 여기에 뿌리를 두고 있다고도 할 수 있다. 즉 시기하는 아이는 사랑과 관심을 원한다기보다 다른 형제자매가 사랑과 관심을 받지 못하게 하려 한다. 린 마누엘 미란다의 뮤지컬 〈해밀턴〉에서 애런 버Aaron Burr가 '그 일이 일어나는 방'에 들어가기 위해 라이벌을 쫓아내야 했던 것처럼 말이다. 부모가 (혹은 버의 아버지와 같은 조지 워싱턴이) 라이벌 형제(해밀턴)에게만 넘치는 사랑을 주는 게 아무리 부당하다 해도 자신의 성공을 위해 상대의 고통과 실패를 바라는 것은 불미스러운 일이다. 하지만 이는 쉽게 배울 수 있는 교훈은 아니다. 민주주의는 가족 관계와 다르게 본질적으로 경쟁적이기 때문이다. 과연 시기 없는 경쟁은 가능할까?

그렇다면 시기란 무엇인지 살펴보자. 철학자들은 일관되게 정의하기를 좋아하고 그들의 정의 탐구는 정치적 문제의 뿌리가 무엇인지 알려준다는 점에서 유용하다. 시대와 장소에 따라 의견은 조금씩 달라지겠지만 누구나 동의할 수 있는 핵심은 존재한다.

시기심은 타인이 가진 것에 주목하고 자신의 상황은 그보다 못하다고 비교하면서 느끼는 고통스러운 감정이다. 라이벌이 필요하고 (집단일 수도 있다) 시기하는 사람들이 아주 중요하다고 생각하는 성질이나 재화가 필요하다. 시기하는 사람들은 자신에게 없는 좋은 것을 라이벌이 갖고 있기 때문에 고통스러워한다. 이 '운 좋은 라이벌'을 향한 적대감이 생겨난다. 라이벌이 갖고 있는 것을 원하고 그래서 그를 향해 나쁜 마음을 먹는다. 시기는 긴장과 적대감을 초래하고 이 적대감은 궁극적으로 사회가 제 목적을 달성하는 데 방해가 된다.

시기는 이와 관련된 세 가지 감정과 구분되어야 한다. 첫 번째 감정은 모방 심리다. 모방 역시 타인이 가진 것에 집중할 때 나타나고 마찬가지로 중요한 문제다. 하지만 모방하는 사람은 나쁜 의도 없이 타인을 본보기로 삼을 뿐이다. 상대로부터 어떤 것도 빼앗지 않고 그저 더 가까이 다가가고 싶어 한다. 시기와 모방은 두 가지 차이가 있다. 첫째, 모방하는 사람들은 자신도 목표에 도달할 수 있다고 생각한다. 사랑하는 선생님의 조언을 따르면 자신도 선생님처럼 될 수 있다고 말이다. 중요한 두 번째 차이는 바로 제로섬 경쟁이 아닌 성취에 집중한다는 것이다. 학생들이 선생님과 비슷해질 수 있다고 생각하는 이유는 누구나 지식을 쌓을 수 있고, 선생님의 지식은 자신을 위협하기보다 도움을 준다고 믿기 때문이다. 친절함에 대해서도 생각해보자. 친구가 친절하다고 시기하는 건 이상한 일이다. 자신도 친절해지도록 노력하면 될 뿐이다.

하지만 시기는 다르다. 시기심의 악의는 보통 무력감에서 발생하는데 이는 원초적 두려움과도 관련이 있다. 시기하는 사람들은 라이벌이 가진 것을 자신은 손에 넣을 수 없다는 열등감을 경험하며 불행하다고 느낀다. 이 불행은 모든 사람이 모든 것을 가질 수는 없다는 사실과 관련이 있다. 인기를 얻는 것, 부유해지는 것, 선거에서 이기는 것, 이 모든 일은 경쟁적인 제로섬 게임이다. 공급이 부족하기 때문에 한 사람이 소유하면 다른 사람은 소유할 수 없다.

시기와 관련된 두 번째 감정은 질투다. 매우 비슷해 보이지만 중요한 차이가 있다. 시기와 질투 모두 가치 있는 것을 소유한 라이벌에 대한 적대감을 포함한다. 하지만 질투는 내가 소유한 것을 잃을지도 모른다는 두려움과 관련이 있다. 인간관계에서의 사랑과 관심이 그렇다. 시기가 대상의 부재에 대한 감각인 반면, 질투는 가치 있지만 불안정한 대상의 존재 자체에 집중한다. 질투는 자신의 가장 소중한 관계에 집중하기 때문에, 라이벌이 사랑하는 사람의 애정을 두고 경쟁한 적 없다는 사실이 드러나면 해소되기도 한다. 병적인 질투는 상상 속의 라이벌을 만들기도 하지만 질투가 늘 병적인 것은 아니다.

반대로 시기심은 쉽게 충족되지 않는다. (지위, 부, 명예, 다른 경쟁적인 재화 등) 시기심이 집중하는 대상은 대부분 사회에서 불공평하게 분배되어 있으며 누구도 다른 사람보다 더 많이 가지고 있다고 확신할 수 없기 때문이다. 불안을 느낄 때 우리는 필요한 것을 얻을 수 없을지도 모른다고 생각한다. 하지만 시기심의 독특한 환상은 내게 없는 좋은 것을 다른 사람이 갖고 있다고 여기게 한다. 행복한 인간관계, 적당한 직업, 충분한 사회적 관계망이 자신에게만 없다고 생각한다.

오셀로와 이아고에 대해 생각해보자. 오셀로는 데스데모나가 부정을 저질렀다는 환상에 사로잡혀 병적으로 질투했다. 대부분의 배우자들이 이와 같지는 않지만 그는 지위나 성공에 대한 불안이 다른 사람보다 심했고 원하는 것들은 닿을 듯 말 듯 멀어지고 있다고 생각했다. 반대로 이아고는 오셀로에게 질투를 느끼지 않았다. 그는 오셀로의 사랑과 관심을 갈구하지 않았다. 그가 원하는 것은 오셀로가 되는 것, 그가 소유한 명예, 업적, 사랑을 얻는 것이었다. 그래서 자신에게 없는 것을 소유한 오셀로의 행복을 망치고 그가 사랑도 명예도 잃고 비참해지기를 원했다.

마지막으로 유사한 감정은, 아마 세 가지 중 가장 구분하기 힘든 감정인, 지위 불안에 기반한 분노다. 시기는 실제로 지위에 민감하게 반응한다. 분노와 마찬가지로 시기는 라이벌을 향한 적대적 감정을 동반한다. 근본적 차이가 있다면 지위 불안에 기반한 분노는 모욕이나 상처를 받았다는 믿음이 필요하다. 반대로 시기는 라이벌이 행복하기만 하면 느낄 수 있다. 라이벌은 어떤 모욕적 행동도 할 필요가 없으며 심지어 시기하는 사람의 존재조차 인식하지 못할 수도 있다. 이를 구분하는 일은 중요하지만, 구분이 쉽지 않은 경우도 많다. 시기하는 사람들은 모욕을 받았다는 환상에 젖어 비난받아야 할 이유가 없는 사람들의 행복까지도 비난하기 때문이다. 심지어 라이벌이 좋은 자리를 차지한 사회 계급 제도 자체를 비난할 수도 있다. (그 구조가 실제로 부당한지 여부와는 상관없다.) 요약하자면, 비판은 늘 타당하지만 시기는 단순한 비판이 아니다. 파괴적인 적개심일 뿐이다.

불확실성에서 태어난 감정

나는 시기심이 불확실성에서 태어난다고 언급했다. 그렇다면 그 뿌리는 두려움이다. 즉 간절하게 필요로 하는 것을 얻지 못한다는 두려움이다. 인간이 완전하다면 아무것도 필요하지 않을 것이고 결국 시기도 없을 것이다. 혹은 불완전한 존재임에도 필요한 것을 손에 넣을 수 있는 능력이 있다고 자신한다면 다른 사람이 좋은 것을 갖고 있다는 사실도 문제가 되지 않는다. 그래서 우리는 시기의 힘을 이해하기 위해 불확실성과 무력감에 대해 생각해볼 필요가 있다.

시기를 두려움과 연결하는 일이 왜 중요한지 살펴보기 위해, 시기가 두려움과 관계가 없다는 관점에 대해 먼저 살펴보자. 임마누엘 칸트Immanuel Kant의 입장이다. 칸트에 따르면 인간은 근본적으로 악하다. 문화를 통해 학습한 것이 아니라 인간이 처한 상황 자체로 타인을 해치려는 경향을 갖게 된다. 그렇다고 악마가 우리를 조종한다거나 인간이 사악함을 타고났다는 뜻은 아니다. 근본적으로 선을 지향하지만 문제는 다른 사람들이 이를 방해한다는 것이다.

> 시기, 권력에의 중독, 탐욕, 그리고 이와 관련된 악의가 인간 세계에 막 들어선 순간에는 지나치지 않게 인간의 본성을 공격한다. 이것들이 악으로 변하거나 인간을 타락시킨다고 생각할 필요는 없다. 같은 인간인 타인의 존재 자체로 인해 인간은 서로의 도덕성을 타락시키고 서로를 악하게 만든다.[1]

칸트의 발언은 여러 가지 면에서 사실이라고 할 수 있다. 시기심은 사람들이 집단에 속하는 순간부터, 심지어 가족 내에서도 발생하는 것처럼 보인다. 하지만 충분한 설명은 되지 못한다. '왜' 그런 일이 일어나는가? 타인의 존재 자체가 경쟁적이고 적대적인 행동을 불러일으키는가? 시기는 언제나 집단이라는 상황에서만 발생하는가? 파괴적인 시기심을 유발하는 상황은 분명히 더 있을 것이다.

존 롤스John Rawls의 『정의론』에 담긴 토론에 이 질문에 대한 답이 있다.[2] 그에 따르면 사회적으로 파괴적인 시기심을 유발하기 쉬운 세 가지 조건이 있다. 첫째, 심리적 조건이다. 사람들은 '중요한 일을 할 수 있는 자신의 능력과 가치'에 대한 자신감이 부족하다. 둘째, 사

---

1 임마누엘 칸트 『이성의 한계 안에서의 종교』.

2 존 롤스 『정의론』.

회적 조건이다. 이 심리적 조건에서 고통과 굴욕을 느낄 때 많은 상황이 벌어진다. 사회생활의 다양한 조건이 시기심을 도드라지게 만든다. 셋째, 시기하는 사람은 자신이 건설적인 대안을 제시할 수 없는 위치에 있다고 생각한다. 그래서 타인에게 고통을 가함으로써 위안을 얻을 수밖에 없다.

이는 현재 우리가 겪는 곤경에 대해 통찰하는 중요한 분석이다. 하지만 롤스도 근본적 질문에는 답하지 않았다. 시기의 뿌리는 정말로 무엇인가? 사람들은 관대하고 협력적일 수 있다. 그러므로 다수의 존재만으로 시기심이 발생할 수 있다는 말은 옳지 않다.

문제의 핵심을 파고든 철학자는 이번에도 역시 루크레티우스로, 그는 자신의 멘토 에피쿠로스의 관점을 이미 파괴적인 시기심이 들끓던, 그리고 곧 파멸을 맞이했던 로마 공화정의 문제에 적용했다. 루크레티우스가 바라본 로마는 다음과 같았다.

> 비슷한 연유로, 바로 그 두려움으로,
> 시기는 그들을 쇠약하게 만든다.
> 보아라. 어떻게 이 남자가, 바로 그들의 눈앞에서, 힘을 갖고 있는지,
> 어떻게 모든 이들이 그의 기품과 명예를 바라보고 있는지.
> 스스로 어둠과 진흙에서 뒹굴며(불평하면서).

이 놀라운 시는 특별한 고통을 잘 보여준다. 시기하는 사람은 타인의 성공에 집착한다. 그들을 보면서 자신의 자리가 그들의 자리보다 낮다고 생각한다. 시기는 자신이 어둠 속에 있다고, 더러운 진흙

탕에서 뒹굴고 있다고 생각하게 만든다. 자신을 그렇게 바라보면 실제로 내면이 쇠약해질 수밖에 없다. 이 무력감과 번뇌의 조합으로 시기는 가장 고통스러운 감정이 된다.

루크레티우스는 우리가 이 추악한 감정에 과도하게 휘둘리는 이유도 언급했다. 내가 지금까지 유치하다고 혹은 원초적이라고 했던 바로 그 두려움이다. 다시 말하면, 사람들이 제로섬 경쟁에 사로잡히고 타인의 성공을 증오하는 이유는 뿌리 깊은 불안과 불확실성 때문이다. 그렇다면 시기는 타인의 존재 자체보다 더 근본적인 것, 무력하고 곤궁한 상태로 이 세상에 태어나자마자 우리를 괴롭히는 바로 그것 때문에 발생한다.

앞서 살펴보았듯이 원초적 두려움에 대한 루크레티우스의 관점이 전적으로 옳지는 않다. 그는 원초적 두려움이 오직 죽음에 관한 것이며, 그 힘은 사후에 형벌이 주어진다는 위협으로 죽음은 두렵다는 생각을 주입시키는 비도덕적 종교 사업가들에게 달려 있다고 말했다. 그들의 방해가 없다면 사람들은 여전히 불안하겠지만 그만큼 휘청이지는 않을 거라고 주장했다. 이 환원주의적 논지를 의심할 이유가 있다. 우리는 여러 면에서 약하고 힘이 없기 때문에 온갖 것들을 두려워한다. 삶의 모든 측면에서 원초적 두려움은 다양하게 작용한다. 원초적 두려움이 강해질 때 집단은 쉽게 시기심에 불타오를 수 있다.

루크레티우스는, 어쩌면 (서양에서) 처음으로 무의식을 이론화한 인물이다. 원초적 두려움은 의식 수준 아래에서 작용하면서 모든 것을 무의식의 '암흑'으로 더럽힌다고 생각했다. 시기의 뿌리인 두려움은 시기로 고통받는 성인에게서 잘 드러나지 않지만, 인과 관계를 뒤집어 타인이 나보다 좋은 것을 가졌다는 불안에서 어떻게 시기심이 피어오르는지 확인할 수 있다.

정신분석가 멜라니 클라인의 관점도 비슷했다. 성인의 세계는 유아기의 뿌리를 파악해야만 완전히 이해할 수 있다고 클라인은 강조했다. 그녀는 시기심이 영양과 사랑, 만족감 등과 같은 좋은 것들로부터 분리된 상태인 원초적 불안에 뿌리를 두고 있다고 말한다. "초기의 감정적 삶은 만족을 주는 대상을 잃고 다시 얻는 과정에 의해 규정된다." 그 만족감과 공허함의 반복으로 인한 불안은 곧 좋은 것들을 보류하는 부모에 대한 비난과 피해의식으로 발전한다. 이 지점에서 시기가 발생한다. 상실과 버림받음의 고통을 느끼는 루크레티우스의 유아는, 부모는 행복하고 완전하며 그래서 그 행복을 망치고 싶다고 생각하게 된다. 유아들이 부모를 '배설물'로 더럽히겠다는 환상을 갖고 있다는 클라인의 말은 다소 극단적일지도 모르나, 문자 그대로의 환상이 아니라 우리가 누군가를 시기할 때 떠올리는 이미지라면 아마 틀리지 않을 것이다.

시기는 악순환의 시작이기도 하다. 행복한 대상을 사랑하면서 동시에 공격하거나 더럽히고자 하는 욕구는 죄책감으로 이어지고 이는 유아를 더욱 깊은 어둠으로 내던져 사랑과 관심과 행복을 빼앗겼다고 느끼게 만든다.

또한 시기심은 비난과 뒤섞인다. 처음에는 '나도 저것을 갖고 싶다'고 단순하게 생각한다. 하지만 이는 '저것은 그들이 아니라 내가 가져야 한다'는 생각으로 쉽게 발전한다. 정치에서도 가끔 솔직한 시기심이 그대로 드러난다. "우리는 그들이 (여성들이, 이민자들이, 엘리트들이) 갖고 있는 것을 원한다." 하지만 사람들은 시기를 도덕심으로 포장하기 좋아하고, '저들은 나쁜 사람들이니 저것을 가질 자격이 없다'는 생각으로 이어진다. 늘 있어온 일이다. 고전 학자 로버트 캐스터Robert Kaster는 로마인들이 도덕화된, 그리고 도덕화되지 않은 두 가지 형태의 시기심 사이를 왕복했음을 보여주었다.[3] 바로 시기가 비난의 정치로 발전하는 과정이다. '소유한 사람'은 정말 부당하거나 모욕적인 행동을 했을 수도 있고 그렇지 않을 수도 있다.

물론 또 다른 가능성은 남아 있다. 소유하지 못한 사람은 자신을 짓누르는 개인적 부정행위나 구조적 불평등을 논리적으로 비판하고 개선 방안을 제시할 수 있다. 내가 언급했던 '이행 분노'의 정신으로, 이는 시기에서 자유로운 태도다. 가진 자의 기쁨을 해치려는 의도 없이 킹의 뜻처럼 건설적인 태도로 함께 일하고자 하는 정신이기 때문이다.

클라인이 밝혔듯이 시기는 개인의 삶에서 다양한 형태를 취한다. 그녀의 분석은 롤스의 사회적 분석과 놀랍게도 일치한다. 시기는 결코 완전히 사라지지 않을 것이다. 하지만 유아가 성장하면서 원하는 대상을 얻을 수 있다는 자신감을 얻기 시작하면, 파괴적인 소망 대신 너그러움, 창의성, 사랑과 같은 건설적인 대안을 발견할 수 있다면, 시기심의 고통을 더 쉽게 극복할 수 있다. 여전히 유혹은 있겠

---

3 로버트 캐스터 『고대 로마의 감정과 규제, 그리고 공동체Emotion, Restraint, and Community in Ancient Rome』(뉴욕, 옥스퍼드 대학교 출판부, 2005) 4장 84~103p.

지만 시기심이 삶의 독이 되지는 않을 것이다. 클라인은 사회 정치적 차원을 무시하고 가족 차원에 집중했다. 하지만 정치 공동체 역시 시기심 문제를 해소하기 위해 많은 일을 할 수 있으며, 롤스 또한 그렇게 생각했다. 정치 공동체는 사람들에게 원하는 것을 얻을 수 있다는 자신감을 심어줄 수 있다. 시기심을 자극하는 상황을 최소화하고 타인에 대한 사랑과 관대함 같은 건설적인 대안을 제시할 수 있다.

어떻게 이를 가능하게 만들 것인가? 잠시 되돌아가 시기심이 폭발하기 시작하는 사회 기관부터 살펴보자.

미국의 일반적인 고등학교는 시기심의 가마솥이다. 우리 모두 겪었던 그 힘든 시절로 한번 돌아가보자. 청소년기는 특히 감정적으로 취약한 시기다. 가족이라는 자궁에서 분리되어 불확실하고 가끔은 잔인하기도 한 세상으로 던져지는 두 번째 탄생을 앞두고 안정감을 느낀다면 오히려 이상할 것이다. 하지만 불안과 파괴적 시기심은 다르다. 무엇이 고등학교 시절 시기심을 날뛰게 만드는가? 첫째, 고등학교 문화는 인기, 성적 매력, 스포츠 능력 등 경쟁을 거쳐 지위가 결정되는 성취를 중시한다. 그런 것들에 자신 있어 하는 청소년은 아무도 없겠지만, 모든 것을 다 가진 특권 그룹과 그렇지 못한 아이들은 늘 존재하고 그 존재 자체가 시기심에 불을 붙인다. 어둠 속을 헤매거나 진흙탕에서 구르는 것 같은 자신의 모습과 무엇이든 잘하는 무리를 바라보며 느끼는 시기심이 우리를 얼마나 끔찍하게 만드는지 루크레티우스가 잘 묘사했다. 시기는 실질적인 폭력을 양산하기도 한다. 많은 경우 폭력까지 가진 않지만 고통스러운 긴장, 위험한 우울, 적대적 관계는 분명히 초래한다.

모든 고등학교가 그렇지는 않다. 스포츠보다 학업 성적이 더 중요한 학교도 있다. 그렇다고 상황이 나아지는 것은 아닌데, 최고의 대학에 입학하려는 과도한 경쟁이 배움의 기쁨을 훼손하기 때문이다. 학생들은 어디서든 경쟁에 내몰리고 대부분은 최고가 될 수 없다. 부유층 여학교에 다녔던 나는 운동은 못했지만 공부는 늘 잘했다. 하지만 많은 학생들이 성공을 향한 다른 길을 찾지 못했다. 그들은 학교를 싫어했고 동창회도 참석하지 않았다. 그들은 인기와 명예에 닿을 수 없는 어둠 속에 있다고 느꼈고 이를 가진 학생들과 학교가 고통을 초래한다고 생각해 증오했다. (이해한다. 그래도 나는 그중 몇 명에게 50회 동창회에 참석하라고 최선을 다해 설득했다.) 그 학교 학생들은 이미 특정한 직업이나 사회적 지위를 보장받을 수 있는 엘리트 특권층이었다는 사실도 기억할 필요가 있다. 일반 고등학교에서는 이보다 훨씬 더 기본적인 불안과 싸워야 했을 것이다.

그렇다면 롤스의 의견을 참고하여 학교에서 사춘기를 통과하는 학생들이 유독한 시기심에 휘둘리지 않도록 무슨 일을 할 수 있을까? 많은 부분들이 가정에서 이미 해결되었어야 하지만 학교만이 할 수 있는 일들도 있다. 첫째, 모든 학생들에게 공부와 대입 준비를 위한 도움을 제공하는 것이다. 요즘 달라진 내 모교를 보면 흐뭇하다. 학습 장애가 있는 학생을 도와주고, 직업은 사회적 지위와 보상을 위해서가 아니라 개인의 잠재력을 끌어올리는 방향으로 선택해야 한다는 입장을 취하고 있다. 정부가 고등 교육에 대한 불평등한 접근 문제를 해결하고자 한다면 이는 엘리트가 아닌 학생들에게 큰 도움이 될 것이다. 대학 정원은 충분하지만 많은 학생들에게 등록금이 커다란 장애가 된다. 모든 사람들이 노력으로 자신에게 적합한 대학에 입학하고 등록금을 충당할 수 있다고 느낀다면 적어도 한 가지 제로섬 경쟁은 줄어들 것이다.

또한 경쟁 대신 협력이 필요하며 감정의 소용돌이를 표현할 수 있도록 도와주는 드라마나 음악 등의 예술 과목을 육성해야 한다. 최근에 나는 공립 학교에서 퇴학당한 학생들이 다니는 고등학교를 방문했다. 집단 치료가 포함된 커리큘럼과 인상 깊은 교장 선생님의 열정으로 아이들은 누군가 자신의 말을 들어주고 있다고 생각해 큰 변화를 보이고 있었다. 하지만 놀랍게도 예술 과목이 없었고 심지어 시도 배우지 않았다. 그래서 나는 창의적 글쓰기 수업 개설을 제안했고 그 수업이 아이들에게 큰 도움이 되었다고 들었다. 아이들은 이제 격동의 감정을 발산할 수단을 갖게 된 것이다.

루크레티우스가 언급한 자신이 속해 있던 로마 공화정도 현재의 고등학교와 비슷한 점이 있다. 로마에서 가장 중요한 것은 지위 경쟁이었다. 모든 성인 남성은 쿠르수스 호노룸cursus honorum이라는 명예로운 출셋길을 차근차근 밟아 나가야 했다. 성공 아니면 어둠으로의 추락뿐이었다. 모든 직위에는 나이 조건이 있었고 이를 순서대로 통과해야 했다. 조영관, 법무관, 집정관의 순서를 차근차근 밟아 나가는 것뿐만 아니라 자격을 갖추자마자 그 자리에 오르는 것도 명성에 중요한 영향을 끼쳤다. 그러지 못하면 그때부터 실패의 그림자가 늘 도사리고 있었다. 가족의 부와 명예, 평판, 인격을 강조하는 선거 운동이 필요했다. 열심히 노력해서 얻을 수 있는 학위 같은 것은 없었고 사회에 기여할 건강한 신체도 소용없었다.

위대한 정치가 키케로는 평범했지만 부유한 가문 출신으로 유능한 변호사가 되고 많은 돈을 벌어 명성을 얻을 수 있었다. 스트레스가 없었던 것은 아니었다. 키케로는 클라인이 말했던 '박해 불안'을 한시도 떨치지 못했다. 자신이 로마에서 성취한 것들을 대대로 유서 깊은 가문 출신의 사람들이 아무런 노력이나 능력도 없이 차지해버릴 수 있다는 불안에 시달렸다. 역사 없는 가문 출신으로 햇병아리나 마찬가지인 자신의 불안한 지위에 대해 편지나 연설에서 종종 언급하기도 했다. 결국 키케로가 라이벌이나 적들에게 느꼈던 쓰라린 증오는, 비록 정치적 정당성이 충분한 경우도 있었지만, 그가 떨쳐버리지 못했던 적들의 매력과 그들이 차지한 여성들, 그들의 인기에 대한 시기심 때문이었을 것이다.

라이벌에 대한 시기심은 키케로를 현명하지 못하거나 과도한 행동으로 종종 이끌었다. 카탈리나 음모 사건의 주동자들을 재판 없이 처형하자고 제안해 명성에 큰 해를 입은 경우도 그랬다. 라이벌에 대한 방어가 과도한 자화자찬으로 이어지기도 했다. 이와 같은 자기애적 성향 때문에 그는 많은 이들에게 조롱을 당했고 결국 정치적 영향력이 떨어졌다. 카탈리나 음모를 물리친 자신을 영웅으로 각색한 대서사시의 주인공을 누가 믿을 수 있겠는가. 사람들은 이 시의 다음과 같은 구절을 조롱했다. '오, 나의 치하에서 번영하는 운 좋은 로마여!' 적을 물리치고 싶은 마음과 자신의 공을 내세우고 싶은 열망이 너무 강했던 나머지 그는 시라고도 할 수 없는 자신의 글이 얼마나 어처구니없었는지 알아채지도 못했다.

키케로는 많은 공을 세운 위인이었다. 하지만 그의 정신적 삶은

'박해 공격'으로 불안정했고 의심할 여지없이 위대했던 공도 이 때문에 그만큼 빛을 보지 못했다. 하지만 키케로는 기본적으로 시기심과의 전투에서 승리하고 많은 업적을 세운 인물의 좋은 예다. 애국심 넘쳤던 그를 조금씩 마비시키고 간혹 어릿광대로 만들어버렸던 로마는 고매한 이상이나 원대한 목표도 없는 사람들, 상대를 짓밟고 올라가는 지위 경쟁, 시기심, 파괴에만 관심이 있었던 사람들에게 권력을 줘버리기도 했다. 흠이 많았던 로마 공화정이 폭압으로 멸망할 수밖에 없었던 이유이자 우리가 마음에 새겨야 할 교훈이다.

혁명가들의 선택지

이제 로마와 비슷했던 미국 건국 시기로 돌아가보자. 혁명가들은 로마 공화정을 사랑했고 폭정에 대항하는 로마의 투쟁 이야기를 흠모했다. 미국과 로마는 분명 많은 유사한 문제를 공유하고 있었다. 명예와 지위를 목표로 한 파괴적 경쟁과 시기심이 건국 초기에 만연했고 실제로 사회에 큰 해를 끼쳤다. 사람들의 적대감은 지위에 대한 분노의 형태를 띠기도 했고 비난을 동반하지 않는 순수한 시기심일 때도 있었다. 그리고 이 두 가지는 곧잘 뒤섞인다. 시기하는 사람들은 모욕의 징후를 찾아 결투를 통해 반격하려 하기 때문이다.

하지만 미국 건국의 아버지들이 고대 로마인들보다는 나았다. 명예와 지위 경쟁에 집착하는 문화 안에서도 그들은 시기심을 물리치기 위해 노력했고 놀랄 정도로 이를 극복했다. 새로운 나라에 대한 사랑이 증오와 파괴심을 넘어섰다.

앞서 살펴보았듯이 린 마누엘 미란다의 〈해밀턴〉은 지위 불안이 초래한 분노의 이야기다. 또한 건국 과정에서 시기심의 역할에 대한 이야기이기도 하며, 나라를 잘 이끌기 위해 시기심을 억누르는 일이 얼마나 중요한지에 대한 이야기이기도 하다. 비극의 클라이맥스는 버가 해밀턴을 죽이는 유명한 결투로, 결투의 동기는 극이 진행되는 동안 차곡차곡 쌓였다. (야망이 넘치지만 나라 전체를 위한 선을 추구하는) 해밀턴과 (시기심에 사로잡혀 해밀턴의 성공을 망치고자 하는) 버의 차이를 통해 뮤지컬은 두려움에 사로잡힌 시기심이 민주주의에 얼마나 위험한지 보여준다.

〈해밀턴〉은 한마디로 정반대의 정치적 선택에 대한 이야기다. 새로운 나라를 사랑하고 이에 헌신하는 삶, 그리고 시기심과 제로섬 경쟁에 갇힌 삶을 다룬다. 해밀턴과 버는 관객 개개인이 따를 수 있는 서로 다른 인물을 상징한다. (위대한 지도자에 관한 이야기일 뿐만 아니라 결국 우리 모두에 관한 이야기이기도 하다.)

누군가, 혹은 정치 집단이 영광을 위해 경쟁하는 길을 선택했다고 해보자. 확고한 이상이나 깊은 도덕적 헌신 등은 없는 것이 최선일지도 모른다. 그때그때 우세한 방식에 맞춰 방향을 바꾸는 것이 나을 수도 있기 때문이다. 이것이 카리스마 있고 능력도 있었지만 신념에 따라 행동하길 주저했던 버의 방식이다.

워싱턴의 현명한 지도 아래서 해밀턴은 대중의 관심을 모으기는 쉽지만 정치를 잘 해나가는 것은 어렵고 위험하다는 사실을 배웠다. ("승리는 쉽지만 통치는 어렵다"고 워싱턴은 말했다.) 올바른 정치를 위해서는 연구와 숙고, 어쩌면 철학까지 필요하다는 사실도 배웠다. (모든 건국의 아버지들이 루크와 몽테스키외를 읽었지만 해밀턴은 이보다 훨씬 많이 읽었다.) 이는 위험하고 괴로운 일이었다. 보상이라면 아마 죽어서야 남길 수 있는 뛰어난 업적일 것이다. 그는 처음 등장한 장면에서 '모든 논문은 이미 서가에' 있다고 노래하면서 '영웅이자 학자'가 되겠다는 결심을 드러낸 바 있다. 버가 '그 방'에 들어가고 싶은 다급한 욕망을 노래할 때 해밀턴은 영원히 남을 업적을 쌓는 것에 대해 노래했다.

하지만 단순한 문제는 아니었다. 해밀턴 역시 경쟁에서 지고 싶어 하지 않았기 때문에 업적을 이룰 수 있었다. 그는 언제나 뛰어나기를 원했고, 후대에 유산을 남길 수 있었던 이유는 오직 그가 뛰어났기에 (그래서 워싱턴의 관심과 신뢰를 얻었기에) 가능한 일이었다.

정치적 업적을 쌓기 위해서는 가치 있는 이상만으로 충분하지 않다. 가족이나 종교 공동체 안에서 덕을 쌓고자 한다면 포부가 큰 것만으로도 충분할지 모른다. 하지만 업적을 쌓을 수단이 부족한 영역으로 들어서는 순간 어느 정도는 버와 같은 방식으로 게임을 할 수밖에 없다. 중요한 결정이 내려지는 그 방에 들어가지 못하면 역사를 좌우할 수 없다. 경쟁에서 성공하지 못하면 그 방에 들어갈 수 없다. 대통령 후보든 그보다 덜 중요한 자리든 업적과 경쟁은 불가분의 관계이며, 순진한 이상주의자들이 민주주의라는 제도에서 중도 하차하는 경우도 놀랍지 않다. 그렇기 때문에 버는 해밀턴의 선택에 관심을 기울이지 않아도 되었지만 해밀턴은 어느 정도 버의 선택에 신경을 써야만 했다. 경쟁이 늘 도덕을 위협하지는 않지만 모략과 거짓을 만들고, 무엇보다 나르시시즘과 타인 경시에 대한 유혹의 여지를 남긴다. 간단히 말하자면 민주주의는 두려움으로 뒤덮인 불확실한 영역으로, 불안한 상태로 경쟁에 뛰어들지 않고서는 그 누구도 업적을 쌓을 수 있는 자리에 오를 수 없다.

명예욕은 정치적 업적을 쌓는 데 중요한 요소다. 신념에 대한 해밀턴의 순수한 열정도 어쨌든 대중의 관심을 끌고자 하는 욕구의 힘을 받았으며 그 덕분에 장애물도 뛰어넘을 수 있었다. 사생아로 태어나 부모 없이 자란 그는 성공과 인정에 대한 갈증이 있었고 이것이 도덕과 신념을 향한 열정의 원동력이 되었다.

그렇다면 다음과 같은 질문이 생긴다. 정치적 업적을 쌓기 위해 경쟁이 필요하다면 경쟁은 시기심을 필요로 하는가? 다시 말해 형제자매와 경쟁하려면 그들이 누리는 삶의 즐거움을 빼앗아야 하는가? 지극히 중요한 이 질문에 뮤지컬은 그렇지 않다고 답한다. 해밀턴은 명예를 갈구하고 또 자랑스러워했지만 시기로부터는 자유로웠다. 버는 이아고와 마찬가지로 시기심에 사로잡혀 있었다. 시기심은 정치 공동체의 암이며 개개인이 이에 저항해야 함은 물론 국가적으로도 반드시 없애야 한다는 것이 뮤지컬의 주제였다.

롤스는 시기심을 특히 더 위험하게 만드는 세 가지 사회적 조건에 대해 언급했다. 그 조건들은 버에게 꼭 들어맞았다. 그는 내면 깊은 곳에 도사리는 깊은 불안 때문에 (아기였을 때 세상을 떠난 엄마의 부재와 연결되어 있을지도 모른다) 경쟁에 집착할 수밖에 없었다. 또한 건국 과정의 혼란이 모든 이들의 자리를 위태롭게 만들었다. 건설적인 대안으로 워싱턴과 친해지기 위해 노력했지만 성공하지 못했던 버는 선거에 출마했지만 실패했고 결국 증오에 기댈 수밖에 없었다.

시기심은 구체적인 욕구로 시작한다. 그 비밀 모임에 들어가고 싶다는, '모든 일이 벌어지는 그 방'에 있고 싶다는 욕구다.

뮤지컬의 클라이맥스이자 버와 해밀턴 관계의 절정은 바로 그 유명한 결투다. 기본적으로 역사에 충실했던 뮤지컬에서 버는 해밀턴이 자신의 명예를 실추시켰다고 도발하는 편지를 쓴다. 자신이 느낀 모욕감을 묘사한다. 하지만 관객들은 그가 받았다는 모욕이 그저 상대를 망치고 싶어 하는 시기심의 핑계일 뿐이라는 사실을 이미 알고 있다.

당시 해밀턴은 종교적·도덕적 이유로 결투에 확고하게 반대하는 입장이었다. 하지만 신념에도 불구하고 다음과 같은 이유로 버의 도전을 받아들였다.

> 세계 시민으로서 명예가 무엇인지 고려해보니 버의 요구를 거절하지 말아야 할 특별한 필요성을 느끼게 되었다. 부당함에 대한 저항이든 선을 위한 노력이든, 미래에 곧 일어날지도 모르는 국가 위기 상황에서 유용한 인물로 남을 수 있는 능력 여부를 떠나 이 문제에 관한 대중의 편견에 순응하는 것은 불가분의 관계다.[4]

미란다는 이 흥미로운 내용을 뮤지컬에 포함시키지는 않았지만,

---

4 해롤드 시렛 외 공저 『알렉산더 해밀턴의 편지들The Papers of Alexander Hamilton』(뉴욕, 컬럼비아 대학교 출판부, 1961-87) 중 해밀턴의 '애런 버와의 임박한 결투에 관한 진술'.

이와 같은 정신으로 결투를 묘사했다. 정치적 선은 행동으로 차이를 만들기 위해서 시기심의 요구에 굴복해야 한다. 내적으로 시기심을 느낄 필요는 없다. 하지만 시기심이 큰 영향을 끼치는 세상에서 살아갈 수밖에 없다. 해밀턴은 딜레마를 해결하기 위해 결투는 받아들이지만 총은 쏘지 않겠다고 사람들에게 말했다. 의도적으로 상대를 맞추지 않음으로써 자신은 버의 생명을 끝내고 싶어 하지 않음을 보여주겠다고 말이다. 아이러니하게도 도덕적 행동과 일에 대한 열정으로 뮤지컬의 도입부부터 '나는 총알(기회)을 낭비하지 않아'라고 노래했던 그는 결국 총알을 버리기로 결심한다. 정치적 업적을 쌓을 기회를 버리는 것이다. 결국 두 사람은 입회인들을 데리고 결투가 허용되는 뉴저지주에서 만난다. 해밀턴은 총알을 허공에 발사했지만 버는 해밀턴에게 쐈다. 시기심의 악의가 사회를 지배하는 만큼 선은 패배할 수밖에 없다.

하지만 미국이 시기심의 왕국만은 아니었다. 미란다는 해밀턴의 삶을 실패가 아닌 성공으로 그린다. 미란다의 미국은 분열되어 있지만 애국심과 건설적인 성취를 무엇보다 명예롭게 여기고, 반대만 하거나 타인의 성취와 행복을 망치고 싶어 하는 사람은 누구보다 싫어한다. 해밀턴은 죽어가면서 미래를 기원하고, 다른 인물들이 등장해 그 대신 노래를 부른다. (오리지널 캐스트 공연에서는) 미란다가 직접 그 노래를 불렀다. 해밀턴은 승리했다. 고아이자 이민자로서 뛰어난 업적을 이루었고 미란다는 큰 영감을 받아 그를 그리고 찬미했다. 그의 업적은 미국 사회와 미국인들의 삶에 많은 영향을 끼쳤다. 결함은 많지만 미국 헌법, 금융제도, 연방준비은행이 그 결과다. 부족하지만 여전히 작동하고 있는 민주주의의 근간이자 우리의 일상이다.

뮤지컬은 미국 정치에 대한 낙관적인 시선으로 마무리된다. 우리는 시기심 넘치는 경쟁과 파괴적인 외부의 공격에 시달린다. 하지만 진정한 선이 어디 있는지 알고 있다. 바로 조국에 대한 사랑, 민주주의를 위해 기꺼이 자신의 삶도 포기한 많은 이들의 헌신적인 봉사, 형제애와 건강한 노동, 소수자와 이민자들의 포용이 증오보다 더 빛난다는 결심 안에 존재한다. 오늘날 미국의 젊은이들에게 할 수 있는 너무나도 소박한 조언이다.

로마 제국은 재현되지 않는다

두려움이 정치를 지배하면 낙관론을 유지하기 어려워진다. 오늘날 미국에는 애런 버의 정신이 만연하다. 의회에는 시기심이 낳은 악의로 경쟁이 난무한다. 단지 자신들이 우위에 있었다는, 혹은 있다는 이유만으로 최선의 해결책을 위해 힘을 모으기보다 상대의 정책을 깎아내린다. 시민들의 삶 속에도 어디에나 버가 존재한다. 사람들은 권력과 지위, 그리고 '모든 일이 일어나는 그 방' 안에 있는 성공한 집단에 대한 증오에 사로잡혀 있다. 경쟁자처럼 보이는 개인 또는 집단의 주장을 듣지 않고 그들을 모욕함으로써 결투를 대신한다. CNN과 불편한 관계임을 그대로 드러냈던 트럼프 대통령의 잊기 힘든 모습은 명예와 시기심에 집착했던 건국 위인들의 모습과 다를 바 없었다. 정치적 숙고에 전혀 도움이 되지 않는 태도였다.

시기심의 악의는 이미 언급했듯이 우파에만 존재하는 것은 아니다. 좌파도 크게 다르지 않다. 엘리트 계층, 은행가와 대기업, 심지어 자본주의 자체까지 증오하는 모습, 모든 이들이 삶을 누리게 만들고 싶지만 동시에 특권층의 기쁨을 빼앗거나 없애버리고 싶다는 욕구는 그들 역시 비슷하다. 시기심 없이도 사회 제도 안에서 엘리트 계층의 힘을 비판하는 일은 분명 가능하다. 하지만 우리는 이성적인 비판이나 함께 더 나은 사회를 만들자는 결심 대신 그들을 깎아내리고자 하는 부정적인 욕망을 훨씬 자주 느낀다.

더 나아가 버와 같은 폭력과 파괴의 정서까지 느낀다. 훌륭한 사람들이라도 이 문제에서 자유롭지 않다. 2017년 8월 18일, 경제학자이자 칼럼니스트인 폴 크루그먼Paul Krugman은 샬로츠빌의 백인 우월주의 집회에 대한 트럼프 대통령의 터무니없는 반응에 훌륭한 반대 의견을 표명했지만 그중에는 부적절하고 불쾌한 내용도 포함되어 있었다.[5] 그는 도널드 트럼프를 로마의 황제 칼리굴라에 비교하며 말했다. (칼리굴라는 많은 적을 살해했으며 종종 끔찍한 고문도 자행했기에 분명 억지스러운 비교였다.[6]) "마침내 그의 행동을 더 이상 받아들일 수 없게 되자 로마의 엘리트들은 현재 의회의 다수당이 감히 생각지

---

5 https://www.nytimes.com/2017/08/18/opinion/trump-caligula-republican-congress.html?action=click&pgtype=Homepage&clickSource=story-heading&module=opinion-c-col-right-region®ion=opinion-c-col-right-region&WT.nav=opinion-c-col-right-region.

6 이 비교는 1967년 오프브로드웨이를 강타한 뮤지컬 〈맥버드MacBird〉를 연상시킨다. 뮤지컬에서 베트남 전쟁에 분노하는 좌파는 정치인 린든 존슨이 케네디 대통령의 암살 배후에 있을 거라며 그를 맥베스에 비교했다.

도 못할 일을 했다. 그를 제거할 방법을 찾은 것이다." 칼리굴라가 황제 근위대에게 암살당했다는 사실은 널리 알려져 있다. (근위대는 현재의 비밀 정보기관에 해당한다.) 폴 크루그먼은 명석하고 학구적인 인물이다. 칼리굴라에 대한 정보를 위키피디아에서 쉽게 찾아볼 수 있다는 사실을 생각해보면 암살에 대한 암시는 부주의했거나 고의적이거나 둘 중 하나다. 어떤 경우도 민주적 토론과는 걸맞지 않다.

크루그먼은 시기에 시기로 대응했다. 샬로츠빌의 백인 우월주의자들은 (그의 칼럼에 등장하는 바로 그들은) 시기심의 전형적인 모습을 보여주는 사람들로, 자신의 자리를 빼앗았다고 생각하는 사람들(유대인, 아프리카계 미국인들)의 삶을 파괴하고자 했다. 그들은 이렇게 외쳤다. "유대인은 우리 자리를 빼앗지 말라." 하지만 이러한 시기심에 더 큰 시기심으로, 심지어 경솔하고 부주의하게 대응하는 방법은 잘못됐다. 상대를 끌어내리고자 하는 욕구는 언제나 추악하며 폭력을 미화하거나 암시할 경우 더 추악해진다.

하지만 우리에게는 해밀턴 같은 정치가들도 있다. 그들은 건설적인 희망의 목소리, 국가와 국민에 대한 진정한 사랑의 목소리를 낸다. 가끔 모욕과 무시의 불협화음으로 그 목소리를 듣기 어려워지기도 하지만 말이다. 어쩌면 미란다는 모두에게 경종을 울렸는지도 모른다. 좋은 생각은 어디서든 나올 수 있다고. (해밀턴 같은) 이민자들, (역시 해밀턴 같은) 은행가들로부터도 말이다. 2017년 8월 샬로츠빌 백인 우월주의자들의 폭력 사건에 대해 국가적 차원의 성찰이 있었고 그 결과 우리는 미래에 대해 고민할 수 있는, 인종 차별주의를 거부하고 동포애와 포용을 촉구하는 양 당의 정치인들의 힘 있고 훌륭한 발언들을 들었다. 오바마 전 대통령의 트윗이 가장 많은 호응을 받았다는 사실은 고무적이다. "누구도 태어나면서부터 피부색, 배경, 종교 때문에 다른 사람을 미워하지 않습니다. 증오는 배우는 것이고 증오를 배웠다면 사랑도 배울 수 있습니다. 증오보다 사랑이 인간의 심장에 더 자연스러운 것이니까요." 훌륭한 말이다. 이제 이 말을 행동으로 옮겨야 할 때다.

시기심에 대한 분석은 미래지향적인 사고를 돕는다. 우리 사회가 더 많은 해밀턴과, 더 적은 버와 함께할 수 있는 방법을 고민하게 해준다. 자신을 위협하는 대상을 모욕하고 몰락시키려는 버보다 문제를 해결하고자 하는 해밀턴과 같은 정당과 기관을 만드는 도전을 가능하게 한다. 고등학교에서와 마찬가지로 국가적 차원에서 노력하여, 버가 집착했던 제로섬 경쟁보다 더 품위 있고 보람 있는 창조적 업무에 집중하는 일은 가능하다. 유명인들의 뒤를 좇는 문화와 자기애 넘치는 소셜 미디어는 시기심의 문화에 일조한다. 그보다 우리에게는 해밀턴이 보여준 덕의 문화를 중시하는 시민 의식이 필요하다. 통합을 위한 기품 있지만 현실적인 정치적 해법을 찾아야 한다는 뜻이다.

이와 같은 정치적 해법을 찾기 위해서는 개인적, 사회적, 제도적 세 가지 측면을 살펴야 한다. 인간의 감정은 그들이 살아가는 제도에 반응하기 때문에 이 세 가지 측면은 상호 작용할 수밖에 없다. 정치 제도는 사람들이 시기심을 거부하면서 해밀턴과 같은 길을 선택하도록 만드는 데 큰 역할을 한다. 포용 또한 정치 제도의 역할이다. 국가는 차별금지법을 통해, 소외되었던 집단에 대한 존중과 관심을 통해, 그들 역시 건설적이고 창의적인 방식으로 재능을 발산할 수 있다고 느끼게 만들어야 한다. (이것이 바로 건국 위인들을 전부 소수자로 캐스팅했던 뮤지컬 〈해밀턴〉의 메시지인지도 모른다. 그들에게도 기회가 필요하고 기회가 주어지면 훌륭하게 해낼 것이라고 말이다.)

하지만 정부의 역할은 주로 구조적인 측면에 해당된다. 그 무엇보다 두려움과 불안이 국가 전체를 지배했던 시기인 대공황 시절을 생각해보자. 경제 위기로 인한 궁핍, 전국 각지의 기근은 최근 일어나는 그 어떤 일보다 끔찍했다. 뉴딜 정책과 그로 인한 두려움의 광범위한 공격 때문이었다.[7] 나는 두려움 자체를 두려워해야 한다는 프랭클린 루스벨트의 말이 핵심을 찔렀다고 생각한다. 전국을 휩쓸고 있는 두려움의 고통을 치료하는 해독제는 고난의 시기에 의지할 수 있는 최소한의 사회 안전망 건설이라는 그의 말 역시 옳았다. 그가 제안한 '제2권리장전'에는 다음과 같은 내용이 포함되어 있었다.

- 산업, 상점, 농장, 광산에서 쓸모 있고 보수 좋은 직업에 종사할 권리
- 적절한 수준의 음식과 옷, 여가를 즐길 수 있는 보수를 받을 권리
- 농부들이 재배한 농작물을 자신과 가족이 적절한 수준의 삶을 누릴 수 있는 가격에 판매할 권리
- 중소기업들이 국내외에서 불공정 경쟁 혹은 독점으로부터 자유롭게

7 두려움에 도전한 루스벨트의 두 가지 중요한 발언은 아이라 카츠넬슨의 『피어 잇셀프Fear Itself』(뉴욕, W.W. 노튼, 2013)와 미셸 랜디스 다우버의 『공감 국가The Sympathetic State』(시카고, 시카고 대학교 출판부, 2013)를 참조.

매매할 권리

· 모든 가정이 좋은 주택에서 거주할 권리
· 건강을 위해 적절한 치료를 받을 권리
· 고령, 질병, 사고, 실직으로 인한 경제적 공포로부터 보호받을 권리

뉴딜 정책은 오늘날 엘리트를 시기한 좌파들의 운동이라는 오해로 많은 비난을 받고 있다. 하지만 비난하는 이들은 대공황이 어떤 시절이었는지, 연방예금보험, 실업보험, 사회보장, 노인 의료보험, 저소득층 의료보장, 건강보험 개혁법 등의 정부 정책이 기아와 무력한 비참함에서 국민 개개인을 어떻게 보호해주었는지 잊었는지도 모른다. 전부 의회가 법을 제정하기 전에는 존재하지 않은 정책들이었다. 우리는 무엇이 아메리칸 드림을 가능하게 했냐는 질문에, 무엇이 개인의 잠재력을 발휘할 수 있다는 자신감을 심어주었냐는 질문에 바로 이 정책들로 답하면서 우리 앞에 놓인 미완의 작업을 이어나가야 한다.

루스벨트는 이 권리들이 시기심으로부터 민주주의를 보호한다고 생각했다. 개개인 모두 당연히 갖고 있는 것을 시기할 수는 없다. 중요한 경제재 몇 가지에 대한 권리 보장이 시기심을 어느 정도 누그러뜨린다. 시기심이 만연한 이유 중 하나는 경제적 안정이 보장되지 않기 때문이다. 해밀턴도 이에 동의했을 것이다. 그는 오늘날 많은 좌파들처럼 엘리트 은행가들을 비난하기보다 경제를 안정시켜줄 탄탄한 국립 은행이 사람들의 불안을 줄이고 새로운 국가를 건설하는 데 중요한 요소임을 알고 있었다. 물론 이런 제도가 언제나 올바

르지만은 않으며, 우리는 경제 제도의 부당함과 불평등의 뿌리를 찾는 데 항상 주의를 기울여야 한다. 은행가들에 대한 증오는 또 다른 문제다. 요즘의 젊은 세대가 은행가들을 응원하는 것은 놀랍지만 건전한 모습이며, 의외의 영웅을 선택함으로써 시기심의 정치를 누그러뜨린 데 대해 박수를 보내야 한다.

시기심은 결코 사라지지 않을 것이다. 이 감정은 인간의 불안한 삶 자체에 깊이 뿌리내리고 있다. 인간관계든 정치계든 순수함에 대한 추구가 자신 혹은 타인에 대한 증오의 해결책이다. 하지만 무엇보다 우리는 시기심이 통제 불가능할 정도로 자라지 않는 조건, (뮤지컬에서 워싱턴과 해밀턴이 보여주었던) 사랑과 창조적인 업적을 국가의 길을 밝히는 조건으로 만들어 시기심의 고삐를 묶어야 한다. 미국 사회는 (적어도 신화적으로는) 이와 같은 승리로 시작되었다. 그 정신을 이어받을 것인가, 아니면 고대 로마 사람들처럼 시기심의 제국으로 빠져들 것인가?

6장

성차별주의와 여성 혐오

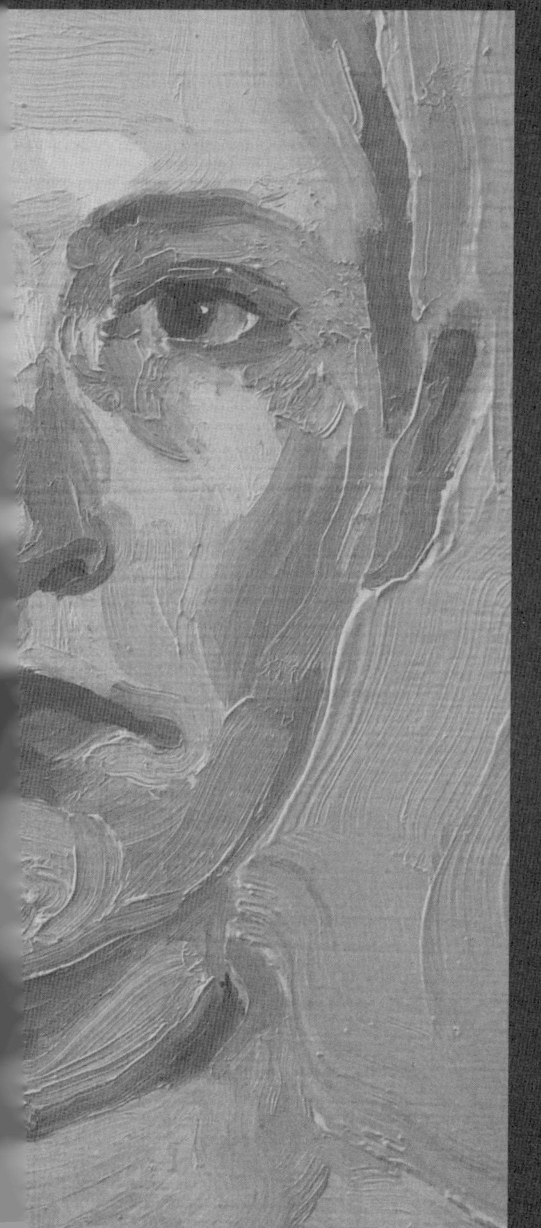

The Monarchy of Fear

유독한 감정들의 혼합

오늘날의 사회는 성의 정치학에 대한 고려 없이는 설명할 수 없다. 지난 미국 대선 운동 기간에도 여성에 대한 놀라울 정도의 적대감이 만천하에 드러났다. 미국이 여성 대통령을 맞이할 뻔했지만 실패했다는 사실은, 성별이 결과를 좌우했든 아니든, 2016년 대선에서 매우 중요한 사실이다. (근소한 차이였으므로 정확히 알 수는 없다.)

성에 대한 편견과 적대감이 문제시되는 나라가 미국만은 아니다. 모든 나라가 수 세기 동안 여성들을 구속해왔고 오늘날에도 여성에 대한 편견에서 자유로운 정치를 하는 나라는 거의 없다. 물론 의회제에서는 대통령제보다 여성들이 최고의 자리에 오르는 경우가 더 많긴 하다. (인디라 간디, 골다 메이어, 마가렛 대처, 앙겔라 메르켈, 테리사 메이 등).

그럼에도 불구하고 이는 생각해볼 만한 문제다. 지지자들의 기분을 맞추기 위해 공들여 선택했을, 여성들에 대한 트럼프 대통령의 발언들부터 살펴보자.

2015년 8월 7일, 트럼프는 앵커 메긴 켈리를 향해 이렇게 말했다. "그녀의 눈에서 피가 나올 지경이었습니다. 아마 다른 어딘가에서도 나오고 있었을 겁니다."[1] (트럼프는 나중에 코를 뜻한 것이었다고 변명했다.)

2017년 6월 29일, 트럼프는 방송인 미카 브레진스키가 마라라고Mar-a-Lago 클럽에서 자신과 합류하겠다고 요구했지만 "얼굴 성형을 해서 피를 철철 흘리고 있었기 때문에 거절했다!"[2]고 말했다.

2016년 9월 27일, 미스 유니버스 알리시아 마차도가 대회에서 승리한 후 몸무게가 늘었다는 소문이 있다며 그녀를 '미스 피기', '미스 먹보'라고 놀렸다.[3]

---

1 https://www.washingtonpost.com/news/post-politics/wp/2015/08/07/trump-says-foxs-megyn-kelly-had-blood-coming-out-of-her-wherever/?utm_term=.e9badd71dab7.

2 http://money.cnn.com/2017/06/29/media/mika-brzezinski-donald-trump-tweet/index.html.

3 https://www.washingtonpost.com/news/the-fix/wp/2016/09/27/alicia-machado-the-woman-trump-called-miss-housekeeping-is-ready-to-vote-against-donald-trump/?utm_term=.96bb895b92cb.

또한 코미디언 로지 오도넬을 '역겨운' '게으름뱅이' '돼지'라며 오랫동안 공격했다.[4] [5]

2011년, 변호사 엘리자베스 벡은 증언 도중 유축을 위한 쉬는 시간을 요구했다. "그(트럼프)가 얼굴을 붉히며 자리에서 일어났습니다. 나에게 손가락질을 하며 외쳤죠. '역겹군. 토할 것 같아.' 그리고 자리를 박차고 나갔습니다." (벡은 2015년 7월 29일 CNN 인터뷰에서 회상했다.)[6]

2012년 10월 28일, 트럼프는 영화배우 베트 미들러를 향해 '끔찍하게도 매력이라고는 없는 여자'[7]라고 말했다.

2012년 8월 28일, 기업가 아리아나 허핑턴을 '겉도 속도 매력 없는'[8] 여자라고 했으며 2016년 10월 13일, 그의 부적절한 성적 행동을 고발

---

4 http://www. businessinsider. com/trump-rosie-odonnell-history-2017-5/?r=AU&IR=T.

5 https://www. washingtonpost. com/news/post-politics/wp/2015/12/21/donald-trump-calls-hillary-clinton-disgusting-for-using-the-restroom-during-a-debate/?utm_term=. dfae51490c16.

6 http://edition. cnn. com/2015/07/29/politics/trump-breast-pump-statement/index. html.

7 http://edition. cnn. com/2017/06/29/politics/kfile-trump-long-history-disparaging-comments/index. html.

8 Ibid. The story contains numerous other similar examples.

하고 그 행동이 담긴 영상을 공개한 여성에게 다음과 같이 말했다. "저 여자를 좀 봐요. 설마 제가 그랬을까요."[9]

2015년 9월, 선거 운동 초기에 칼리 피오리나 후보의 얼굴을 향해 역겹다는 표정을 지어 보이며 이렇게 말했다. "저 얼굴 좀 봐요! 누가 저 얼굴에 투표하겠소? 우리 다음 대통령 얼굴이 저렇다는 게 과연 상상이나 됩니까? (…) 그러니까 그녀는 여자고, 나는 나쁜 말을 할 입장은 아니지만, 진짜로, 여러분, 생각해봐요. 정말 그럴 겁니까?"[10]

2011년, 칼럼니스트 게일 콜린스는 엄청난 부를 자랑하는 트럼프를 조롱하는 내용의 칼럼을 썼다. 트럼프는 칼럼의 그녀 사진에 동그라미를 치고 '개의 얼굴'이라고 써서 그녀에게 보냈다.[11]

2016년 10월, 대선 토론을 시작하기 위해 무대로 올라서는 힐러리 클린턴의 뒷모습을 보고 이렇게 말했다. "내가 연단에 서 있는데 그녀가 내 앞을 지나갔습니다. 정확히 내 앞으로 지나갔어요. 그런데 그 뒷모

---

9 https://www.washingtonpost.com/video/politics/trump-responds-to-allegations-from-reporter-look-at-her-look-at-her-words/2016/10/13/0e266b8a-9175-11e6-bc00-1a9756d4111b_video.html?utm_term=.65d2877360ae.

10 http://money.cnn.com/2015/09/09/media/donald-trump-rolling-stone-carly-fiorina/index.html.

11 http://www.nytimes.com/2011/04/02/opinion/02collins.html.

습이, 장난 아니에요. 영 별로였습니다."[12]

선거 운동 기간에 큰 박수를 받았던 발언들이 아니라면, 그저 트럼프의 별난 성격을 보여주는 사건들이라며 대수롭지 않게 넘어갈 수도 있었을 것이다. 트럼프의 관점보다는 그의 발언에 지지자들이 보여준 열정, 그들이 트럼프에게 표를 던진 대다수 미국인을 대표한다는 사실, 미국이라는 나라가 여성들에게 보여준 태도에 훨씬 관심이 크다. 대통령의 집착은 분명 대다수 미국인의 집착이기도 할 것이다. (전부는 아니지만 대부분 남성일 것이고) 힐러리 클린턴은 선거 기간 내내 혐오 공격뿐만 아니라 또 다른 적대감과도 싸워야 했다. 그녀의 건강에 대한 추측성 기사들, 워싱턴 D.C.의 피자 가게를 통해 아동 성매매에 개입하고 있다는 '피자 게이트' 소문들, 그녀가 대통령이라는 자리를 감당할 인물인가에 대한 부정적인 의견들이었다.

전부 불쾌함을 유발하는 사건들이긴 하지만 두려움 때문이라는 생각은 들지 않을 것이다. 하지만 나는 여성들이 리더의 자리에 오르려고 할 때 그들을 향해 느끼는 적대감의 뿌리에 두려움이 있다고 말한다. 이 두려움은 이미 자세히 살펴보았던 세 가지 감정과 각기 다른 방식으로 연결되어 있다.

적대감은 첫째, 두려움으로 인한 비난의 힘을 받는다. 여성들이 손아귀에서 벗어나 '우리 것'을 빼앗아 원래 그들에게 어울리던 조력

---

12 http://edition.cnn.com/2016/10/14/politics/donald-trump-hillary-clinton-appearance-debate/index.html.

자의 역할만 맡기를 거절하는 경우다. 이와 같은 경우, 그들은 여성들을 길들여 '원래의 자리'로 돌려보내야 한다고 생각한다. 둘째, 두려움으로 인한 혐오가 적대감을 부추기는 경우다. 여성만의 체액과 출산, 육체성 전반에 대한 불안으로 (일부) 남성들은 (일부) 여성들을 혐오스럽다고 비난한다. 마지막으로 다른 예들보다 훨씬 적은 경우이긴 하지만, 두려움으로 인한 시기심이 여성에 대한 적대감을 부추기는 경우가 있다. 여성들이 전에 없던 성공을 누리며 최고 교육 기관은 물론 고용 기회까지 차지하면서 많은 남성들이 (그리고 그의 가족들이) 좌절감을 느꼈다.

두려움으로 인한 이 세 가지 감정은 양립이 가능하므로 한 가지만 선택할 필요가 없다. 동시에 발생하며 서로 강화한다. 세 가지 감정이 역동하면서 심각한 문제들을 낳았다. 다음의 세 가지 해석은 여성들의 평등, 특히 공적인 삶에서의 완전한 평등을 방해한다.

첫 번째는 '의무를 다하지 않는 여성'이다. 남성이 여성에게 가장 원하는 것은 헌신적인 도움과 사심 없는 공감이다. 남성은 가장이고 여성은 주부다. 그가 세상으로 나가 집을 비울 때 그녀는 아이를 기르고 가정을 돌본다. 여성의 관대함과 이타심이 그의 불안한 삶을 차분하고 평온하게 만들어준다. 하지만 여성들은 더 이상 남성에게 봉사하고 싶어 하지 않는다. 일을 하고 싶어 하며 심지어 정계까지 진출하려 한다. 남성에게 가사와 양육을 도우라고 요구한다. 이는 자연의 본성에 어긋나는 일이다. 남성들이 점점 불행해지는 것도, 수명이 짧아지고 건강이 악화되는 것도 놀라운 일이 아니다. 남성들은 여성들이 그 직무 유기의 결과를 똑똑히 봐야 한다고 주장한다. (여성

생계 부양자를 환영하며 가장으로서의 불안에서 벗어나 자유를 느끼는 소수의 남성도 존재한다.)

두 번째는 '육체성을 가진 여성'이다. 동물성을 초월하고자 하는 인간의 오랜 욕망으로 인해 여성은 남성보다 훨씬 육체적으로 묘사되어 왔다. 생리를 하고 남성의 정액을 받고 출산을 하는 등 출산과 섹스가 그들의 '본성'인 것처럼 보이기 때문에, 육체를 갖고 있기에 결국 죽음을 피할 수 없다는 사실에 대한 불안이 여성에게 투사된다. 여성들은 더럽고 변하기 쉬운 존재로 죽음을 상징한다. 여성이 집에 머물러야 하고 세심한 보살핌을 받아야 하는 이유는 남성들의 이 상징적인 두려움 때문이다. 여성의 신체적 기능을 철저히 단속해야 한다는 생각 역시 마찬가지다. 이 두 가지는 본질은 다르지만 서로를 강화해 여성들의 성을 감시하고 그들을 집 안에 가두는 효과를 발휘할 수 있다.

마지막으로 오랫동안 조짐을 보이다가 마침내 우리 세대에 드러난 새로운 해석이 있다. 바로 '성공한 경쟁자로서의 여성'이다. 경쟁과 성공에 대한 불안은 인류 역사상 보편적인 이야기다. 하지만 성별이 개입되면 이야기는 더 특별해진다. 경쟁에서 이겨 돈과 지위와 명예를 얻는 것을 성공이라 여기며 자랐다면, 이제 모든 남성들을 따돌려야 하는 것도 모자라 여성들까지 포함한 두 배의 경쟁자들과 싸워야 한다. 게다가 여성들이 남성들보다 월등한 능력까지 발휘하고 있으니 얼마나 기가 막히겠는가.

이는 반드시 성별에 관한 문제만은 아니다. 이민자들을 향한 적대감에도 마찬가지로 작용한다. 하지만 성별이 개입될 때 첫 번째,

두 번째 해석과 결합해 더 예민한 문제가 되기도 한다. 왜 여성들은 자연의 섭리에 따라 가정을 돌보지 않는가? 왜 여성들은 살이 처지는 몸뚱이와 유축기를, 생리혈을 일터로 가지고 오는가? 가족이 문제의 뿌리가 되기도 한다. 여자 형제들의 조숙한 언어 능력 발달, 아빠보다 엄마가 더 우월한 것 같은 느낌 등이 영향을 끼친다. 어쩌면 '여성들에게는 내가 갖지 못한 좋은 것이 있다', '나는 그만큼의 생식 능력이 없다'는 자궁에 대한 시기심도 영향을 끼칠 것이다.

성차별과 여성 혐오

성차별과 여성 혐오를 자세히 살펴보기 전에 둘의 차이를 정확히 짚고 넘어가자. 성차별에 대한 논란도 있고 여성 혐오에 대한 논란도 있지만 두 용어는 종종 같은 뜻으로 사용된다. 하지만 결코 그렇지 않다. 용어가 두 현상을 완벽히 구분해주지 못하더라도 우리는 구분해야 한다. 이에 대해서는 철학자 케이트 만Kate Mann의 저서 『다운걸Down Girl: The Logic of Misogyny』의 정의를 참조했다. 하지만 책의 의견에 전부 동의하는 것은 아니다.[13]

만에 따르면 성차별은 믿음 체계다. 성차별주의자들은 여성이 남성보다 열등해서 중요한 임무를 맡을 수 없다고 믿는다. 혹은 '자

13 내가 가장 동의하지 않는 점은 그녀가 혐오를 간단히 언급하고 시기심은 전혀 언급하지 않으면서 '나쁜 배우자' 시나리오에만 집중한다는 점이다.

연'이 남성을 취업과 정치에 더 어울리게 만들었고 여성은 집안일에 더 어울리게 만들었다고 믿는다.

성차별주의는 미국 역사 속에 분명히 존재했다. (모든 나라의 역사에도 마찬가지다.) '남녀 본성의 차이'에 대한 전형적이고 유명한 예는 1873년의 브래드웰 대 일리노이주 판결로, 다음은 여성의 변호사 개업을 금지하는 일리노이주 법의 편을 들어준 연방대법원 브래들리Bradley 판사의 의견이다.

> 여성에게 자연스러운 겁약함과 연약함은 분명 시민 생활의 많은 직업을 수행하는 데 적절하지 않다. 신성한 법령은 물론 자연의 본성에 따른 가족 집단의 구조를 살펴보면 가정이라는 영역이야말로 여성의 기능에 알맞은 여성의 공간이다. 가족 제도에 속하는, 혹은 속해야 하는 이해관계와 정체성의 측면에서 볼 때, 여성이 남편과 분리된 독자적인 직업을 택한다는 것은 몹시 불쾌한 일이 된다.

여성은 무능력하다는 브래들리 판사의 판결은 즉각적인 반대에 부딪혔다. 마이라 브래드웰Myra Bradwell은 이미 수년 동안 변호사 일을 해오고 있었다. 〈시카고 리걸 뉴스〉의 편집자로서 업계의 기준을 높이고 법학 교육 개선을 위해 열성을 다해 활동했다. 1873년, 그녀는 시카고 변호사협회 설립에 힘을 모았으나 당연히 가입은 할 수 없었다.

아이오와주는 1869년에 여성의 변호사협회 가입을 승인했고 1870년 (노스웨스턴 대학교 로스쿨의 전신인) 일리노이 로스쿨을 졸업한 여성도 있었지만 말이다. 오하이오주는 1873년에 여성의 협회 가입을 승인했다. 하지만 브래들리 판사도 쉽게 물러서지 않았다.

> 많은 여성이 결혼을 하지 않아 결혼 상태에서 발생하는 임무와 문제, 무능력의 영향을 받지 않는 것은 사실이지만 이는 일반적인 규칙의 예외일 뿐이다. 여성의 가장 중요한 운명과 사명은 고귀하고 선량한 아내와 어머니의 직분을 수행하는 것이다. 이것이 창조주의 법이다. 법률은 예외적인 경우를 근간으로 하는 것이 아니라 사물의 일반적인 성질을 바탕으로 적용되어야 한다.

이 판결의 가장 큰 문제는 마이라 브래드웰이 기혼 여성이었다는 점이다. 하지만 성차별주의는 자료에는 관심이 없다. 1869년, 존 스튜어트 밀John Stuart Mill이 자신의 저서 『여성의 종속The Subjection of Women』에서도 밝혔듯이 성차별주의의 논리는 몹시 불합리하다. 1872년, 영국 의회에서 처음으로 여성 참정권을 요구했던 밀은[14] 성차별주의자들이 여성이 무능력하다고 판단하는 데 자신이 없을 거라고 지적했다. 그렇지 않으면 여성들이 할 수 없다는 그 일을 여성들이 하지 못하도록 너무 열심히 막을 필요가 없다면서 말이다. "여성이 타고난 본성 때문에 할 수 없는 일이라면 하지 못하게 막을 필요가 없다."

---

14 당연히 법안은 통과되지 않았다. 영국은 1928년이 되어서야 여성의 온전한 참정권을 보장했다. (미국은 1920년이다.)

사회의 모든 규범과 의무를 검토해보면 '여성의 소명은 아내와 엄마라는 직분이다'라는 말을 남성들이 믿지 않는다는 결론이 합리적이다. 그보다 남성들은 특정 직업이 여성들에게 매력적이지 않다고 믿는 것 같다. "여성들이 자유롭게 무슨 일이든 할 수 있다면, 그들의 시간과 능력으로 다른 생계 수단이나 직업을 가질 수 있다면, (…) 그들의 본성이라는 조건을 받아들일 여성들은 많지 않을 것이다."[15]

그러므로 성차별주의는 불안한 믿음 체계다. 이 믿음 체계가 불확실성과 결합되어 최근까지도 미국에서 지속되고 있다. 아이비리그의 남녀 공학 투쟁에 대한 낸시 바이스 말케일Nancy Weiss Malkiel의 훌륭한 저서 『빌어먹을 여자들이 못 들어오게 해Keep the Damned Women out』에 많은 예가 담겨 있다.[16] 그녀는 엘리트 교육 기관과 와스프 문화에 집중했고, 아이비리그 재학생들의 태도에 과한 면이 있다고 해도, 그녀가 거기서 찾은 태도가 바로 미국인들의 전형적인 태도일 것이다. (여성 혐오가 주로 노동자 계급에서 발생하는 현상이라고 착각하지 말자.)

1960년대와 70년대까지만 해도 많은 대학의 경영진, 이사진, 교수진, 심지어 전부 남자였던 학생들까지도 (그녀는 예일과 프린스턴을 집중적으로 연구했으며 하버드의 여대 격인 래드클리프라는 특별한 예

---

15 존 스튜어트 밀, 수잔 몰러 오킨 편저 『여성의 종속』 (인디애나폴리스, 해캣 퍼블리싱, 1988) 1장.

16 프린스턴, 프린스턴 대학교 출판부, 2016. 쪽수는 문장 뒤에 병기했다.

가 있긴 했다.[17]) 여성들은 남성들만큼 배울 수 없고 국가의 '지도자'를 기르는 곳에 다닐 수 없으며 주된 임무는 아내와 엄마의 역할이라고 주저 없이 말했다. 1956년 〈예일 데일리 뉴스〉에는 '오, 여성들이 침투한 가정 경제 수업, 국내 정치 강의, 낄낄대는 무리에서 우리를 구해주소서'라는 글이 실리기도 했다(56p). 프린스턴 대학의 주요 관리자는 '프린스턴 대학은 신동이 아니라 좋은 아내이자 엄마, 가정적인 사람이 되는 훈련이 필요한 여성들에게 지적인 곳'이라는 의견을 피력했다(113p).

여성들만 최고 교육 기관에서 배제된 것은 아니었다. 소수 민족과 유대인 역시 예일과 프린스턴에는 존재하지 않았다. 예일의 새로운 입학처장은 리더십 관련 논쟁에서 시대가 변하고 있으며 유대인, 소수 민족, 여성, 공립 학교 졸업생 등 다양한 집단에서 리더를 육성할 필요가 있다고 말했다. 남녀 공학으로의 전환과 남학생 수 확대도 약속했다. 그리고 1966년, 한 이사로부터 다음과 같은 반대 의견을 들었다.

> 그가 쏘아붙였다. "유대인과 공립 학교 졸업생을 지금 리더라고 하는 겁니까? 지금 이 방을 한번 보세요." 그는 정치가 존 린드세이, 사업가 폴 무어 등을 가리키며 말했다. (…) "이들이 미국의 리더입니다. 여기

---

17 특별한 예인 이유는 (분리 수업을 받던 짧은 시기를 끝내고) 하버드 남학생들과 같은 수업을 듣고 같은 학위를 받지만 독립된 래드클리프가 존재한다는 명목으로 의무 입학 정원을 유지했기 때문이다.

유대인은 없어요. 공립 학교 졸업생들도 없습니다."

자기 이해가 너무 없는 나머지 타고난 리더십과 능력만이 백인, 남성, 개신교, 사립 학교 출신 이사회를 만들었다고 생각하는 것일까? 아니면 외부인을 배제하고 자신들만의 '클럽'을 유지하고픈 마음을 은연중에 드러낸 것인가?

이 질문을 통해 우리는 성차별주의에서 여성 혐오로 자연스럽게 넘어갈 수 있다. '여성 혐오'의 어원을 살펴보면 '여성에 대한 증오'를 뜻하지만, 지금은 훨씬 광범위하게 쓰이고 있다. 만이 정의했듯이 이는 여성들의 발을 묶어 놓으려는 행동 양식이다. 여성들이 (유대인과 소수 민족이) 예일에서 경쟁할 능력이 없다고 주장한다면 그것은 성차별주의다. 하지만 그의 발언은 자신들만의 특권을 강화하고자 하는 결심에 더 가까울 것이다. 우리의 자리를 그 어떤 새로운 집단에게도 양보하지 않을 것이라는 뜻이다.

그렇다면 여성 혐오 역시 성별에 따른 특권 강화의 측면에서 살펴볼 수 있다. 가끔 증오 때문인 경우도 있지만 이는 부드러운 가부장적 질서와 결합되는 경우가 더 많다. 뿌리는 잠재적 상실에 대한 불안과 그로 인한 이기심이다. (이 같은 사고가 지속되는 한 여성 혐오는 여성들의 남성 혐오와 같다고 볼 수는 없다. 남성 혐오는 불만으로 인한 분노이자 보복에 대한 염원이다.)

여성 혐오는 종종 성차별주의에 의해 정당화된다. 여성의 대학 입학, 정계 진출 등을 거부하는 이유는 여성들의 '본성'이 아내와 엄마 역할에 더 어울리기 때문이라는 식이다. 하지만 성차별주의는 증거로 반박하기가 쉽지 않다. 밀이 지적했듯이, 여성들에게 다른 선택지가 부족해 그들이 진짜 할 수 있는 일이 무엇인지, 정말로 아내와 엄마의 역할을 원했던 것인지 판단 자체가 불가능했기 때문이다. 여성들의 새로운 역할을 강력하게 금지해야 한다는 주장 자체가 여성들이 폭넓은 선택권을 열망하고 있다는 뜻이 된다. 그러므로 여성 혐오는 종종 성차별주의의 깃발을 흔들지만 실제로는 견고한 특권을 방어하는 데 지나지 않는다. 지금 이대로의 상태가 변하도록 내버려두지 않겠다는 남성들의 다짐이다.

그렇다면 트럼프의 발언에서 드러난 태도는 무엇인가? 여성의 무능력에 대한 그의 발언은 힐러리 클린턴이라는 특정 인물만을 향하기 때문에 전반적인 성차별주의라고 하기는 힘들다. 그보다는 지금까지 남성이 차지했던 직업을 성취한 (사안에 따라 그를 도발할 수도 있는) 여성을 '끌어내리려는' 발언처럼 보인다. 야유와 모욕, 혐오 표현을 통해서 말이다. 그는 수유를 하고 생리를 하는 여성들이 훌륭한 변호사나 기사가 될 수 없다고 말하지 않는다. 그저 공개적인 모욕을 통해 그런 일을 하는 여성들의 삶을 어렵게 만들려는 것뿐이다. 그러므로 트럼프와 그의 지지자들에게는 성차별주의보다 여성 혐오라는 꼬리표가 더 적절하다.

트럼프 지지자들에 대한 비판에서 잠깐 벗어나 미국의 좌파 진영에서도 여성 혐오가 오랜 역사를 자랑했다는 사실을 언급할 때인 것 같다. 민주사회학생회와 학생비폭력조정위원회 등이 눈에 띄는 활동을 보였던 1960년대와 70년대의 급진적 운동은 여성을 지도자의 자리에서 배제했고 가사 분담에 대한 요구도 수용하지 않았다. 말키엘의 말대로 좌파 또한 그 점에 있어서는 예일과 프린스턴의 보수 집단과 다르지 않았다(18~19p). 여성들은 스스로 변화의 흐름을 만들어야 했고 다행히 오늘날에는 일부 남성들의 큰 지원도 받고 있다.

다시 브래들리 판사 이야기로 돌아가보자. 언뜻 보면 그의 발언은 성차별주의에서 기인한 것 같지만 자세히 살펴보면 여성을 혐오하는 태도에서 나왔다. 그는 타고난 본성 등을 언급한 후 가장 중요한 점을 교묘히 피해간다. 일부 결혼하지 않은 여성이 법조계에서 일하는 것은 받아들일 수 있지만 결혼한 여성에게는 기회를 주지 않겠다는 뜻이다. 결혼한 여성이 변호사가 될 '능력'이 없다고 하지 않는다. 다만 해야 할 다른 '임무'들이 있으며 그중 일부는 (주로 자녀 양육은) 정상적인 변호사 업무를 불가능하게 만든다고 말했다. 과거에 브래들리 판사가 있었다면 지금 우리에게는 랄프 드롤링어Ralph Drollinger 목사가 있다. 트럼프 내각에 성경 공부를 제안한 복음주의 지도자 드롤링어는 아이가 있음에도 불구하고 집에서 멀리 떨어진 입법부에서 일하는 여성을 '죄인'으로 규정했다. 그 역시 브래들리 판사처럼 여성들에게 능력이 없다고 하지 않았다. 그들이 규칙을 위반하고 있다고 말했다.[18]

마찬가지로, 여학생들의 입학을 반대했던 예일과 프린스턴 보수주의자들의 성차별적 발언은 대부분의 대학이 이미 오래전 남녀 공

---

18 http://www.latimes.com/politics/la-na-la-pol-trump-cabinet-pastor-20170803-story.html.

학으로 전환했고 여학생들이 실력을 발휘하고 있다는 점에서 전혀 설득력이 없었다. 그들의 가장 큰 근심은 앞서 언급했던 이사의 의견과 다르지 않았다. 남성들만의 집단을 (그리고 백인 기독교인의 집단을) 공고히 하는 것이었다. 성차별주의자는 이렇게 말한다. "불쌍한 여성들, 언제나 능력을 발휘하지 못하지." 여성 혐오자는 이렇게 말한다. "빌어먹을 여자들이 못 들어오게 해."

밀이 말했듯이 성차별주의와 여성 혐오 사이의 긴장은 크다. 여성들이 정말 나약하고 특정 영역에서 능력을 발휘하지 못한다면 해당 분야에서 자연스럽게 도태될 것이다. 그러므로 여성들을 막기 위해 장애물까지 세우느라 고생한다면 남성들이 이 문제가 자연스럽게 해결되지 않을 거라고 생각한다는 뜻이다. 미국 대학교의 남녀 공학을 둘러싼 역사가 이 긴장을 분명히 보여준다. 보통 여학생들의 실력이 월등해 남학생들의 수를 능가할 경우 여학생들의 수를 제한하려는 움직임이 강해진다. 내 모교는 1892년 개교 당시부터 남녀 공학이었는데 능력에 따른 입학 정책으로 여학생 수가 급속도로 늘었으며, 1892년부터 1902년 사이 우등생 친목 단체인 파이 베타 카파Phi Beta Kappa의 56% 이상을 여학생들이 차지했다. 당시 하퍼Harper 총장은 동문들의 기부금이 줄어들 거라는 핑계로 여학생들만을 위한 개론 수업을 따로 개설하기도 했다. 이는 기존 기득권 집단이 가진 미래에 대한 두려움이 분명했다.

다행히 하퍼의 실험은 오래가지 못했다. 제대로 시행되어 보지도 못하고 1906년 그의 서거와 함께 중단되었다. 하지만 하버드, 예일, 프린스턴은 오랫동안 평등한 입학 정책을 주저했다. 하버드는 래드클리프 여대가 따로 존재한다는 이유로 (독립된 교수진은 전혀 없었음에도 불구하고) 남녀 학생 입학 비율을 오랫동안 4대 1로 유지했다. 예일 역시 처음 몇 해 동안 여학생 250명, 남학생 1,000명이 입학 정원이었고 덕분에 남학생들은 자리를 빼앗겼다고 느낄 필요가 없었다. 말키엘이 지적했듯이 우수한 성적과 시험 결과로 예일에 입학한 여학생들은 졸업생 인맥, 스포츠 능력, '촉망받는' 인재라는 평가 등의 다양한 기준에서 함께 입학한 남학생들보다 뛰어난 실력을 발휘했다.

여성 혐오는 견고한 이해관계를 지키겠다는 남성들의 결심이라고 나는 정의한다. 성차별적인 믿음을 도구로 사용하기도 하지만 그 도구가 가끔 양날의 검이 되기도 하므로 여성 혐오자들은 이에 너무 의존하지 않는다. (여성 혐오와 비슷한 반유대주의의 경우도 유대인들이 예일에서 공부할 실력이 부족하다거나 아이비리그 출신 백인 중심 회사에서 변호사 같은 지적인 일을 할 수 없다고 말하지 않는다. 그보다 유대인들은 천박하고 사회성도 부족하다는, 거짓임을 증명하기도 힘든 다른 주장들을 사용한다.[19]) 마찬가지로 여성이 더 열등하다는 믿음 없이도 (대부분의) 여성들을 아내이자 엄마, 성적 대상으로 한정하려는 사람들도 존재한다.

종종 수수께끼 같고 모순적이었던 루소도 성차별주의자라기보다 여성 혐오자였다. 교육에 관한 그의 걸작 『에밀』 5권에서 루소는

---

19 솔 레브모어와의 공저 『아메리칸 가이American Guy』(뉴욕, 옥스퍼드 대학교 출판부, 2014)에 수록된 나의 글 '유대인 남성들, 유대인 변호사들' 165~201p 참조.

에밀의 배우자로 점찍어 두었던 소피를 천성적으로 남성을 기쁘게 하고 지지해주는 성향이라고 묘사했다. 하지만 주의 깊게 읽어보면, 신체적으로든 지적으로든 훌륭하게 태어난 소피의 능력이 시시때때로 제한되는 모습을 발견할 수 있다. 소피는 책을 읽어서도 안 되고 달리기도 구두를 신고 해야 했다. (그래도 거의 에밀을 따라잡았다.)[20] 이를 통해 루소가 하고 싶었던 말은 사회적 질서를 위해 여성은 가정에 머물러야 한다는 것이다. 여성들이 아이를 기르면서 집 밖에서 일도 하는 사회가 존재하지만, 질병이 들끓는 유럽에서는 적어도 네 명의 아이를 낳아 두 명은 살아남게 해야 하므로 여성들이 전업주부가 되어야 한다고 부연 설명했다. 성차별주의라기보다 가사를 여성에게 강제하기 위한 논리다.

20 설득력 있는 이 해석은 수잔 몰러 오킨의 『서양 정치사상에서의 여성들Women in Western Political Thought』(프린스턴, 프린스턴 대학교 출판부, 1979, 데브라 자츠가 서문을 쓴 개정판, 2013) 3부 참조.

여성을 가두려 하는 이들

그렇다면 여성을 그들의 자리에 가두어 놓으려는 욕구가 무엇 때문인지 여성 혐오의 다양한 측면을 살펴보자. 그중 한 가지는 여성이 자신의 욕구를 지원하고 삶을 바치길 바라는 남성들의 염원이다. 섹스도 양육도 포함된다. 남성을 돌보는 것이 여성의 역할이라는 단순한 생각부터 살펴보자. 쉘 실버스타인Shel Silverstein의 『아낌없이 주는 나무』는 엄마와 자식에 관한 감동적인 이야기로 유명하다. 작은 소년을 사랑하는 (여성으로 특징지어진) 나무에 관한 우화다. 소년은 나무에게 놀이, 음식, 수면을 의지하고 둘 다 행복하다. 하지만 소년은 자라면서 나무에게 돈을, 아내와 아이들을 위한 집을 요구한다. 나무는 그가 집을 지을 수 있도록 자신의 가지를 내어준다. 소년은 오랫동안 나타나지 않다가 다시 돌아와 이번에는 보트를 요구한다. 나무가 몸통을 내어주자 그는 보트를 만들어 항해를 떠난다. 다시 돌아온

소년에게 나무는 더 이상 줄 것이 없다고 사과한다. 몸통, 가지, 열매까지 진작 그에게 주었고 남은 것은 이제 그루터기뿐이다. 소년은 그저 앉아서 쉬고 싶다고 답하고 나무는 앉아서 쉬기에는 오래된 그루터기가 좋다고 말한다. 소년이 그루터기에 앉는다. "그리고 나무는 행복했습니다."

이 놀라운 이야기는 전혀 교육적이지 않지만 한때 큰 관심을 끌었다.[21] 나무 혹은 엄마는 그루터기만 남을 때까지 끊임없이 내어준다. 소년은 그 어떤 것도 되돌려줄 마음 없이 그저 나무를 다양한 방식으로 사용하기만 한다. 나무는 왠지 그래야 할 것 같고 자신이 여전히 쓸모 있다는 생각에 행복할 뿐이다. (노화와 상실 문제를 다루었다고도 할 수 있지만, 성별 문제가 너무 두드러진 나머지 인간적으로 더 흥미로운 부분에 집중하기가 힘들다.) 핵가족은 오랫동안, 특히 1950년대에 이와 같은 방식으로 미화되며 성 역할 구분에 일조했다. 여성이 평생 봉사하며 입은 피해가 막연히 인정되긴 했지만, 그 봉사가 그녀의 행복에도 기여한다고 여겨졌다. 남성들은 이 나무처럼 언제든 돌아와 쉴 집이 없으면 세상으로 나가 모험하고 성취할 수 없다고 느꼈다.

베푸는 여성이라는 이미지에도 서로 다른 측면이 존재한다. 가정을 꾸리고 돌보는 모습을 강조하기도 하고 아이를 낳고 기르는 모

---

21 내 연구 조교인 이스라엘 출신의 느다넬 립쉬츠는 히브루어로 번역된 책을 읽었는데 나무가 여성이었다는 사실을 전혀 모르고 있었다. 히브루어 번역본에서는 소년과 나무 모두 남성이다.

습에 초점을 맞추기도 한다. (실버스타인의 이야기는 아니지만) 남성이 집으로 돌아와 멋진 섹스를 할 수 있도록 매력을 가꾸는 섹스 상대로서의 의무가 강조되기도 한다.

섹스에 관한 이 부르주아적인 관점에 루소는 세 가지를 더했다. 첫째, 남성들은 여성의 외출을 제한해 아이들이 자기 자식이라는 확신을 얻어야 양육에 나설 것이다. 둘째, 여성들이 약혼자로서, 아내로서 '부끄러움'을 영리하게 사용해 지속적으로 자극해주지 않으면 남성의 열정은 금방 사라질 것이다. 셋째, 여성이 남성의 성생활을 결혼에 한정해야 한다고 주장하며 열정을 통제하지 않는다면 남성의 욕망은 외부로 분산되고 강력해질 것이다. 루소는 이 문제에 대해 다양한 입장을 취했지만 전부 통찰력은 있었다. 어떤 이들에게는 세 가지 의견 모두 사실일 것이다. 세 가지 전부가 동시에 사실이라고 생각하는 사람은 루소가 아니라면 찾기 어렵겠지만 말이다.[22] 정치가 토마스 제퍼슨Thomas Jefferson도 루소의 첫 번째와 세 번째 의견에 동의했다. "우리나라가 온전한 민주주의라면 (우리의) 숙고에서 제외되어야 할 것들이 그래도 존재하오. (…) 도덕성의 타락과 부모를 모르는 자식을 방지하기 위해 여성들은 남성들의 공적인 만남에 함께하지 말아야 하오."[23]

'아낌없이 주는 나무로서의 여성' 이야기에는 불안이 가득 담겨

---

22 첫 번째와 세 번째 관점은 『에밀』에 언급되어 있다. 세 번째는 암시되어 있으나 '달랑베르에게 보내는 편지'에 분명히 드러나 있다.

23 1816년 9월 5일, 역사학자 새뮤얼 커치벌에게 보낸 제퍼슨의 편지.

있다. 지금 시대에는 특히 더 그렇다. 한 소년을 생각해보자. 그는 다 자랐고 이제 아이들을 키우고 싶어 한다. 하지만 여성들은 더 이상 그 규칙을 따르지 않는다. 집에 머무르지 않고 직장을 갖고 돈을 벌려고 하며, 다 자란 소년에게 가사와 육아 분담을 요구한다. 이건 내게 주어져야 할 삶이 아니라고 소년은 생각한다. '불공평해. 예전과 같았으면 좋겠어.' 어쩌면 그의 상사도 여성일지 모른다. 공직에 출마하는 여성들을 본다. 역시 그는 이렇게 생각한다. '이건 불공평해. 나를 도와야 할 여성들이 요구를 하고 명령을 내리고 있어.' 상호 존중을 배우지 못하고 자란 그는 여성들의 서비스를 기대하지만 그런 서비스는 당연히, 더 이상 존재하지 않는다.

소년이 여성은 가정에 있어야 한다는 성차별주의에 기대는 것도 당연하다. 하지만 여기서 진짜 문제는, '네 자리로 돌아가라'는 여성 혐오다. 여성들이 내 삶을 뒤흔든다는 깊은 불안과 분노가 뒤섞인 상태다.

두려움으로 인한 비난은 가끔 모든 여성을 목표로 한다. 물론 과거의 방식에 잘 적응하는 전통적인 여성은 면제되는 경우가 많다. (과거의 방식을 좋아하는 여성도 당연히 존재한다. 그들에게는 생계 부양자의 돌봄이 매력으로 다가온다.) 두려움과 비난은 (전통적인 여성들의 비난도 마찬가지다) 상황을 바꾸고 싶어 하는 그 '건방진' 여성들을 향한다. 그렇기 때문에 케이트 만이 쓴 책의 제목은 『다운(앉아) 걸』이 되었다. 말 잘 듣는 착한 강아지에게 '앉아'라고 말할 필요는 없다. 그 말은 훈련을 못 받아 정신없이 날뛰는 개에게 하는 말이다.

여기서 우리는 수많은 여성들이 도널드 트럼프에게 표를 던진한 가지 이유를 찾아볼 수 있다. 많은 여성들이 다른 문제들에 대한 트럼프의 의견에 동의하면서 여성에 대한 그의 관점은 무시해버렸다. 일부 여성들은 가족 돌보기를 우선하지 않고 개인의 독립과 직업적 성공을 추구하는 여성들을 도덕적·종교적 이유로 반대한다. 이기적인 '규칙 위반자'들을 비난한다. 가끔 그 비난은, 전통적인 임무를 우선하면서도 사실 자신이 무언가 놓치고 있는지도 모른다는 느낌 때문에 더 불이 붙는다.

이 같은 불만이 해결하기 어려운 문제를 만든다. 미국 사회의 많은 아이들이 부모의 충분한 돌봄을 받지 못한다. 하지만 이는 장시간 근무로 충분한 돌봄을 불가능하게 하는 가난 때문인 경우가 대부분이다. 또한 가난한 가족들의 남성 보호자를 앗아가는 높은 투옥률 때문이기도 하다. 따라서 소아 방치라는 문제는 그 '건방진' 여성들과 큰 관계가 없다.

이기심이 문제라고 해도 무책임에 대한 비난이 전부 여성을 향해서는 안 된다. 여전히 가사와 육아를 공정하게 분담하고 있지 않은 남성들이 많이 있지 않은가? 맞벌이 가정의 삶을 충분히 지원해주지 못하고 있는 직장 문화는 또 어떤가? 남성이든 여성이든 가정에서 아이들을 (가끔은 나이 든 부모를) 돌보기로 한 모든 배우자를 존중해야 하지만, 남성에게는 선택권을 쥐어주면서 여성에게는 선택권이 없다고 말하는 전통적인 방식은 평등한 사회에서는 분명히 잘못된 태도다.

간단히 말하자면 '다운 걸'이라는 태도는 우리가 해결해야 할 사회적 문제들, 가난, 높은 투옥률, 융통성 없는 직장 문화, 진정한 평등의 문제에 대한 관심을 분산시켜버린다.

여성이 남성보다 무능하다는 성차별주의는 불안한 여성 혐오자들에게 위안이 된다. 하지만 여성들이 뛰어난 능력을 보이기 시작하면 성차별주의라는 버팀목이 사라지고 두려움이 치솟는다. 반유대주의의 경우 유대인들이 늘 뛰어난 성취를 보였기 때문에 그와 같은 버팀목이 존재하지 않았고, 유대인의 행동과 문화에 대한 비방이 버팀목의 역할을 대신했다. 그렇다면 여성들의 경우는 어떤가? 말키엘의 책에서 다루었듯 많은 대학에서 여학생들이 남학생들을 능가할 뿐만 아니라, 평등한 입학 기준을 도입한다면 여학생들이 '너무 많은' 자리를 차지할 수 있음이 드러났다.

당연히 자신들의 자리라고 느껴왔던 고등 교육 기관들의 이와 같은 현실이 남성들에게는 몹시 우려스러울 것이다. 사실상 모든 대학에서 여성 지원자들의 실력이 남성 지원자들의 실력을 능가하고 있다. 남학생 대상 스포츠 프로그램이 활발히 운영되는 학교에서 듣는 흔한 말은 타이틀 나인Title IX 법안에 따라 남학생 스포츠 프로그램 예산을 삭감할 필요가 없도록 여학생들의 수를 일부러 제한한다는 말이다. (타이틀 나인 법안에 따르면 남녀 학생 스포츠 프로그램 예산 비율은 전체 남녀 학생 비율과 일치해야 한다.)

축구로 유명한 한 학교는 성적을 기준으로 할 경우 남녀 학생 비율이 40 대 60 정도, 어쩌면 여학생 비율이 이보다 높을 거라고 말했다. 하지만 축구 프로그램을 위해 (남학생) 45 대 (여학생) 55를 유지한다. 성별이 너무 치우친 학교는 남녀 학생 모두 거부할 거라며 인위적으로 비율을 조정해 균형을 찾기도 한다. (인위적 조절이 없는 사

라 로렌스 대학교는 학생의 71퍼센트가 여학생이다.[24])

여성의 월등한 능력 발휘는 이미 세계적인 현상이다. 인맥이나 스포츠, 취미 활동을 중시하는 미국과 달리 시험 성적을 더 중시하는 모든 나라들에서 여학생들이 남학생들을 뛰어넘고 있다. 아랍 국가들은 여성들의 성공에 적대적이라는 고정관념에도 불구하고 2012년 알제리, 바레인, 쿠웨이트, 레바논, 모로코, 튀니지, 카타르, 오만, 시리아, 사우디아라비아, 아랍 에미리트의 대학들은 여학생 수가 더 많았다.[25] 요르단에서 남녀 학생 비율은 48 대 52로 여학생이 더 많았을 뿐만 아니라 최고 대학인 암만 요르단 대학교는 2007년 내가 방문했을 당시 전체 학생의 75%가 여학생이었다. 여성들은 거의 모든 나라의 고등 교육 기관에서 뛰어난 실력을 발휘하고 있으니 (여전히 고용 장벽을 넘어서야 하지만) 남성들만의 기득권도 머지않은 시기에 무너뜨릴 수 있을 것이다.

그렇다면 여성들의 성공이 남성들에게 끼치는 영향은 무엇인가? 하버드, 프린스턴, 예일의 예는 미국 사회 전체를 살펴볼 수 있는 질문을 던진다. (대학 학위가 대부분의 직업에 필요해진 현재와 같은 경제

---

24 https://www.sarahlawrence.edu/about/.

25 http://edition.cnn.com/2012/06/01/world/meast/middle-east-women-education/index.html. The data were compiled by the UN. See also http://monitor.icef.com/2014/07/increasing-participation-by-women-in-middle-east-education/ and the more comprehensive data in http://monitor.icef.com/2014/10/women-increasingly-outpacing-mens-higher-education-participation-many-world-markets/.

상황에서 말이다.) 한동안 아이비리그 교육 기관들은 제로섬 경쟁이 존재하지 않는 척하면서 남학생 수를 유지하고 여학생 수만 늘리면 된다고 생각했다. 이 전략은 당연히, 불가능했다. 입학 정원을 두 배로 늘리기 위해서는 기숙사도 두 배, 교수진도 두 배로 꾸려야 하기 때문에 재정적으로도 현실적으로도 불가능했다. 여학생 수가 절반에 가까워야 한다는 압력이 증가하고, 남녀 학생 비율이 아닌 성별과 상관없는 자격 조건으로 입학 기준이 변해가면서 남학생 수는 점차 줄어들 것이다. 하버드, 프린스턴, 예일은 오랫동안 평등한 입학 기준을 도입하지 않았다. 하버드는 래드클리프가 따로 존재한다는 이유로 1970년대 내내 여학생 입학 정원을 전체 정원의 4분의 1로 유지했고 두 대학은 1999년이 되어서야 완전히 통합되었다.

세 대학의 남학생 수 감소는 더 이상 큰 문제가 되지 않는다. 부유한 졸업생들은 남녀 모두 있으며, 여자 졸업생들도 기부가 가능하게 되고, 또 전체 학생 수가 증가하면서 여학생 입학 증가로 인한 여파도 줄었다. 하지만 무엇보다 남녀 공학이라는 조건이 인재를 영입하는 데 중요한 요소가 되면서 실제로 상황이 어떻게 펼쳐질지에 대한 걱정 또한 줄었다.

하지만 미국 사회 전체를 보면 이와 같은 해피엔딩은 없다. 누구나 재능을 꽃피우며 교육, 고용, 정치 참여의 권리를 누려야 한다는 데는 동의하지만 모든 영역의 지원자 수 증가는 필연적으로 많은 남성들의 실망으로 이어질 수밖에 없다. 이는 우리 세대 남성들이 전혀 준비하지 못한 또 다른 변화를 뜻하기도 한다. 많은 남성들이 벌써 가사, 양육, 노인 돌봄에 참여하고 있다. 앞서 언급했듯이 우리 세대 좌파 운동은 무척 남성 중심적이었고 가사 분담에는 관심이 없었다. 여성들이 제기할 수밖에 없었던 가사 분담은 여전히 모든 가정에서 어려운 문제다. 다른 나라들과 달리 미취학 아동이나 유치원 양육비 보조, 육아 휴직이나 병가 제도가 비교적 취약한 미국의 특수성을 고려하면 더욱 그렇다.

나는 한 집단이 다른 집단의 돈과 지위, 고용 기회 등을 누릴 수 없다고 느낄 때 시기심이 발생한다고 말했다. 백인 남성, 특히 하위 중산층 백인 남성들의 상황이 나빠지고 있는 것은 사실이다. 대부분의 일자리에 대학 학위가 필요하다. 직장이 있는 남성들도 수입이 정체되면서 구매력이 줄어들고 있다. 특히 건강 문제가 두드러지는데 그중에서도 마약 중독 문제는 빈곤과 무력감의 징후다.

노벨상 수상 경제학자 앵거스 디턴Angus Deaton과 그의 아내이자 공동 저자인 앤 케이스Anne Case는 비 히스패닉 백인 남성 노동자 계급이 겪고 있는 '절망의 바다'에 대해 언급했다.[26] 사망자 수는 남녀 모두 급증했지만 대학 학위가 없을 경우 남성 사망자 비율이 훨씬 높았다. 두 사람은 남성 사망자 수 증가가 고용 감소와 비만, 약물, 스트레스 등의 문제된 누적 때문이며, 시대 변화에 따른 실망감을 해소하기 위한 행동들이 다시 고용 기회 감소로 이어지는 악순환이 되

---

26 그들의 연구에 대한 훌륭한 요약은 https://www.washingtonpost.com/national/health-science/new-research-identifies-a-sea-of-despair-among-white-working-class-americans/2017/03/22/c777ab6e-0da6-11e7-9b0d-d27c98455440_story.html?utm_term=.8e053e1e6b88 참조.

었다고 지적했다.

홍미로운 점은 기회 상실의 불안, 자기 자리를 빼앗은 것 같은 사람들에 대한 맹렬한 시기심의 상호 작용이다. 이 특별한 시기심에는 자신이 누리는 특권이 당연하다는 믿음이 필요하다. 그들이 부당하게 나의 자리를 빼앗았다는 생각 말이다. 이와 같은 시기심에 이민자들도 큰 타격을 받지만 여성들도 마찬가지다. 여성들이 삶의 모든 측면에서 갑자기 치고 올라오는 상황을 보면 쉽게 이해할 수 있다. 교육이 필요한 직업군 내에서 여성들의 약진을 지켜보면서 남성들은 자신이 겪는 문제를 두고 쉽게 여성들을 비난하게 된다.

시기심으로 인한 여성 혐오의 강력한 예는 로스쿨 입학에 필요한 조언을 제공하는 웹사이트 오토어드밋AutoAdmit에서 발생했다. 이 사이트는 익명의 로스쿨 남학생들이 로스쿨 여학생들에 관한 헛소문을 지어내는 외설적인 사이트로 급속히 변질되었다. 고용주들이 노골적인 비난을 믿지 않는다고 해도 이는 낙인 효과를 발휘했고 여성들은 자신의 구직 활동에 실제로 나쁜 영향을 끼쳤다고 느꼈다. 비방하는 남성은 상대 여성을 알고 있지만 그 여성은 누가 자신을 비방했는지 알 수 없기 때문에 이는 교실 내에서의 스트레스로 이어졌다.

예일대학교 로스쿨의 실력 있는 여학생 두 명이 명예훼손으로 사이트를 고소했지만 게시자 몇 명만 겨우 밝혀낼 수 있었다. 그들은 결국 그중 일부와 소송 내용을 밝히지 않는다는 조건으로 합의를 했다. 로스쿨협회는 이 사건을 매우 진지하게 다루면서 2008년 인터넷 법률에 관한 학회의 가장 중요한 주제로 삼았고 이는 이후 한 권

의 공동 저작으로 탄생했다.[27]

나는 그 책에서 철학자 프리드리히 니체의 '르상티망Ressentiment(막연한 분노)' 개념과 사이트에서 드러난 감정의 관계에 대해 논했다. 니체의 르상티망은 힘없는 자가 힘 있는 자에게 느끼는 시기심이지만 그 감정에는 창조성이 있다. 힘없는 자들이 반대로 자신에게 힘이 있고 경쟁자들이 애처로워지는 또 다른 세상을 만들어버리는 것이다. 그것이 바로 인터넷 비방의 역할이라고 나는 말했다. 인터넷이라는 또 다른 세상에서 여학생들은 성공하지 못하는 창녀일 뿐이고 그 세상은 실제 세상에도 영향을 끼쳤다. 인터넷상에서는 여전히 흔한 이와 같은 괴롭힘이, 여학생들이 어느 때보다 실력을 발휘하고 있는 오늘날의 로스쿨에서는 다행히 흔치 않은 일이 되었다.

이것이 바로 현재 만연한 여성 혐오의 본질이다. 현실에서 여성들은 그 어느 때보다 성공을 거두고 있다. (트럼프의 발언에 열광했던) 여성 혐오자들이 만든 또 다른 세상에서 여성들은 불쌍하고 헤프고 약하고 추하다. 실제 세상에서 여성들은 매력적인 도우미 역할을 점점 거부하고 있다. 그들은 다른 성공의 기준을 요구한다. 여성 혐오의 평행 우주에서 규칙을 따르지 않는 이들은 실패작이라는 조롱을 받는다. 유감스럽게도 미국 전반의 여성 혐오는 로스쿨 내에서의 여성 혐오보다 훨씬 영향력이 크다.

두려움에 바탕한 시기로 인한 여성 혐오는 두려움으로 인한 비

27 솔 레브모어와의 공저 『불편한 인터넷』.

난과 비슷한 양상을 보인다. 남성들은 제로섬 게임에서 여성에게 뒤처지고 있다고 느끼고 동시에 가정을 돌보는 사람으로서 여성들이 한때 제공했던 확실한 지원과 조건 없는 위안도 받지 못하고 있다. 기존에는 부모가 이를 제공했다 하더라도 '아낌없이 주는 나무'라는 관습이 빠른 속도로 사라지고 있다는 사실을 그들도 잘 알고 있다.

두려움이 만든 모든 감정을 넘어서

트럼프의 문제적 발언들은 무엇보다 혐오에 호소한다. 가끔은 남성들의 편협한 이성적 매력 기준에 어긋난 여성들을 목표로 삼기도 한다. 과체중 여성이나 나이 든 여성이 그 예다. 그의 많은 발언에서 여성의 체액에 대한 광범위한 혐오도 분명히 드러났다. 모유, 생리혈, 성형 수술로 인한 피(물론 직접 보지는 못했고 그래봤자 멍과 바늘 자국만 보았을 것이다), 화장실에 가는 힐러리 클린턴의 상상 속 소변 혹은 대변 등에 대한 혐오다. 청중은 여성들이 (매력적으로 여겨지는 여성들까지 포함해) 혐오스러운 액체 덩어리라는 그의 모든 발언에 열렬히 동의했다. 도대체 왜?

여성에 대한 혐오는 역사도 길고 많은 연구도 이루어졌다. (모든 인간이 배설을 하고 피를 흘린다는 사실에도 불구하고) 남성들은 이상한 이유로 여성이 남성보다 더 육체적이고 동물적이며 악취나 부패와 관련이 있다고 여겨왔다. 여성이 출산을 하기 때문에 취약한 육체성과 불가분의 관계라는 것인가? 법리학자 윌리엄 이안 밀러William Ian Miller가 말했듯이, 남성이 여성에게 체액을 남기기 때문에 여성을 자신의 끈적한 물질을 받아내는 대상으로만 여기기 때문인가?[28] (게이 남성에 대한 혐오가 항문 섹스에 집요하게 집착하는 것도 이 때문일 것이다.) 이런 사고에 논리란 없다. 분명한 사실은 많은 문화권에서 여성을 남성보다 더 육체적이고 동물적으로 여겼으며, 남성은 여성을 가두어 그들의 신체적 기능을 완전히 통제할 수 있는 조건이라면 자신은 인간성을 초월할 수도 있는 존재로 여겼다는 것이다. 월경, 출산, 섹스에 대한 금기는 어디에나 존재한다. 여성 혐오의 한 형태로, 여성들에게 더 낮은 지위를 강제한다.

이와 같은 형태의 여성 혐오는 당연히 성적 욕구와 양립한다. 혐오는 종종 만족스러운 욕망을 따른다. 애덤 스미스가 남성의 욕구에 대해 언급했듯이 "우리는 식사를 마치면 식기를 치우라고 명한다."[29] (스미스는 건강 염려증 환자로 어머니가 아흔 살 생신을 며칠 앞두고 세상을 떠날 때까지 그녀와 함께 살며 성적 경험을 하지 않았다고 전해지므로 아마 개인적인 의견이라기보다 문화적 차원의 언급일 것이다.) 이 두 가지는 근본적으로 연결되어 있다. 여성을 혐오스럽게 만드는 바로 그 이유 때문에 여성은 매력적이다. 여성은 인간의 육체성을 대변하고 이

28 윌리엄 이안 밀러 『혐오의 해부The Anatomy of Disgust』(캠브리지, 하버드 대학교 출판부, 1997).

29 애덤 스미스 『도덕감정론』.

는 두려운 동시에 욕망의 대상이 된다. 지그문트 프로이트는 바로 이 이유 때문에 모든 성적 욕구와 혐오가 뒤섞일 수밖에 없다고 생각했다. 나는 그가 틀렸다고 생각하지만 그의 발언 자체가 둘의 관계가 얼마나 깊었는지, 여전히 얼마나 깊은지 보여준다고 생각한다.

여성에 대한 혐오는 모든 투사적 혐오와 마찬가지로 분명 두려움 때문이다. 두려움의 대상은 언젠가 맞게 될 육체의 죽음이다. 여성이 그 두려움의 (하지만 종종 욕망되는) 조건을 대변한다면, 이는 곧 죽음을 대변하는 것이다. 결국 남성들의 두려움 때문에 여성들이 통제와 규제를 받게 된다.

여성 혐오는 시기심으로 인한 경쟁이나 아낌없이 주는 나무의 근본적인 문제와도 매우 다르다. 이는 정치적 사건 하나로 유발된 것이 아니라 사람들의 마음속 깊은 곳에 있는 무언가를 건드리기 때문에 발생한다. 인간의 두려움과 불안은 결코 사라지지 않을 것이고 결국 유한한 신체에 끊임없이 집착할 수밖에 없다. 하지만 두려움은 조건 없는 사랑과 위안을 없애는 방향으로 급격히 악화될 수 있다. 시기심을 부추기는 경제 상황 탓에 더욱 악화되기도 한다. 자신을 도와주던 여성이 이제는 자신의 직업을 빼앗는다는 식으로 시기심의 분명한 대상이 있을 때 특히 그렇다.

성차별주의는 문제다. 하지만 성차별주의자들의 믿음은 증거로 반박할 수 있다. 실제로도 그랬다. 진짜 문제는 조롱, 혐오 표현, 고용과 선출의 제한, 동등한 인간으로서의 존중 거부 등의 방법을 써서라도 구시대의 질서를 유지하겠다는 남성들의 결심이다. 여성 혐오는 “빌어먹을 여자들이 못 들어오게 해”라는 말에서 알 수 있듯 전적으로 부정적이기 때문에 영리한 전략은 아니다. 이는 아이들이 싫다고 외치며 발로 바닥을 치는 것과 비슷하다. 변화를 거부한다고 여성 혐오자들이 해결하고 싶어 하는 문제가 해결되는 것도 아니다. 노동자 계급 남성의 건강 악화 문제가 해결되지도 않고, 더 많은 사람들이 교육받을 기회를 얻게 되지도 않는다. 그들이 아직 직면하지 못한 문제 역시 해결해주지 못한다. 다시 사랑과 돌봄을 주고받는 방법, 여성들의 경제 활동과 성취가 늘어나고 있는 시대에 새로운 핵가족을 만들어나가는 방법 말이다. 여성 혐오는 순간의 위안일 뿐 아무것도 이뤄내지 못한다.

우리에게 필요한 것은 이 유독한 감정들의 조합이 아니라 두려움으로 인한 모든 감정을 뛰어넘어 모두를 위해 함께 더 나은 미래를 만들어나갈 전략이다.

7장

그럼에도 불구하고, 우리는 나아간다

The Monarchy of Fear

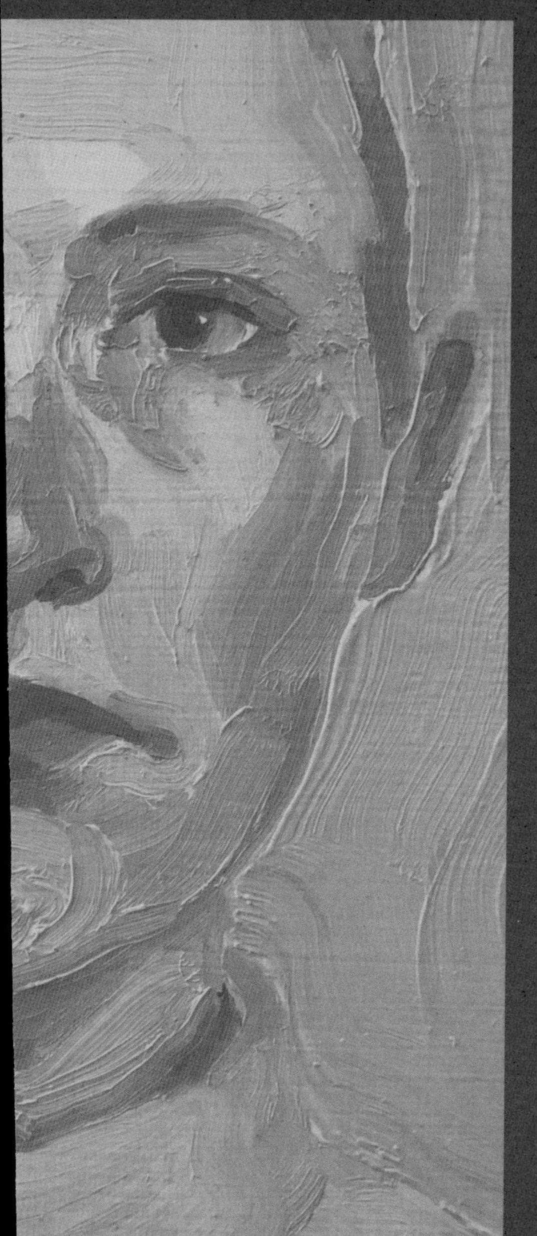

감정에도 상상력이 필요하다

그 도시를 위해 내가 기도하며,
선한 의도로 예언하노니,
은혜가 가득하고 삶이 번성하며
빛나는 태양의 손길로
그 땅에서 속히 번창하게 하소서.

– 아이스킬로스 〈자비로운 여신들〉(휴 로이드 존스 번역)

여기서 평온하게 부드러운 심장으로 살아가게 하소서.
우리 사이에 벌어진 심연을 건너는 다리를 세우게 하소서.
있는 그대로 형제를 사랑하고 친구를 사랑하게 하소서.
태양이 바다를 비추듯 그들의 눈에서 미소가 빛나게 하소서.

– 대니 마셍Danny Maseng(이스라엘계 미국인 작곡가), 〈큰 평강〉

2017년 6월 15일은 불행한 날이었다. 트럼프와 공화당원들의 증오에 자극받은 한 남성이 의회 야구 경기 중이던 공화당 의원 스티브 스컬리스Steve Scalise와 다른 의원들에게 총을 쏘았기 때문이다. 요즘도 매일이 불행한 날만 같다. 두려움과 분노, 혐오와 시기심이 미국 사회를 얼마나 분열시키고 있는지 누구나 이야기한다. 그렇다면 희망은 어디 있는가? 과연 가질 수 있는가? 어떻게 이 두려움과 분노의 시대에도 건설적인 행동을 찾아 나설 수 있는가?

희망을 탐색하는 일은 늘 개인적이므로 나의 6월 15일 이야기부터 시작해보겠다. 처음에는 내 삶의 친구, 가족, 동료들을 생각했다. 각자의 관점을 두고 논리적인 의견을 교환하려는 대학의 노력, 나이 구분 없는 존중의 분위기에서 다양한 의견을 확인하고 비판을 주고받는 방식, 좌파와 우파 모두의 평등한 사회 참여에 대해 생각했다.

전 세계의 모든 학자들에게 그와 같은 삶이 가능하지는 않다. 나는 정부가 학자들에게 정치적 관점을 드러내지 말라고 말하는 나라에서 방금 돌아왔다. 지금은 평화로운 시위에 참여한 학생들을 체포하고 무기정학을 시키는 또 다른 나라에 대한 글을 쓰고 있다.[1] 미국이 건강한 나라라면 (문제가 없는 것은 아니지만 기본적으로) 먼저 미국 사회를 살펴볼 가치는 있다.

나는 지금까지 미국 정부의 부처들이 상당히 건강했다고 생각한

---

1 첫 번째 국가는 이스라엘이다. 학자들이 정부의 성명서, 혹은 '윤리 강령'에 격렬하게 항의해 결국 실행되지 않았다. 두 번째는 인도다. 인도는 상황이 훨씬 심각하지만, 표현의 자유를 수호하려는 국민들이 용기 있게 저항하고 있다.

다. 법원은 이상적인 심의 기관은 아니었지만 몇몇 나라처럼 권력의 부패한 도구 역시 아니었으며 권력 분립도 전반적으로 훌륭하게 작동하고 있다.

나는 시카고의 심각한 인종 차별 문제와 급작스럽게 증가한 총기 폭력 사건에 대해서도 생각한다. 하지만 새롭게 취임한 경찰 서장이 아프리카계 미국인 공동체와 동료 경찰 모두에게 신임을 받고 있어 합당한 개혁을 기대할 수 있다는 좋은 소식도 놓치지 않는다. (심각한 총기 규제 법안 없이 개혁이 얼마나 가능한지는 확신할 수 없지만 말이다.)

희망을 위해서는 구체적인 사건들이 필요하다. 나는 어떤 사건들을 통해 희망을 보았을까? 6월 15일 목요일, 나는 충격전과 사회 부패라는 암울한 생각에서 어떻게 평화와 화해, 진보의 가능성을 찾을 수 있었을까? 평화와 진보를 추구하기 위해 내가 예술과 논쟁이라는 방법에 집착하는 것은 우연은 아니다.

6월 11일, 시카고 사우스 사이드의 성 사비나 성당에서 첼리스트 요요마Yo-Yo Ma의 평화 콘서트가 열렸다. 인종 문제 활동가이자 시카고 최대 규모의 아프리카계 미국인 가톨릭 교구의 원로 마이클 플리거Michael Fliger 신부와 다양한 인종이 섞여 있는 시카고 어린이 합창단도 함께 했다. 열정적인 대규모 관객이 동원돼 아프리카계 미국인 청소년들을 위한 프로그램 지원금 7만 달러가 모금되었다.[2] 플리거는 '평화가 시카고의 현실이 될 때까지' 아무도 쉴 수 없다고

---

2 http://www.chicagotribune.com/entertainment/music/vonrhein/ct-classical-yo-yo-ma-ent-0614-20170613-column.html.

말했다. 사우스 사이드 지역을 위한 플리거 신부 일생의 헌신과 시카고 심포니 오케스트라의 하모니에서 나는 희망을 느꼈다. (그들이 요요마의 참여를 주선했고 콘서트는 그 지역에서 열린 다양한 행사의 일부였다.)

나는 내 학생이었던 캘리포니아 하원의원 로 카나Ro Khanna의 시카고 대학교 졸업 축하 연설을 다시 읽었다. 그는 자기반성과 '더 조용한 목소리'들을, 시끄럽고 자만이 가득한 정치 형태에서 벗어난 사려 깊은 상호 작용을 촉구했다. "우리에게는 생각하는 사람들이 필요합니다. 듣는 사람들이 필요합니다. 가벼운 구호나 단순한 약속을 비판할 수 있도록 역사를 공부하는 사람들이 필요합니다."[3] 말하기는 쉽지만 로는 실제로 이러한 요구와 가치들을 위해 워싱턴에서 싸우고 있다. 나는 거기서 희망을 본다.

성 사비나 성당의 평화 콘서트에는 참석하지 못했지만 나 역시 그 시기에 평화를 주제로 한 종교 음악 행사에 참여했다. 이민자들과 소수 민족의 인권을 위해 오래 활동해 온 사우스 사이드의 개혁파 유대교 회당에서 열린 행사였다. 1920년대와 30년대 독일과 프랑스 회당의 수많은 음악을 되살린 재능 있는 음악가이자 우리의 성가대 선창자였던 데이비드 버거David Berger가 나와 함께 분노와 화해에 대한 '말과 음악' 프로그램을 진행했다. 한 시간 동안 나의 강연과 그의 노래가 번갈아 반복되었고 마지막에 관중들의 질문이 이어졌다.

3 필자가 내게 직접 보낸 문서 파일을 참조했다.

보수파 랍비와 결혼한 게이이자 아프리카계 미국인 남자아이를 입양해 키우고 있는 버거는 포크 송부터 〈로스트 인 더 스타즈〉(남아프리카의 화해에 관한 뮤지컬) 수록곡까지 다양한 노래를 부르며 환희와 기쁨을 발산했고 대니 마셍의 '심 샬롬Sim Shalom(이스라엘과 팔레스타인의 화해에 관한 '큰 평강'이라는 뜻의 노래)'으로 마무리했다.

버거와 나는 희망의 정치학에 중요한 두 가지를 구현하기 위해 최선을 다했다. 바로 내가 이번 장에서 하고 싶은 이야기다. (시와 음악, 다른 형태의 예술을 통한) 사랑과 상상력, 그리고 철학뿐만 아니라 정치적 담론에서도 구현하고자 하는 신중하고 이성적인 비판 정신이다. (내가 회당 성가대에서 노래를 부르고 버거는 가끔 철학적인 설교를 하기 때문에 이는 약간 부자연스럽기도 했다.)

나는 생각으로 멈추지 않고 실제로 행동하기 위해 노력한다. 희망은 무기력해서는 안 되고 무기력할 수도 없다. 희망은 행동과 헌신을 필요로 한다. 이런 소규모 행사들이 세상을 뒤흔들지는 못한다. 하지만 우리는 거대한 추상보다 작고 일상적인 것들에서 감정적 자양분을 얻는다. 삶 전반에서 선하고 유용한 어떤 것이든 생산해내기 위해서는 감정적 자양분이 반드시 필요하다. 이 자양분이 바로 6월 15일, 내가 생각을 정리하면서 찾고 싶었던 것이다.

유익한 희망이란

그렇다면 희망이란 무언인가? 희망은 모호한 감정이다. 중요성에 비해 철학자들이 폭넓게 논의하는 감정도 아니다. 희망이 '일어날 가능성이 있는' 결과에 좌우된다는 관점은 부적절하다.[4] 이 관점이 옳지 않은 세 가지 이유가 있다.

첫째, 희망은 가능성에 대한 평가에 달려 있지 않다. 사람들은 자신이나 사랑하는 사람들이 병원에서 나쁜 진단을 받아도 좋은 결과를 바란다. 좋은 결과에 대한 가능성이 높아질수록 희망은 기대로 대체되는 편이다. (두려움도 마찬가지다. 나쁜 결과가 확실해질수록 두려

4 이와 같은 철학적 논조의 역사는 애드리엔 마틴의 『어떻게 희망할 것인가How We Hope』(프린스턴, 프린스턴 대학교 출판부, 2013)에 잘 요약되어 있다. '상식적인 관점'에 반대하는 나의 주장도 그녀의 주장과 비슷하다.

움은 절망, 체념, 끔찍한 공포로 변한다.) 뿐만 아니라 힘든 상황에서 희망을 품는 경향은 결국 좋은 결과라는 가능성과 연결되어 있다. 환자나 가족이 희망을 포기한다는 것은 (혹은 희망에 대한 믿음을 과도하게 부풀린다는 것은) 곧 새로운 처치를 시도하지 않을지도 모른다는 뜻이기 때문이다. 강한 적의 침략을 받았을 때 희망을 포기한다면 국가는 성공할 수 있을지도 모르는 전략에 착수하지 않게 될 것이다. 그러므로 희망과 행동의 관계는 매우 중요하다.

희망을 가능성의 측면으로 살펴보는 두 번째 문제는 희망이 결과에 대한 욕망뿐만 아니라 결과의 중요성과 가치에 대한 평가 역시 포함하고 있다는 것이다. (이 평가는 그릇될 수 있으므로 여기서는 개인적 생각에 대해서만 언급한다.) 나는 지금 아이스크림을 원하지만 아이스크림을 희망하지는 않는다. 아이스크림은 (내 관점에서) 희망하기에 너무 사소한 것이다. (다섯 살 때 나는 아이스크림을 희망했다. 어린이의 세상에서 아이스크림은 정말 중요했으므로. 성인들도 좋아하는 스포츠팀의 승리 같은 사소한 것들을 종종 희망하기도 한다. 물론 어린아이가 아이스크림이 중요하다고 생각하듯 스포츠팀의 승리가 그들에게는 매우 중요할 것이다.)

아이스크림의 예에서 세 번째 문제가 등장한다. 두려움과 마찬가지로 희망은 언제나 엄청난 무력감을 동반한다. 나는 지금 당장 물 한 병을 원한다. 자판기가 있는 지하로 내려가 곧 물을 마실 것이다. 하지만 나는 물 한 병을 희망하지 않는다. 내가 물을 희망한다면 이는 곧 스스로 물을 구할 수 없는 상태이거나 별로 믿음직하지 못한 사람들에게 보살핌을 받아왔다는 뜻일 것이다.

고대 그리스 로마 사람들은 이 세 가지 문제를 전부 이해했고 그래서 희망을 욕망과 가능성의 관점으로 정의하는 실수를 범하지 않았다. 그들은 희망이 두려움의 사촌, 혹은 뒷면이라고 생각했다. 희망과 두려움 모두 결과에 대한 평가가 중요하고 불확실성, 수동성, 통제 불가능성을 내포한다. 그래서 그들은 희망을 좋아하지 않았지만, 희망이 행운에 과도하게 의존하는 마음을 배반한다는 사실은 기꺼이 인정했다. "희망하기를 멈춘다면 두려움을 멈출 수 있을 것이다"라고 스토아학파 철학자 세네카Seneca는 말했다. "희망과 두려움 모두 불안에 매달린 영혼, 미래에 대한 걱정으로 초조한 영혼을 위한 것이다."[5]

나는 고통스러운 충격에서 벗어나기 위해 오직 자신만 신경 써야 한다는 스토아학파의 입장에 반대한다고 이미 언급했다. 스토아학파의 관점은 가족이나 국가에 대한 사랑 등을 과도하게 제거함으로써 삶의 가치를 훼손한다. 하지만 깊은 사랑을 간직한다는 것은 곧 두려움과 희망에 사로잡힌다는 뜻이기도 하다. 때때로 깊은 슬픔에도 사로잡힌다. 우리는 희망과 두려움을 거부하는 스토아학파의 관점을 받아들여서는 안 된다. 하지만 희망과 두려움이 사촌 관계라는 그들의 입장은 인정해야 한다. 두려움이 있는 곳에 희망도 있다.

그렇다면 희망과 두려움의 차이는 무엇인가? 스토아학파는 희

---

5 나는 『욕망의 치료The Therapy of Desire』(프린스턴, 프린스턴 대학교 출판부, 1994, 개정판 2009)에서 그 관점에 대해 세네카부터 다른 사람들까지 더 많은 예를 들었다.

망을 '달콤한 기쁨'이라고 했으며 두려움이 끔찍하다는 사실도 알고 있었다. 또한 희망에 대해서는 '확장,' '고양'과 같은 표현을 사용한 반면, 두려움에 대해서는 '제한,' '위축'과 같은 표현을 사용했다. 희망은 날개가 있고 새처럼 높이 솟아오른다.

공포 영화는 어떻게 음악으로 두려움을 유발하는지 잘 알고 있다. 희망의 음악은 완전히 다르다. (나는 1차 세계 대전 직전의 위험한 시절에 유럽의 희망을 노래했던 본 윌리엄스의 아름다운 곡 〈종달새의 비상〉을 떠올렸다. 모든 음악 장르에는 희망을 전하는 곡이 있다.) 두려움과 희망은 그에 수반되는 감정과 그 감정의 영향을 받는 태도에 있어서도 분명히 다르다. 희망은 밖으로 향하고 두려움은 안으로 움츠러든다.

하지만 두 가지 감정이 기본적으로 같은 생각을 공유한다면, 즉 중요한 결과가 불확실하고 결과의 가능성이 차이를 만드는 것이 아니라면, 두 감정을 유발하는 생각과 태도의 차이는 무엇인가? 바로 집중의 대상이다. 잔에 물이 반이 찼는지, 반이 비었는지와 마찬가지다. 같은 양의 물을 바라보는 시각의 차이이다. 두려움은 일어날지도 모르는 나쁜 결과에 집중하고 희망은 좋은 결과에 집중한다.

철학자 애드리엔 마틴Adrienne Martin은 저서 『어떻게 희망할 것인가』에서 중요한 의견을 덧붙였다. 마틴은 희망이 단순한 태도나 감정이라기보다 '신드롬'에 가깝다고 주장한다. 희망은 사고, 상상, 행동에 대한 준비, 심지어 행동까지 포함한다. 나는 희망만 그렇다고 생각하지 않는다. 두려움 또한 상상이나 행동과 강력하게 연결되어 있다. 그렇다면 희망의 특징이 되는 행동과 사고는 무엇인가? 나는 희망이 좋은 세상에 대한 비전과 이를 위한 행동을 포함한다고 생각한다. 희망과 관련된 행동은 간혹 두려움으로 인한 행동과 비슷하다. 나쁜 가능성을 제거하는 것은 좋은 가능성을 불러오는 것과 매우 비슷하기 때문이다. 위험에 대한 건강하고 균형 잡힌 두려움은 안전과 건강을 보장하는 회피 전략을 촉발한다. 하지만 차이는 있다. 두려움에 가득 찬 환자는 이성적인 사고가 불가능할 수 있다. 희망적인 환자는 더 적극적으로 해결책을 찾을 것이다. 그리고 아직 자세히 밝혀지진 않았지만 희망 그 자체로도 효과가 있다. 플라시보 효과는 다양한 상황에서 희망을 생각하는 일이 실제로 개선 효과를 가져온다는 사실을 보여준다.

희망과 긍정적인 행동의 관계에 대한 마틴의 생각은 충분히 설득력 있지만 희망이 늘 그렇게 작용하지는 않는다. 희망은 가끔 무기력하기도 하고 작업 중 주의를 빼앗기도 한다. 학계에도 희망 속에 사는 사람들이 많다. 그들은 언젠가 멋진 논문을 쓰고 그 논문이 〈철학 저널〉 같은 지면에 실린 모습을 상상한다. 그런 희망은 헛된 꿈일 뿐이며 작업에 돌입하는 일을 미루게 만들 뿐이다. 일은 하지 않고 감정과 환상에만 빠져 있는 사람보다 특별한 감정적 태도 없이 열심히 일하는 사람을 선호하는 편이 낫다.

우리는 마틴과 달리 행동을 촉구하는 '현실적인 희망'과 '게으른 희망'을 구분할 필요가 있다. 게으른 희망도 분명 존재하지만, 희망이 현실적일 수 있다는 것도 틀림없는 사실이다. 희망의 아름다운 상상과 공상은 가치 있는 목표를 향한 행동을 추동한다. 이와 같은 동력 없이 어려운 문제를 해결하기 위한 노력을 지속하기란 쉽지 않다. 두려움과 희망의 차이는 미미하다. 이는 마치 스위치를 켜는 것과 비슷하다. 지금부터 잔에 물이 반이 찼다고 생각해보는 것이다. 이 같은 사고가 가치 있는 목표를 향한 행동을 준비시키고 그 목표가 충분히 실현 가능하다고 설득시킴으로써 실제로 중요한 일을 해낸다.

이것이 바로 6월 15일, 나쁜 소식을 전해 들으며 내가 했던 일이었다. 건설적인 노력과 화해라는 목표, 이와 연결된 아름답고 선한 것들에 집중하기로 한 결과 나는 고요하지만 확고하게 목표를 추구할 수 있게 되었다.

그렇다면 우리는 왜 희망을 품어야 하는가? 세상은 희망적인 태도를 가져야 할 이유를 제공하지 않는다. 희망은 가능성의 문제가 아니라 늘 선택의 문제다. 그렇다면 무엇에 집중하고 어떻게 사고해야 하는가?

희망해야 하는 이유 중 하나는 플라시보 효과다. 가끔은 희망 자체로 좋은 결과를 가져올 수도 있다. 하지만 정치에는 플라시보 효과가 없다. 어떤 사람이나 법안이 미국을 다시 위대하게 만들어주길 희망하는 것, 실업률을 낮추고 건강 문제를 해결해주길 바라는 것 자체로 이와 같은 결과의 가능성이 높아지지는 않는다. 침울하고 냉소적으로 최악을 기대하지 말아야 할 이유는 무엇인가? 그래야 실망도 줄지 않겠는가? 이는 불확실한 것들에 과도하게 신경 쓰지 말라는 스토아학파의 관점과 비슷한 소리다. 사람에 대해서든 국가에 대해서든 사랑을 포기한다는 뜻이기 때문에 옳지 않다고 이미 말했다. 결혼 실패의 가능성에만 집중한다면 결혼 생활을 유지할 이유가 과연 무엇인가? 그러므로 희망해야 하는 중요한 이유는 바로 희망이 가치 있는 사랑과 신뢰를 가능하게 해주기 때문이다.

임마누엘 칸트가 논의를 진전시켰다. 칸트는 우리가 사는 동안 가치 있는 사회적 목표를 추구하는 행동의 의무가 있다고 믿었다. 인간이 서로를 수단이 아니라 목적으로 대할 수 있도록 만들어주는 행동 말이다. (칸트는 개인적으로 세계 평화가 중요하다고 생각했다.[6]) 하지만 칸트는 우리가 처한 상황에서 노력을 유지하기가 쉽지 않다는 사실 또한 절감하고 있었다. 옳지 않은 행동과 증오가 난무하고, 우리가 기대하는 인간다운 행동에 크게 미치지 못하는 모습을 종종 보게 된다. '인간이라는 종은 전반적으로 호감이 가는 종인가 아니면 재앙이라고 여길 수밖에 없는 대상인가?'라는 질문에 쉽게 대답할 수 없을 거라고 그는 말했다. (칸트는 전제 군주제, 노예 매매, 침략적 민족주의, 종교의 자유와 언론 자유의 부재 등과 같은 악도 공격했다.[7])

하지만 우리가 가치 있는 사회적 목표를 추구해야 한다면 스스로 동기를 부여할 필요가 있다. 이는 곧 희망을 수용해야 한다는 뜻이다. 그래서 칸트는 '실천적 요구'로서의 희망을 선택해야 한다고 결론 내렸다. 충분한 이유 없이도 올바른 행동을 위해 취해야 할 태도다.

---

6 『영구평화론』(1795)은 그의 마지막 저작이지만 그는 그 주제에 대해 전작들에서도 광범위하게 논했다.

7 『영구평화론』은 노예 무역, 식민 지배, 침략적 민족주의를 공격했다. 광범위한 표현과 토론의 자유가 얼마나 중요한지에 대해서도 이보다 더 강경하다고 할 수 없을 만큼 옹호했다. 종교에 관한 그의 사상은 『이성의 한계 안에서의 종교』(1793)에서 광범위하게 논의되고 있다. 여기서 칸트는 합리적 계몽주의 종교를 옹호하지만 (그의 친구 모제스 멘델스존이 지적했듯 합리적 유대교와도 비슷하다) 종교적 신념과 의식의 완전한 자유를 주장한다.

> 우리가 인류를 위해 얼마나 더 좋은 것을 희망할 수 있는지 확신하지 못하지만, 이 불확실성은 인간의 진보가 가능하다는 현실적인 목표의 필요성을 손상시킬 수 없다. 더 나은 시대가 올 거라는 희망은 공공의 선에 도움이 되는 일을 하겠다는 진심 어린 욕구가 인간의 심장에 영감을 주기 위해 꼭 필요하며, 올바른 생각을 하는 사람들의 활동에 언제나 큰 영향을 끼쳤다.[8]

칸트가 옳다. 노력하기 위해서는 희망이 필요하다. 아이들이 어떤 사람으로 자랄지, 어떤 삶을 살게 될지 예측할 수 없다. 그래도 좋은 부모가 되고 싶기에 희망을 품는다. 아이에게 좋은 미래를 만들어 주려 노력하기 때문에 이는 게으른 희망이 아닌 현실적인 희망이다. 희망 없이 그런 일을 할 수 있는가? 칸트는 그럴 수 없다고 말한다. 조직이나 국가를 사랑한다면 이를 위한 노력을 지속할 수 있는 희망을 품어야 한다. 마틴 루터 킹 주니어, 간디, 미국 건국의 아버지들, 넬슨 만델라도 그랬다. 모두 희망을 품고 아름다운 미래를 그리며 이를 실현하기 위해 열정적으로 노력했다. 절망과 냉소적 체념은 과감한 행동이나 헌신적인 노력과 결코 양립할 수 없다.

선한 목적을 위해 순수하게 헌신하는 사람들에 대해 이야기해야 한다. 희망 자체는 중립적이다. 범죄자, 독재자, 온갖 광신도들도 희망을 품는다. 우리는 그들이 크나큰 희망을 품지 않길 바랄 뿐이

---

8 '흔한 속담에 관하여'('이론과 실천'으로 불리기도 한다), 한스 리스의 『칸트의 정치 저작들』(캠브리지, 캠브리지 대학교 출판부, 1991), 90p.

다. 그래야 옳지 않은 목적을 위해 열정을 덜 쏟을 테니까 말이다. 히틀러가 겁이 많고 소심했다면 세상에 해악을 훨씬 덜 끼쳤을 테지만 희망에 넘쳤기 때문에 막대한 해를 입혔다. 희망은 어려운 목표를 열정적으로 추구하는 데 매우 중요하다. 정말 가치 있는 목표라면, 가치 있는 목표를 이룰 수 있는 방향으로 살아야 한다는 칸트의 말에 동의한다면, 이것이 바로 우리가 희망을 품어야 하는 강력한 이유다.

희망은 선택이고 현실적인 습관이다. 결혼이든 직업이든 인간관계든 인간이 겪는 모든 상황에는 언제나 좋은 것과 나쁜 것이 뒤섞여 있다. 어떻게 대처하는지는 우리의 감정적 상태에 달려 있다. "정말 끔찍해. 나는 형편없는 사람이야"라고 중얼거리며 삶의 실패에 집중할 수 있다. 반대로 "이 정도면 나쁘지 않아"라고 말하면서 괜찮은 부분에 집중할 수도 있다. 마찬가지로 "실패할 것 같아"라고 말하면서 두려움으로 미래를 기다릴 수도 있고 "정말 멋질 거야"라고 희망을 품은 채 미래를 맞이할 수도 있다.

두려움 뒤에는 희망이 있다

희망은 두려움의 반대편에 있다. 둘 다 불확실성에 반응하지만 각기 다른 방식으로 반응한다. 그 결과 희망과 두려움의 작용은 무척 달라진다. 희망은 전진하고 두려움은 물러선다. 희망은 취약하고 두려움은 자기방어적이다. 모든 사람이 희망을 품으면서도 두려움을 느낄 수 있다. 아이들, 친구들, 가족들에 대한 희망을 품지만 동시에 나와 이들의 건강에 대해 두려움을 느낀다. 그래서 '같은 목표를 향한' 희망과 두려움의 차이에 대해 살펴볼 필요가 있다. 정의와 번영이라는 같은 목표를 향한 미국의 노력에 대해서 말이다. 같은 결과를 지향하지만 희망과 두려움은 극히 다르다. 스위치의 작용과 비슷하다. 같은 것을 동시에 희망하거나 두려워할 수는 없다. (희망의 시기와 두려움의 시기를 오갈 수는 있지만 말이다.)

두려움은 타인의 독립성에 대한 믿음보다 통제하고자 하는 군주의 욕망과 비슷하다고 이미 언급했다. 마찬가지로 미래에 대한 희망을 품지 않는 사람은 통제하려는 사람, 군주적인 사람일 가능성이 높다. 내 욕망에 부합하지 않는 것은 무엇도 좋지 않으며 불확실성과 취약성의 여지도 없다. 여기에 희망은 없다. 내가 원하는 것 전부를 갖지 못했으며, 신뢰할 수 없는 타인이나 기회에 의지하고 싶지 않기 때문이다. 희망의 정신은 타인의 독립성에 대한 존중, 군주적 야망의 포기, 마음의 확장과 연결되어 있다. 스토아학파는 희망이 '확장'과 '고양'이라고 말했다. 시인들은 희망을 비상과 연결시킨다. 인도의 시인이자 철학자 라빈드라나트 타고르Rabindranath Tagore는 결혼을 앞둔 젊은 여성에게 '기회의 바다로 두려움 없이 들어간다'[9]고 표현한 적이 있다. 이것이 바로 희망의 모습이다.

민주주의에는 약간의 두려움이 없을 수 없으며 기본적인 사실관계가 옳다면 두려움은 많은 영역에서 유용한 지침이 될 수 있다. 테러, 위험한 고속도로나 공공시설, 자유의 상실 등에 대한 모든 두려움은 우리를 보호할 유용한 행동을 촉진시킨다. 하지만 미래를 향한 두려움에 가득 찬 접근은 결과를 통제해줄 누군가의 보호나 독재적 지배자를 구하게 될 위험을 내포한다. 마틴 루터 킹 주니어는 인종 문제의 미래를 두려워하는 시선이 폭력으로 문제를 해결하려고 하는 사람들의 손을 들어준다는 사실을 이해했다. 그는 희망의 스위치를 켜서 평화와 협력으로 얻을 수 있는 선한 결과에 정신을 집중해

---

9 그의 제자였던 고(故) 아미타 센(경제학자 아마르티아 센의 모친)에게 보낸 시. 서벵골 주 샨티니케탄에 있는 그녀의 집에 아직도 걸려 있다.

야 한다고 강조했다.

6월 15일, 나는 세상에 대한 비전을 품고 전적으로 불확실성을 받아들이고 이에 헌신하겠다는 다짐으로 기회의 바다에 뛰어들었다. 그 세상은 킹의 말대로 '남성과 여성이 함께 살아가는 세상'이다. 어렵지만 웅대한 목표를 진정으로 추구하고자 한다면 우리는 매일 노력해야 한다. 칸트의 말대로, 불가능해 보이지만 꼭 필요한 일이다.

희망은 두 가지 다른 감정적 태도와 밀접하게 연결되어 있다. 바로 믿음과 사랑이다. 기독교적 사고는 전통적으로 이 세 가지를 하나로 묶었고 성 바울은 그중 최고가 사랑이라고 덧붙였다. 마틴 루터 킹 주니어도 신학적이지는 않았지만 모든 미국인이 충분히 받아들일 수 있을 만큼 현실적인 태도로 그 세 가지를 통합하는 기독교적 가르침을 따랐다.[10]

그렇다면 왜 믿음인가? 킹이 말했던 그 현실적인 믿음이란 오늘날 무슨 의미일까? 나는 희망이 가능성에 달려 있지 않다고 말했다. 우리는 결점이 있는 인간으로 태어났기에 노력을 통해 우리가 바라는 선한 것들이 실현될 기회가 현실적으로 존재한다고 믿어야 한다. 정의가 천국에서만 가능하다고 생각한다면 삶에 노력을 기울일 필요가 없다. 그러므로 킹은 시위와 행진으로 자신이 사는 동안 실제로 열매를 맺을 수 있다는 현실적인 신념을 촉구하며 일부 기독교적 사고에 반대했다. 그렇지 않다면 위험을 감수하면서까지 행동에 나서

10 3장의 참고 문헌『희망의 증거』에서 그 관계에 대한 수백 가지 예를 찾아볼 수 있다.

고 노력할 이유가 없기 때문이다. 오늘날도 마찬가지다. 우리의 노력이 헛된 낭비였고 민주 정치가 수포로 돌아갔다고 생각한다면 희망을 품지 않을 것이다.

믿음은 비현실적이거나 이상적일 필요도 없고 그래서도 안 된다. 목표는 빨리 이루어지지도, 우리 시대에 실현되지 않을지도 모르지만, 열심히 노력한다면 의미 있는 전진은 기대할 수 있다고 믿어야 한다. 인류가 결코 유지할 수 없는 완벽한 정의처럼 목표가 비현실적이어서는 안 된다. 이 같은 희망은 절망과 냉소로 이어지기 쉽다. 진실한 삶이야말로 우리가 믿어야 하는 것이다. 결점 많은 인간이 할 수 있는 일, 혹은 실제로 하고 있을지도 모르는 일들을 전부 포용하는, 믿음으로 강화된 희망을 품어야 한다.

다시 킹의 연설을 살펴보자. 킹의 연설은 우리를 고무하는 이상적인 시로, 아름다운 목표에 대한 믿음을 표현하고 그 목표를 위해 희망을 품고 전진하자고 촉구했다. 하지만 킹이 실제로 우리에게 상상해보라고 한 것은 이것뿐이다. 조지아에서 '노예의 자손과 노예 주인의 자손이 형제애로 한 테이블에 함께 앉는 것' 말이다. 모든 의견이 일치할 필요도 없고 만연한 인종 차별주의가 완전히 과거의 일이 되는 것도 아니다. 그저 함께 앉아 이야기를 나누는 것이다. 지금은 이미 실현되었다. 또한 앨라배마에서 '어린 흑인 소년 소녀들이 어린 백인 소년 소녀들과 형제자매로 손을 잡는 것'뿐이다. 이 역시 그 앨라배마에서, 완전히 실현된 것은 아니지만 종종 이루어지고 있다. 2017년 12월, 인종 차별주의자 로이 무어Roy Moore를 누르고 상원의원이 된 민주당의 더그 존스Doug Jones에 의해 극적으로 실현되었다.

선거권을 얻은 아프리카계 미국인 유권자들의 적극적인 지지 덕분이었다. 킹은 완벽한 세상이 아니라 사소하고 일상적인 행동의 가능성을 믿으라고 촉구했다. 이에 따르면 현실은 아름다울 수밖에 없다. 이것이 바로 희망이 품어야 할 이유다. 이상주의는 절망의 전조이므로 희망과 믿음은 가까운 곳에서 아름다움을 찾아야 한다.

6월 15일, 나도 같은 생각을 했다. 희망과 믿음은 여전히 모호했지만 나는 시카고 사우스 사이드 젊은 아프리카계 미국인들의 더 나은 삶과 공공의 선을 위한 법적 문제에 집중했고, 이 목표는 킹이 상상했던 미국의 변화처럼 충분히 가능하다. 대니 마생의 노래는 화해의 다리를 놓는 새로운 사랑을 촉구했고 이는 물론 어려운 일이지만, 모든 사람이 언제나 모든 사람을 사랑할 필요는 없으며 그저 변화를 만들 만큼만 사랑하면 된다고 믿는다.

인간관계에는 더 섬세한 믿음이 필요하다. 성 바울의 말대로 믿음이 '보이지 않는 것들의 증거'라면 타인과 조금이라도 진지하게 만나기 위해서는 믿음이 필요하다. 상대에게도 세상을 보는 관점이 있고 그 역시 자신과 비슷한 감정을 갖고 있는 한 사람이라고 생각해야 한다. 보이는 것은 움직이고 소리를 내는 하나의 형태일 뿐이다. 로봇이 만들어지기 전부터 사람들은 그들에 대한 이야기를 지어냈다. 심지어 호머의 『일리아드』에도 등장한다. 사람들은 타인의 불가사의함에 매혹되었고 그래서 기계와 진짜 사람을 구분할 방법을 찾고 싶었다. 하지만 구분할 방법은 없다. 오직 믿는 수밖에. 시와 소설, 이야기들을 통해 우리는 인간의 형태에 인간성을 부여하는 방법을 배운다. 하지만 이를 위해서는 언제나 증거를 넘어서는 관용이 필요하다. 믿음은 개인의 사랑과 우정에도 중요할 뿐만 아니라 정치적 삶을 위해서도 필요하다. 상대편을 이성적 사고가 가능하고 다양한 감정을 느끼는 인간으로 받아들여야 한다. 비록 그 사고와 감정을 나쁜 방향으로 발전시켜 사용한다 해도 말이다.

그렇다면 사랑은 어떤가? 사랑의 형태는 다양하며, 정치적 맞수와 로맨틱한 사랑을, 심지어 우정과 같은 형태의 사랑을 나눌 필요는 없다. (킹은 오해의 소지를 남기지 않기 위해 이를 강조하고 반복했다.) 내가 언급했던 믿음과 비슷한 형태의 사랑은 바로 타인을 온전한 인간으로, 최소한의 선을 행하고 또 변할 수 있는 인간으로 바라보는 시선이다.

타인에 대한 사랑이 없다면 스토아학파의 냉소적인 절망이 희망적인 삶보다 더 그럴듯해 보일 것이다. 그러므로 희망을 품기 전부터 기본적인 수준의 사랑은 필요하다. 희망은 사랑에 의해 유지되고, 타인에게서 최악보다 최선을 기대하는 영혼의 관대함이 사랑을 지탱한다. 킹이 언급했듯이 행동과 행동하는 사람을 분리하는 일이 이 사랑을 돕는다. 악한 행동을 비난할 수 있다. 하지만 사람들은 언제나 자신의 행동 이상으로 성장과 변화가 가능한 존재다.

정치권에서 넬슨 만델라보다 더 인간이 악하다고 생각할 만한 사람도 없을 것이다. 그는 남아프리카 공화국의 끔찍한 인종 차별주의 아파르트헤이트Apartheid로 이십칠 년 동안 수감 생활을 했고 투옥 기간의 대부분을 로벤섬에서 보내며 인간의 악행을 수없이 목격했다. 그럼에도 불구하고 그는 마지막 순간까지 희망, 믿음, 사랑의 인간으로 남았다. 그는 감옥에서 정신적 괴로움과 싸우면서도 선한 목적을 위해 힘을 모을 수 있는 사람들을 생각하며 희망의 끈을 놓지 않았다. 이를 위해 명상하는 습관을 들였고 아프리칸스어를 배우면서 압제자들에 대한 이해를 키웠다.[11]

이는 행동과 행동하는 사람을 구분하고 모든 인간에게 선한 가능성이 내재한다는 믿음을 보여주는 경이로운 정치적 태도로 이어졌다. 그의 관대한 사랑과 희망적 태도의 힘이었다. 그의 장례 행렬이 진행될 때 한 백인 경찰관이 1994년 대통령 취임식 때를 회상하며 눈물을 흘렸다. 대통령이 탄 차가 젊은 경찰관들 앞을 지나갈 때 그는 대통령의 냉소를 기대했지만 만델라는 차에서 내려 젊은 경찰들의 손을 맞잡고 승리의 미소를 지으며 이렇게 말했다. "우리는 당신을 믿습니다."[12] 그는 따뜻한 마음으로 사람들을 끝없이 감동시켰다. (영화 〈우리가 꿈꾸는 기적: 인빅터스〉로 세상에 알려진) 국가대표 럭비팀 코치와 선수들, 남아프리카 공화국 최고 정보보안책임자, 심지어 수감이 끝나갈 무렵 만델라의 식사를 담당했던 교도관까지 (당시 그의 대통령 당선이 확실했기에) 그에게 감동했다.[13] 사람들은 선한 행동을 기대받으면 보통 그 기대에 맞춰 살아가려고 한다.

---

11 만델라의 사상을 이해하기 위한 필수적인 자료로는 『만델라 자서전』과 인터뷰와 편지 모음집 『나 자신과의 대화』가 있다.

12 CNN의 만델라 장례식 보도 영상 참조.

13 존 칼린의 『우리가 꿈꾸는 기적 인빅터스』를 토대로 영화가 만들어졌고 이와 관련된 더 많은 자료와 일화는 책에 담겨 있다. 만델라가 두 권의 자전적 저서에서 직접 언급한 일화들도 담겨 있다.

만델라의 자세는 우리에게 필요한 올바른 태도를 모두 갖췄다. 기나긴 어두웠던 시절, 불확실한 미래를 앞두고 그는 희망을 품었다. 조국이 발전할 수 있다는 확고한 믿음이 있었기에 가능했다. 완벽한 정의가 아니라 아파르트헤이트를 물리치고 다인종 민주주의를 실현할 수 있다는 믿음이었다. 그의 믿음과 희망은 사랑할 수 있는 위대한 능력으로 지속되었다. 그는 선에 대한 국민들의 가능성을 보았고 피부색에 상관없이 모든 이들을 가능성의 빛으로 포용했다.

만델라는 영웅적인 인물이지만 우리는 역경 앞에서 그만큼의 관대함을 갈망할 필요는 없다. 우리를 좌절시키는 사람들을 괴물이나 절대악으로 보지 않고, 느끼고 생각하는 한 인간으로 바라보는 것부터 시작하면 된다.

나는 정치적 관점이 매우 다른 친척들에게 이를 적용한다. 그들 역시 나의 주장을 비난하지 않는 태도로 사랑을 보여주었다. 물론 사랑이 경청과 의견 교환으로 쉽게 이어지지는 않는다. 독설이 사랑에 스며들어 이를 오염시키고 망치는 일도 빈번하다. 하지만 반대의 가능성도 존재하기에 사랑할 수 있는 사람의 태도로 진실한 대화를 희망해야 한다.

이제 혐오에 대해 다시 생각해보자. 만델라는 신체적 혐오에서 특히 자유로웠던 것 같다. 그는 로벤섬의 감옥에서 아무도 나서지 않는 쓰레기 처리를 도맡았다. 신체에 대한 수용이 그가 백인 인종 차별주의자들을 포함한 다른 집단에게 혐오를 투사하지 않을 수 있었던 비결이었는지도 모른다. 투사적 혐오는 사랑과 믿음을 부정하며 '그들은 인간이 아니라 동물'이라고 말한다. 남아프리카 공화국의 인종 차별주의자들이 그랬고 만델라 역시 쉽게 그와 같은 태도를 보일 수 있었을 것이다. 하지만 그는 자신을 억압하는 사람들의 무시무시한 행태 뒤에도 진실한 감정이 있으며, 나쁜 행동을 하는 사람들도 결국에는 선을 지향한다는 자신의 믿음을 지켰다. 정치에서의 희망은 혐오를 멈추는 것부터 시작된다.

물론 말하기는 쉽지만 실천은 어렵다. 내가 가르치는 많은 학생들이나 동료 교수들도 트럼프와 그의 지지자들을 혐오한다. 상대의 온전한 인간성을 상상하지 못하고 그들의 행동과 그 행동 뒤의 인간성을 분리해 생각하지 않는다. 만델라와 킹이 보여주었듯이 우리는 인종 차별주의자들을 악으로 규정하지 않으면서도 인종 차별주의를 비난할 수 있다. 서로를 악으로 규정하는 한 밝은 미래에 대한 믿음을 가질 수 없고 협력과 인류애를 가능하게 할 사랑도 갖지 못한다. 결국 칸트가 말한 희망을 품지 못하게 된다.

인간을 포용하는 예술적 발걸음

훌륭한 시민이 되기 위해 가져야 할 습관은 무엇인가? 화해의 대화를 위한 희망의 스위치는 어떻게 켜야 할까? 내가 미국 사회의 어떤 제도나 단체에서 희망을 얻었는지는 이미 언급했다. 이와 관련된 다른 질문을 하겠다. 우리가 희망을 품고 유지하기 위해 강화해야 할 일상의 영역은 어디일까? 희망을 품고 유지하는 습관은 대부분 가정에서, 그리고 개인 간의 우정을 통해 만들어진다.

하지만 더 나은 미래를 위한 희망을 지탱하는 데 도움이 되는 다섯 가지 영역이 있다. 시와 음악을 비롯한 예술, (교육 기관이나 다양한 토론 집단의) 비판적 사고, 타인에 대한 사랑과 존중을 실천하는 종교 단체, 폭력을 지양하고 대화로 정의를 추구하는 연대 단체, 그리고 (그런 단체들과 깊은 관련이 있는) 정의에 대한 이론들이다. 각각의 영역에는 좋은 예는 물론 나쁜 예도 있지만 다섯 가지 모두 희망적인 미래에 대한 큰 가능성을 품고 있다.

하지만 다섯 가지 모두 시민 의식이라는 영역의 도움을 받아야 한다. 젊은 시민들은 국가의 건설적인 프로그램들을 통해 나이, 민족, 경제적 수준이 다양한 사람들과 가까운 관계를 맺는 방법을 배워야 한다. 정치적으로는 인기가 없겠지만 나는 이런 방안이 중요하다고 생각한다.

미국의 국민 시인이라고 불리는 월트 휘트먼은 미국에 시인들이 필요하다고 말했다. 시인들은 '다양성의 중재자,' '자신의 시대와 영토의 평형을 맞추는 자'들이기 때문이다. 휘트먼은 내가 언급했던 사랑의 습관을 시인들이 직업적으로 갖추고 있다고 말한다. 그들은 보이는 모든 것을 온전하게, 진실로, 한없이 복잡한 존재로, 에고와 분리해 바라본다. 이와 같은 사랑은 반 자기애적이다. 신비하고 무한한 복잡성을 '타인'들과 서로 나누고, 동시에 개인으로서 말하고 행동하고 존재하게 한다. "남성과 여성에게서 영원을 보고 이들을 흐릿한 꿈이나 별개의 점으로 보지 않는다"던 휘트먼은 미국에 대한 자신의 시를 관료주의와 암묵적으로 대조했다. 도망간 노예는 감정을 느끼는 복잡한 인간으로 실존한다. 자유를 향한 여성의 욕구 또한 존재하며, 게이 남성의 성취욕도 마찬가지다. 정치 담론들은 이와 같은 무한한 풍요로움을 갖고 있지 않다고 휘트먼은 생각했다. 우리가 만약 경제 관련 논문만 읽는다면 인간이라는 존재의 소중한 성질을 잃을 위험에 처할 것이다.

예술가들 역시 시야가 좁거나 정치적 관점이 옳지 않을 수 있다. 예술가들 중에도 성차별주의자, 반 유대주의자, 인종 차별주의자도 있었다. 휘트먼은 예술이 항상 정확하다고 말하지 않는다. 그는 시인들이 인간의 신비한 내면을 탐구하자고 손을 내밀면서 인류와 시적으로 연결되어야 민주주의적 시민 의식을 위한 실천을 제안할 수 있다고 말한다.

다른 많은 작가들도 이 주제를 탐구하고 발전시켰다. 아프리카계 미국인 소설가 랄프 엘리슨Ralph Ellison은 자신의 위대한 소설 『보이지 않는 인간』이 미국의 '민주주의적 이상'을 실현하는 과정에서 '길을 막고 있는 통나무와 소용돌이'를 극복하는 '희망과 인식, 즐거움의 뗏목'이라고 말했다.[14] 뗏목은 허클베리 핀과 노예 짐이 타인의 시선으로 세상을 바라보는 법을 배우고 상대를 끔찍한 형상이나 무기력한 신체가 아니라 인간의 감정과 사고가 담긴 호수로 인식하게 되는 미시시피강 여행에 대한 훌륭한 상징이다.

엘리슨의 소설은 기본적으로 보이는 것과 보이지 않는 것에 대한 이야기다. 그의 영웅이자 이름 없는 아프리카계 미국인은 "나는 보이지 않는 사람입니다"라며 소설을 연다. 그리고 자신이 유령은 아니라고 말한다. 신체가 있고 '마음도 갖고 있다고 말할 수 있다.' 그는 '단지 사람들이 나를 보지 않으려고 하기 때문에' 보이지 않을 뿐이다. 사람들은 나를 둘러싼 거울에서 '나의 주변, 그들 자신, 그들의 상상 속 허구, 나를 제외한 모든 것'을 본다고 그는 말했다. 왜? "내가 말한 그 보이지 않음은 내가 접하는 사람들의 특별한 시선 때문

---

14 랄프 엘리슨 『보이지 않는 인간』 서문.

에 일어난다. 그들의 신체적 눈에 실제로 보이는 것이 아닌, 내면의 눈에서 일어나는 해석의 문제다." 엘리슨의 소설은 주로 백인 독자들 내면의 눈을 그린다. 쉬운 공감이나 감상을 불러일으키기보다 신랄한 풍자와 과장된 유머로 깊숙한 연민을 이끌어낸다.

한 가지 예를 더 들어보자. 2017년 맨부커상 인터내셔널을 수상한 이스라엘 출신 소설가 다비드 그로스만David Grossman은 2017년 6월 11일 히브리 대학교 졸업식 연설에서 분열된 사회 속 소설가의 역할에 대해 언급했다. (나는 그와 함께 명예박사 학위를 받았고 수상자들을 대표한 그의 히브리어 연설은 영어로 동시통역되었다.) 그로스만은 자신의 창의적인 직업이 '무한한 감동의 가능성'을 제공한다고 말했다. 천상의 무한함이 아니라 무한한 복잡성, 즉 '결핍과 결함이 있는 마음과 신체의 결점으로 구성된 총체'이자 개인을 특징짓는 '삶의 내면에 존재하는 가능성'으로서의 무한함이다.

그는 자신의 가장 유명한 캐릭터 중 하나를 창조하고 이해하려 했던 고통스러운 노력에 대해 묘사했다. (그의 유명한 소설 『땅 끝으로To the End of the Land』의 여주인공 오라다.)[15] 그는 오라의 정신 상태를 이해하고자 했지만 장애물을 느꼈다. 문제는 완벽히 통제하고자 했던 자신의 욕구, 분리된 삶에 의미를 부여하고자 했던 자신의 욕망이었다. 마침내 그는 깨달음을 얻었다. "오라가 내게 항복해야 하는 것이

---

15 『땅 끝으로』(2008)는 그의 가장 중요한 성취로 여겨진다. 그의 연설에서 인용한 모든 문장은 작가가 내게 제공한 공식 영어 번역본에서 발췌했다. 나는 히브리어와 영어 연설 파일을 모두 갖고 있다.

아니라 제가 오라에게 항복해야 하는 것이었습니다. 다시 말하면, 저는 제 안에서 오라의 가능성에 대한 저항을 멈춰야 했습니다." 인간의 무한한 복잡성에 대한 '열려 있음'이 사회를 위한 작가의 재능이라고 그는 말했다. (상을 받은 그의 새 소설 『말 한 마리가 술집에 들어왔다 A Horse Comes Into a Bar』는 그 창의적 항복에 대한 또 다른 역작으로, 소설의 화자이자 죄책감에 사로잡힌 냉소적인 스탠드업 코미디언은 그로스만의 내면에서 가차 없이, 엘리슨의 소설에서보다 더욱 어두운 풍자로 견디기 힘든 목소리를 낸다.)

그 지점에서 그로스만은 분열되고 불안하고 두려움에 사로잡힌, 온갖 감정에 휩싸인 이스라엘에서 개인의 인간성에 대한 열려 있음이 점차 사라지고 있는 상황을 지적하며 정치적 입장을 드러냈다. 그러자 관중들이 야유를 보내기 시작했고 연설이 끝나고 일어나 박수를 친 사람은 얼마 되지 않았다. 박사 학위 취득자 백 명 중 약 열 명, 다른 명예박사 학위 수여자 열한 명 중 두 명뿐이었고 (나와 벨기에 출신 물리학자였다) 관중석에서는 거의 아무도 일어나지 않았다.

그와 같은 반응에도 불구하고 그로스만의 작품과 다른 예술가들의 작품에서 우리는 희망을 배울 수 있다. 희망은 종종 소수로부터 시작되어야 한다. 각자의 나라에 가득한 두려움과 비난이 오늘날 이스라엘에서만큼 희망을 잠식하지 않았길 바라자. 그런 희망을 품자. 또한 우리에게는 수준 높지만 공감하기 쉬운 『앵무새 죽이기』 같은 소설도 필요하다. 엘리슨이 옳았다. '뗏목'은 '통나무와 소용돌이'를 넘어서야 한다. 그래서 어렵고 가끔은 어두워야 하며, 눈물로 감사를 표현하지만 항의도 하고 문제도 제기해야 한다. 소설가는 자신의 목소리가 타락하지 않도록 늘 경계해야 한다. 나는 엘리슨이 백인 자유주의자들의 마스코트가 되었다고 오해했다. 그로스만은 (특히 유럽에서) 이스라엘을 증오하고 최고보다 최악을 원하는 사람들의 마스코트가 되지 않도록 조심해야 할 것이다.

지금까지 시와 소설에 대해 언급했다. 문학은 고독한 사색의 순간 내면의 눈이 되어준다. 하지만 우리에게는 동적이고 적극적인, 함께 창조할 수 있는 경험도 필요하다. 노래를 부르거나 춤을 출 때, 연극을 할 때, 심지어 아이들처럼 〈해밀턴〉의 ost를 다 같이 따라 부르기만 해도 사람들은 호흡과 신체의 접촉을 공유하며 협동의 즐거움을 느낀다. 공공장소의 조각이나 시각 예술 작품 또한 함께 아름다움을 창조하거나 신체의 취약함을 즐겁게 공유하도록 만들 수 있다. 시카고 밀레니엄 파크에 있는 크라운 분수는 대형 스크린 두 개에 나이도 인종도 다양한 시민들의 커다랗고 우스꽝스러운 얼굴이 천천히 움직이는 동안 물줄기를 내뿜는다. 사람들은 물장구를 치고 놀면서 스크린에 뜬 사람의 입에서 시원한 물줄기가 뿜어져 나오는 순간을 간절히 기다린다. 인종 차별 역사상 이는 강력한 메타포였다. 다양한 성별과 인종의 얼굴이 내뿜는 물을 맞으며 느끼는 즐거움은 인종 차별은 극복될 수 있으며 우리는 결국 하나임을 일깨워준다.

일부 국가는 단일 민족이라는 인식을 통해 단결하는데 이는 잦은 이민의 시대에 화합을 도모하기에는 위험한 방법이다. 미국은 다양한 집단으로 이루어진 나라임을 스스로 늘 인지해왔다. 하지만 진정한 협력을 위해서 두려움과 의심을 극복하는 일은 결코 쉬운 적이 없었다. 예술이야말로 인간의 다양성을 자연한 운명으로 여기며 피하지 않고, 즐겁고 유쾌하고 안타깝고 기쁘게 바라볼 수 있도록 도와 주는 다리가 된다.

철학자들은 항상 말한다

민주주의는 '고상하지만 게으른 말'이며 자신은 침으로 말을 깨우는 '쇠가죽파리'와 같다고 소크라테스는 말했다. 그의 침은 엄격하고 비판적인 자기 검열을 요구한다. 당시 대부분의 사람들은, (지금도 그렇지만) 기본적으로 훌륭한 신념을 갖고 있었으며 소크라테스의 방법론은 전부 이에 의존하고 있었다. 하지만 아테네 민주주의자들은 현대 미국인들처럼 조심성 없고 성급하며 지나치게 자만하고 과시하며 논쟁을 곧잘 욕설로 바꿔버리는 경향이 있었다.

소크라테스가 질문을 던졌던 사람들 또한 타인과 관계를 맺는 방법에 서툴렀고 자신에 대해서는 둔감했다. 그들은 상호 작용을 자기 자랑 대회로 접근했고 논쟁에서 상대를 물리치는 것으로 위신을 세웠다. 내뱉는 말은 많았지만 듣지는 않았다. 목소리는 우렁찼고 분노가 가득했으며 자신감도 과했다. 스토아학파 철학자 마르쿠스 아우렐리우스Marcus Aurelius가 정치적 담화를 스포츠 경기와 비교한 것도 결코 우연이 아니었다. 누구나 자신의 팀을 응원했지만 아무도 진실은 찾지 않았다.

소크라테스의 추론은 듣는 세상, 고요한 목소리, 이성에 대한 상호 존중의 분위기를 만들기 위해 희망을 실천하는 것이다. 함께하는 사람들은 올바른 논쟁에 도달한다는 목표를 공유한다. 용기에 대해 듣기 좋은 말만 하지 않고 진짜 용기가 무엇인지 이해하고자 했다. 나는 1994년 즈음 『인간성 수업』을 집필하면서 인터뷰했던 젊은 대학생을 기억한다. 그 학생은 내가 다니던 체육관에서 일하면서 철학 수업이 필수였던 지역 비즈니스 칼리지에 다니고 있었다. 그는 정치 연설과 신문 사설에서 오류를 찾고 모호하거나 잘못된 전제를 바로잡아 논쟁을 재구성하라는 질문들이 흥미로웠다고 말했다. 하지만 가장 놀라웠던 것은 자신이 사형 제도를 지지하는데도 반대하는 역할을 맡아 토론을 했을 때였다고 말했다. 그때까지 그는 자신이 반대하는 입장에 대해서는 어떤 주장도 할 수 없다고 생각했다. (명석한 학생들이 전혀 그런 생각을 해보지 못했다는 점에서 미디어 문화가 제 역할을 못했다고 생각한다.) 상대편이 무슨 말을 할지 생각해보려는 노력이 정치적 논쟁에 대한 자신의 태도를 변화시켰다고 그는 말했다. 이제 그는 상대를 존중하고 그들의 논리에 호기심을 갖는다. 막상 활발한 논의가 벌어지면 양측이 어떤 전제를 공유하고 있다는 사실이 드러나고 어디서부터 차이가 발생하는지 이해할 수 있게 된다.

우리의 미디어 문화는 1994년 라디오 토크쇼 문화보다 소크라테스에게 훨씬 적대적이다. 소셜 미디어는 복잡한 논쟁보다 무심코

내뱉는 짧은 말들을 조장한다. 마치 아무도 듣지 못할까봐 큰소리로 외치는 듯 날카로운 어조로 말이다. 사람들은 듣지 않는다. 관심사는 오직 나, 나, 나뿐이다. 발달한 기술로 이미 짧아진 주의력 지속 시간은 (끊임없는 휴대전화 확인, 산만한 산책과 운전) 하고 싶은 모든 말을 지금 당장 선언하라는 소셜 미디어의 조장 덕분에 더 짧아졌다. 그렇다면 우리는 소크라테스의 희망을 어떻게 실천할 수 있을까?

대부분의 대학에서 교양 과목 형태로 철학을 접할 수 있다. 나는 불편한 생각을 듣지 않으려는 태도가 확산되고, 교실을 고립시켜 학생들이 이미 갖고 있는 생각만 다루려는 욕구가 우려스럽다. 도전과 비판보다 안전을 중시하는 것이 학생들의 요구이기도 하지만 이는 반드시 바로잡혀야 한다. 나는 정치적 분열을 근본적으로 해결할 수 있는 소크라테스식 헌신을 본받기 위해 보수주의자이자 유명 블로거이며 젊은 헌법학자인 윌 보드Will Baude와 공동 강의를 진행한다. 교실은 질서 있고 토론은 품위 있어야 하며 상대를 비방해서도 안 된다. 그렇다고 불편한 생각들을 침묵시켜야 한다는 뜻은 아니다.

철학을 공부하는 사람들은 보통 소크라테스의 덕을 실천하고 있으며 훌륭한 철학 교수들은 학생들이 점잖은 방법으로 어려운 문제들에 대해 찬성과 반대의 입장으로 토론할 수 있는 책들을 출간한다. 기후 변화에 대한 가치 있는 논의를 담은 스테판 가디너와 데이비드 바이스바흐의 『기후 윤리에 관한 토론Debating Climate Ethics』, 차별 금지법의 종교적 예외의 한계를 다루는 라이언 앤더슨, 존 코르비노, 셰리프 기르기스의 『종교적 자유와 차별에 관한 토론Debating Religious Liberty and Discrimination』, 존 코르비노와 매기 갤러거의 『동성 결혼에 관한 토론Debating Same-Sex marriage』, 크레이그 던컨과 티보르 마찬의 『자유주의: 찬성과 반대Libertarianism: For and Against』 등이 있다.

교수로서의 명예와 시간을 포기하고 공공을 위해 기여한 그들에게 박수를 보내야 한다. (강의 교재로는 명예를 얻지 못하기 때문이다.) 특별히 언급할 두 명은 게이 남성이자 철학자로 전국을 돌며 유머와 위트, 뛰어난 논쟁으로 보수 반대파들과 토론을 하는 존 코르비노와 그의 대항마이자 유대교 사상가로 동성 결혼과 다른 진보적 주장들에 반대하며 종종 고립되고 관중의 야유를 받기도 하지만 늘 유머와 정중함, 친근한 모습을 유지하는 데이비드 노박David Novak이다.

그렇다면 상아탑을 벗어나 소크라테스를 찾을 수 있는 방법은 무엇일까? 유럽은 성인들을 위한 철학 카페나 공개 강연이 활발하다. 내가 미국에서 북 토크를 개최하면 서른 명 정도가 모이는데 네덜란드에서는 입장권을 구매해야 하는데도 보통 사오백 명이 모인다. 미국의 성인들도 인문학 공부를 계속하기 위해 노력하고 (아마존 시대에 새롭게 단장하고 있는) 공공 도서관과 서점들도 대화에 대한 갈증을 채워주고 있다. 하지만 미국은 국토가 넓어 교류가 쉽지 않은 나라이기 때문에 지방 소도시에서도 사람들을 대화에 참여시킬 전략이 필요하다. (운전이 힘든 노인들의 고립이 문제 중 하나이며 자율주행 자동차 시대가 이를 해결해주길 기대해보자.) 이 문제를 해결하는 가장 좋은 방법은 지역 공동체를 위한 대학들의 세미나나 강의 개최라고 생각한다. 미시간의 그랜드밸리 주립대학교는 시민들을 위한 토론 중심 강의를 개설했고 추가로 약간의 기부를 하면 강연자와 특별 만찬을 함께할 수 있는 기회도 선사한다. 많은 공립대학들이 지역을 캠

퍼스로 흡수하기 위한 비슷한 프로그램들을 제공한다. 민주주의에서 책임 있는 교육 기관이라면 반드시 해야 할 일 중 하나다.

교회 역시 토론 중심의 철학 행사를 다양하게 후원한다. 나는 지난 5월 아름다운 로마네스크 건축물인 시카고 올드 세인트 패트릭 교회에서 강연을 했다. 1871년 시카고 대화재에서 살아남은 소수의 건축물 중 하나다. 1846년에 지어져 아이리시 아메리칸 문화의 보루 역할을 했던 교회는 현재 게이와 레즈비언 신자들을 위해 활발히 활동하고 유대교와 가톨릭 결혼자들을 대상으로 한 다양한 행사를 주관한다. 하지만 그들의 책무 중 하나는 바로 철학이며 교회는 대규모 군중을 토론으로 안내한다.

종교는 삶의 위기에서 다양한 방식으로 사람들을 구원하고 희망의 원천으로 작용한다. 구원을 이야기하는 종교라면 구원의 희망을 전하기도 하지만 이 땅에서 서로의 삶을 위한 희망 또한 이야기한다. 타인에 대한 사랑, 도덕과 정의를 위한 행동을 지속하기 위해 희망을 받아들여야 할 의무가 있다고 말했던 임마누엘 칸트의 이야기로 돌아가보자. 칸트는 목표들을 위한 헌신은 홀로 지속하기가 몹시 힘들며 비슷한 뜻을 가진 다른 사람들과 함께해야 한다고 생각했다. 그래서 모든 사람이 이를 위한 집단에 속할 의무가 있다고 말했다. 그 집단은 더 높은 힘에 대한 믿음으로 하나가 되는 교회가 되어야 한다고 생각했다.

18세기를 살았던 칸트는 전통적인 종교를 좋아하지 않았다. 칸트는 종교가 사람들을 분열시키고 비도덕적인 행동을 조장한다고 생각했다. 올바른 교회라면 사람들이 맹목적인 권위를 따르지 않고 스스로 생각하기 위해 소크라테스의 비판적인 논쟁을 수용해야 한다고 여겼다. 또한 희망은 사회 집단이나 시민운동보다 교회가 가장 잘 고취할 수 있다고 생각했다.

하지만 칸트의 의견에도 몇 가지 허점은 있었다. 그는 종교적 합리주의를 지나치게 강조하면서 직관, 감정, 신념을 통해 훌륭한 원칙을 체득할 수 있는 다양한 방법은 무시했다. 종교적 권위가 큰 위험이 될 수 있다는 점은 옳았지만 이를 일축한 것은 옳지 않았다. 평범한 사람들에게는 경험 많은 종교 지도자가 필요하기도 하다. 마지막으로 교회와 국가의 관계도 잘못 파악했다. 그는 정부가 완전한 종교의 자유를 허용해야 하지만 자신이 좋아하는 종교만 후원해야 한다고 생각했다. 민주주의 사회에서 받아들일 수 없는 주장이다.

그럼에도 불구하고 희망을 품고 헌신하는 행동은 혼자 하기 힘들며 종교 단체가 공동체가 되어준다는 그의 기본 관점은 옳았다. 내가 인종 갈등이 심각해지는 이 시기에 시카고 흑인 교회의 역할에 집중하는 것도 바로 이 때문이다. 백인 우월주의자 딜런 로프Dylan Roof의 살인 사건에 사우스캐롤라이나 교인들이 보였던 보복 없는 애정은 함께하는 교인들이 없었다면, 교회에서 조건 없는 사랑을 배우지 않았다면 결코 불가능했을 것이다. 내가 다니는 회당은 인구통계학적으로 특권층이 더 많다고 할 수 있지만 시카고 시민이자 미국인인 이들의 희망을 유지하는 데 중요한 역할을 했다.

이 정도까지는 칸트를 따를 필요가 있다. 종교가 우리를 어디로 이끄는지, 그 방향이 국민에 대한 사랑과 국가의 온당한 미래와 양립할 수 있는지 늘 자문해야 한다. 하지만 사랑은 종종 기억에 깊이 새겨진 습관을 따르기 때문에 어느 정도는 소크라테스처럼 회의적이어야 한다.

철학자들은 종교인들을 무시하는 경향이 있다. 무척 종교적인 나라인 미국에서 철학자들이 대중적인 영향력을 거의 끼치지 못하는 이유이기도 하다. 우리는 어리석거나 천해서 종교를 믿는 것이 아니다. 당연히 노력이 필요하겠지만, 종교를 믿는 개개인이 그 안에서 분열과 보복보다 포용과 애정이라는 희망의 요소를 찾길 바라야 한다. 철학은 적을 존중하는 법은 알려주지만 적을 사랑하는 법은 알려주지 않는다. 그래서 예술이, 또 많은 이들에게는 종교가 필요하다.

품위 있는 투쟁

정의를 희망하는 사람들, 희망이 정의의 길로 이끌어주길 바라는 사람들에게는 종교보다 더 현실적인 방법이 필요하다. 그들에게는 대의명분을 위한 연대감을 느낄 수 있는 실질적인 운동이 필요하다. 킹은 아프리카계 미국인들에게 가장 위험한 감정 중 하나가 바로 절망임을 알고 있었다. 그와 같은 사람들에게 다가가 함께 꿈을 추구하자고 손을 내밀었다. 여성 운동, 동성애 권리 운동 등은 지금껏 공동체에서 고립되어 있던 사람들에게 희망을 전하고 삶의 목표를 세우게 했다.

킹도 잘 알고 있었듯이 운동에는 다양한 형태가 있다. 킹의 비폭력 운동은 말콤 엑스의 보복적이고 폭력적인 운동에 대항하는 움직임이었다. 간디도 힌두 라이트Hindu Right가 옹호하는 폭력적 응징에 반대했다. 결국 간디는 힌두 라이트 구성원에 의해 암살당했는데 간디가 응보적 폭력에 반대하며 힌두 남성들을 무력화시킨다는 이유였다. 대부분의 대규모 시위에 비슷한 양상이 존재했다. 그러므로 종교에서처럼 우리는 속屬이 아니라 희망과 화해를 지향하는 종種을 지지해야 한다. '흑인의 목숨도 소중하다Black Lives Matter' 운동은 대부분 킹을 따랐지만 말콤 엑스의 방침을 따르는 부분도 있었으며 이는 화해에 결코 도움이 되지 않는다. 여성 운동 역시 다른 페미니스트들을 악으로 묘사하며 발언 기회를 부정하는 경우가 종종 있다. 동성애 인권 운동은 증오의 시기를 거치기도 했지만 한결같이 증오보다 사랑을 외치는 목소리가 본보기가 되었다. 올란도 대학살 이후 수백 명의 게이와 레즈비언, 그들의 친구들과 지지자들이 사망자들을 기리기 위해 거리에 나와 사랑을 찬양하고, 사랑이 증오보다 훨씬 강력함을 보여주었던 것은 집단의 힘이 희망의 버팀목이 된 생생한 예다.

정의를 위한 운동은 때로 전국적이기도 하지만 대부분 지역적이다. 어쩌면 풀뿌리 조직이 두려움과 절망을 무찌르고 희망을 키우는 데 가장 위대하고 지속적인 자원일 것이다.

국가의 미래에 희망을 품는 사람들은 목표를 갖고 노력해야 하며 그 목표는 시적인 것 이상이어야 한다. 민주주의에서 철학이 유용한 또 다른 이유가 있다. 플라톤이 『국가론』을 쓴 이래로 철학자들은 공정한 사회가 무엇인가에 대해 해석해왔다. 공정한 사회와 그 사회의 법은 대부분의 사람들이 수용하는 신념을 따른다는 사실을 보여주었다. 지금 우리에게는 공동체주의, 마르크스주의, 권위주의, 자유민주주의, 자유지상주의 등 다양한 형태의 해석이 존재한다. 현시점의 우리에게 필요한 것은 자유민주주의 형태를 뒷받침하는 이론일 것이다. 언론과 종교의 자유, 국민이 주체가 되지만 사법부와 행정부의 큰 역할을 부정하지 않으며 국민에게 간접적인 책임이 있는 민주주의 말이다.

하지만 자유민주주의도 형태가 다양하다. 교육은 학생들에게 다양한 이론을 이해하고 분석하고 토론할 기회를 제공한다. 성인들을 위한 공적 기회도 물론 제공되어야 한다. 국민이 가질 수 있는 권리에 관해(건강보험과 같은 사회적·경제적 권리를 포함하는가?), 사유재산과 분배에 대한 올바른 판단에 관해(사유재산 존중과 양립할 수 있는 세금은 어느 정도인가?), 미국 대법원에서 끊임없이 논쟁의 대상이 되는 언론과 종교의 자유에 대한 정의에 관해서는 이론마다 다른 입장을 취한다.

그중 한 가지 이론은 내가 더 깊은 연구와 실천을 위해 국제 협회를 공동 설립하면서 오랫동안 연구해온 '역량 접근법capabilities'이다. 역량 접근법은 인간의 기본적인 권리를 역량의 관점으로 정의하며, 최소한의 정의가 존재하는 사회라면 모든 시민이 최소한의 기본 권리를 누릴 수 있는 기회를 보장받아야 한다는 것이다. 다음은 내가 정리한 열 가지 핵심 역량들로 각각의 사회마다 더 구체적으로 정의될 수 있다.

1 생명: 일찍 사망하거나 정상적인 삶이 불가능할 만큼 초라해지지 않는 상태로 평균 수명까지 산다.

2 신체 건강: 생식이 가능한 건강한 상태를 유지하며 적절한 영양과 주거를 보장받는다.

3 신체 보전: 자유로운 이동, 성폭력이나 가정 폭력 등으로부터의 안전, 성적 만족감과 생식에 대한 선택의 기회를 보장받는다.

4 감각, 상상, 사고: 기본적인 수학, 과학, 문자 훈련 등의 적절한 교육으로 함양된 인간적인 방식으로 상상하고 사고하고 추론할 수 있다. 종교, 문학, 음악 등 스스로 선택한 경험과 사건과 관련된 상상력과 사고를 활용할 수 있다. 정치적·예술적 표현이나 종교와 관련된 정신적 자유를 보장받는다. 즐거운 경험을 누리고 해로운 고통은 피할 수 있다.

5 감정: 자신 이외의 사람이나 사물에 애착을 갖는다. 자신을 사랑하고 돌보는 사람들을 아끼고 그들의 부재를 슬퍼한다. 사랑과 슬픔, 갈망과 감사, 정당한 분노를 적절히 경험한다. 두려움과 불안이 감정적 성장을 훼손하지 않는다. (이 역량을 뒷받침한다는 것은 인간의 성장에 중요한 유대 관계의 형태를 지지한다는 뜻이다.)

6 실천 이성: 선의 개념을 형성하고 각자 삶의 계획에 대해 비판적 사고를 할 수 있다. (사상과 양심의 자유, 종교 의식의 자유가 보장되어야 한다.)

7 관계

(A) 타인을 인식하고 배려하고 다양한 형태의 사회적 관계를 맺으며 공존할 수 있다. 타인의 처지를 상상할 수 있다. (이 역량을 뒷받침한다는 것은 관계를 구성하고 확장하는 기관들을 보호한다는 뜻이자 집회와 정치 표현의 자유를 보장한다는 뜻이다.)

(B) 자신을 존중하고 모욕당하지 않을 사회적 기반이 있다. 타인과 동등한 가치가 있는 존엄한 존재로 받아들여진다. 이를 위해

서는 인종, 성별, 성적 지향, 민족, 계급, 종교, 국적에 따른 차별 금지가 수반되어야 한다.

8 인간 이외의 종: 동물과 식물, 자연계에 관심을 갖고 관계를 맺으며 함께 살아간다.

9 놀이: 웃고 놀고 오락 활동을 즐긴다.

10 환경 통제

(A) 정치적: 개인의 삶을 좌우하는 정치적 선택에 효과적으로 참여할 수 있다. 정치 참여의 권리가 있고 언론과 결사의 자유를 보장받는다.

(B) 물질적: (동산과 부동산 등의) 재산을 소유할 수 있으며 타인과 동등한 재산권, 동등한 고용 기회를 갖는다. 부당 수색 및 압류에서 자유롭다. 직장에서 실천 이성을 행사하고 다른 직원들과 서로 존중하는 의미 있는 관계를 맺으며 근무한다.

이 접근법은 선택을 중시하기 때문에 실질적인 기능보다 역량에 방점을 둔다. 사람들은 음식이 충분해도 종교적 이유로 단식을 선택할 수 있다. 단식과 굶주림은 큰 차이가 있다. 나는 이 이론이 입법 원칙의 훌륭한 토대가 된다고 생각한다. 특히 장애인의 권리에 대해 나는 정의의 모든 영역에서 강력한 힘을 발휘하는 존 롤스의 유명한 이론보다 역량 접근법이 더 낫다고 주장해왔다.[16]

희망을 품는다는 것은 단순히 정의를 희망한다는 뜻이 아니라 내가 오랫동안 연구해온, 우리가 해야 할 일을 정확히 알려주는 역량 접근법에 집중한다는 뜻이다. 나는 이를 실현하기 위해 노력한다.

대부분의 사람들이 철학자는 아니지만 모든 사람들이 이론적 대안을 연구하고 토론하며 최선이라고 생각하는 정치적 목표를 찾는다. 많은 미국인들이 나의 관점을 유럽식 사회민주주의와 비슷하다고 생각하며 이에 동의하지 않을 것이다. 예를 들면 건강보험을 사회적 기본 권리라고 생각한다고 말이다. 주목할 만한 사실은, 내가 종종 방문하는 독일에는 저명한 보수 정치인들이 건강보험은 물론 장애인 돌봄과 교육에도 더 많은 지원을 촉구한다는 것이다. 약자와 그 가족을 돌보는 일이 그들이 생각하는 기독민주당의 임무다. 언젠가 독일 하원의 소위원회에 개발 정책에 대해 자문한 적이 있는데 좌파와 우파 모두 규범의 세련됨과 치밀함에 있어 많은 고민을 했다는 사실을 알 수 있었다. 우파는 철학적 지향이 뚜렷했고 내게 규범적 정치 이론에 관해 아퀴나스와 다른 저작들에 대해 질문했다. 현재 독일이 두려움에 맞서는 균형 잡힌 유럽 국가 중 하나가 되었다면 이는 양측 정치인들이 험담하고 물어뜯는 대신 마주 앉아 함께 고민했기 때문일 것이다.

결코 쉽지 않고 논란도 많은 정치 토론에 앞서 문제들에 대한 각자의 생각을 진지하게 공유하는 일은 공직자들뿐만 아니라 유권자들에게도 필요하다. 공정한 사회라는 목표를 구체적으로 그리고 있

---

16 나의 저서 『정의의 최전선Frontiers of Justice』(캠브리지, 하버드 대학교 출판부, 2006) 참조. 그보다 앞선 저서 『여성과 인간 발달Women and Human Development』(뉴욕, 캠브리지 대학교 출판부, 2000)에서 접근법에 대해 고민하기 시작했다. 역량 접근법에 대한 개괄적인 소개와 다른 사상가들의 기여에 대해서는 또 다른 저서 『역량의 창조』를 참조하라. 롤스의 관점은 존 롤스의 『정의론』 참조.

다면, 다른 의견들을 훌륭하게 방어할 준비가 되어 있다면, 목표를 이루기 위한 방안들을 더 현명하게 옹호할 수 있다. 반대 의견과의 타협이 합리적일 때와 그 타협이 정의의 본질을 위태롭게 할 때도 더 잘 구분할 수 있다.

주로, 사랑이었다

지금까지 현재 미국인들이 살아가는 방식에 대해 이야기했다. 이 방식들은 더 탄탄해질 수 있고 또 탄탄해져야 한다. 하지만 지금까지의 '해결책'들이 보여주지 않는 더 큰 문제가 있다. 우리는 서로 떨어져 살고 있다. 대도시에 살지 않는 대부분의 미국인은, 간혹 대도시 중심에서도 인종과 계급이 분리된 지역에서 산다. 게이와 레즈비언들은 그간 구분을 넘나들며 정체성을 드러낸 덕분에 지금 미국인들의 삶 깊숙이 들어와 있다. 장애가 있는 사람들도 마찬가지다. 일상에서의 접촉 덕분에 이 두 가지 운동이 커다란 진보를 이룰 수 있었다. 하지만 인종과 계급 문제에 있어서는 그만큼의 발전이 없었다. (성별 문제는 친밀한 접촉이 수반되지만 진정한 평등을 위해서는 가족부터 변해야 하기 때문에, 즉 대다수 인구의 삶이 큰 폭으로 변해야 하기 때문에 유례없이 복잡한 상황이다.)

또 다른 문제는 공동의 선에 대한 미국인들의 개념 부족이다. 우리는 자기애적 관점에서 나와 내 가족에게 좋은 것만 생각한다. 늘 그래왔다. 고대부터 현대까지 민주주의는 자기중심성과 편협한 시각을 극복하고 공동의 목표를 위한 의미 있는 서사를 창조하려는 싸움이었다. 간혹 전쟁을 통해 이루기도 했지만 전쟁은 서로를 위해 힘을 합친다고 느낄 수 있는 훌륭한 방법은 아니다.

이 두 가지 문제는 밀접한 관련이 있다. 사람들이 인종과 계급의 차이를 넘어 만나지 못하기 때문에 자신이 속한 집단을 초월하는 공동의 목표를 생각하는 데 어려움을 겪는 것이다. 나는 청년들의 공공업무 의무복무 제도가 이를 해결할 수 있다고 생각한다. 독일의 병역대체복무 제도[17]를 모델로 했지만, 내 프로그램은 공공업무에 한하며 모든 청년들이 삼 년 동안 미국 전역에서 노인 돌봄, 아동 돌봄, 사회기반 시설 작업 등의 다급한 문제들을 해결하는 것이다. 지리적·경제적으로 자신이 속했던 지역이 아닌 곳에서 복무하는 것이 중요하다. 구체적인 계획은 아직 없다. 적합한 기업들이 나설 필요가 있으며 아직 정치적 합의가 부족하기 때문에 우선 국민들부터 설득해야 할 것이다. 국가에 시간과 노력을 빚지고 있다는 생각이 잘만 표현된다면 충분히 설득력을 가질 것이다. 모든 종교와 도덕성에 뿌리를 둔 아이디어로, 정부의 역할이 축소되는 시점에서 필요한 공공업무 인력은 늘 부족하다.

---

17 남성들에게만 부과되던 병역 의무의 대안으로 꾸준히 여겨져 온 독일의 대체복무 제도는 징병 제도와 함께 2011년 중단되었다.

제도의 핵심은 청년들이 국민의 다양성을 체험하는 것이다. 2차 세계 대전에 참전했던 병사들이 그랬듯 말이다. 물론 이제 청년들의 임무는 상대를 죽이는 것이 아니라 돕는 것이다. 그 가치 있는 의무 복무 시기에 청년들은 국가를 새롭게 보게 될 것이다. 낙인은 보통 친밀한 접촉의 부재로 발생한다. 게이와 레즈비언에 대한 낙인은 거의 모든 지역에서 젊은이들이 자신의 정체성을 드러내면서 급속히 줄어들었다. 이제 그와 같은 낙인은 사라져야 한다. 인종, 계급, 나이에 대한 낙인도 마찬가지로 사라져야 한다. 의무복무 제도는 정치적으로 불가능하다는 편견 때문에 쉽게 논의되지 않는다. 하지만 논의하지 않으면 당연히 가능해질 수 없다. 그러니 먼저 내 의견을 밝힌다.

스토아철학과 냉소주의는 희망을 품는 사람들에게 끊이지 않는 위협이다. 냉소주의자들은 희망하는 사람들의 낭만적인 꿈을 비웃는다.[18] 스토아학파는 적대감을 드러내는 편은 아니지만 정신적 각성 앞에서 뒷걸음질 치며 섬처럼 고립되려 한다. 스토아학파는 내면의 평화, 자랑스러운 독립, 물질보다 고상한 우월함을 약속한다. 냉소주의자들은 '어차피 세상에는 그만한 가치가 없다'고 말한다.

다시 키케로로 돌아가보자. 그는 공화정을 지지하고 제정에 반대하는 브루투스와 카시우스의 음모를 지지했다는 이유로 마르쿠스 안토니우스가 보낸 암살자들을 피해 도망 다니면서 마지막 저작 『의

---

18 여기서 '냉소주의자'라는 용어는 현대적 의미로 사용했다. 고대 그리스 로마의 냉소주의는 스토아학파의 철학적 관점과 더 가까웠다.

무론』을 집필했다. (얼마 지나지 않아 암살자들에게 붙잡혀 목숨을 잃었다.) 아들에게 보낸 편지 형식의 그 저서에서 (아들은 그리 뛰어나지 않았고 그보다 영특했던 딸은 그전에 이미 출산 도중 사망했다) 그는 미래에 대한 희망을 품고 열정적으로 노력하는, 공익에 헌신하는 삶을 옹호했다. 희망 없는 무관심한 삶은 "가장 고상하고 기품 있는 철학자들이 선택한 삶이었으며, 지도자들이나 국민들의 행동을 견디지 못하는 엄격하고 진지한 남성들이 선택한 삶이었다"고 인정했다. (매우 익숙한 발언이다.) 그들은 확실히 매력적인 이상을 추구했다고 키케로는 말했다. "그들은 왕과 같은 것을 원했다. 아무것도 필요하지 않고, 아무에게도 복종하지 않으며, 하고 싶은 대로 하는 자유를 누리고자 했다."

키케로는 그와 같은 이들에게 관대하다. 그는 건강이 나쁘거나 지적 추구에 몰두하고 있다면 정치적 무관심도 용인할 수 있다고 말한다. 그는 인간이 가지는 희망과 관심의 고통도 잘 알고 있었다. 로마 공화정에서 일어나는 일들에 대한 자신의 깊은 분노와 비탄을 편지에 기록하기도 했다. 그의 표현대로라면 무관심한 삶은 "더 쉽고 안전하다."

그럼에도 불구하고 키케로는, 상황이 아무리 어렵다고 해도 적극적으로 정의를 추구하지 않는 '수동적 불의'에 책임이 있다고 말한다. 그들은 영혼의 관대함과 위대함이 부족하며 공공의 선을 위하지 않는다. 사실 키케로는 칸트와 뜻이 같았다. 우리는 공공의 선을 위해 노력해야 한다. 현실 경험이 없는 내성적이고 허약한 철학자가 아닌 세계를 위해 일어설 수 있는 사람이 되어야 한다. 키케로는 짧았던 인생 내내[19] 두려움과 피로와 절망의 유혹에 맞서 싸웠다. 그리고 늘 공공의 선을 위한 새로운 희망을 품었다.

정의 때문이기도 했지만, 로마라는 나라를 다루는 그의 글에서 드러난 바에 따르면, 주로 사랑 때문이었다.

19 그는 사망 당시 예순 셋이었다. 나는 『노년에 관하여』라는 저서에서 노년은 팔십 대를 뜻한다고 언급했다. 공저 『지혜롭게 나이 든다는 것』에 수록된 키케로 관련 에세이를 참조하라.

타인에 대한 연민

1판 1쇄 발행 2020년 9월 15일
1판 10쇄 발행 2024년 5월 30일

지은이 마사 C. 누스바움
옮긴이 임현경

발행인 양원석
편집장 차선화
책임편집 차지혜
영업마케팅 윤우성, 박소정, 이현주, 정다은, 유민경

펴낸 곳 ㈜알에이치코리아
주소 서울시 금천구 가산디지털2로 53, 20층(가산동, 한라시그마밸리)
편집문의 02-6443-8862 도서문의 02-6443-8800
홈페이지 http://rhk.co.kr
등록 2004년 1월 15일 제2-3726호

ISBN 978-89-255-8981-7 (03100)